Daniel Estulin

TransEvolução

Daniel Estulin

TransEvolução

A era da iminente desconstrução da humanidade

Tradução de Nelma Ribeiro

Posfácio de Alexandre Costa

VIDE EDITORIAL

TransEvolução — A era da iminente desconstrução da humanidade
Daniel Estulin
1º edição — agosto de 2019 — CEDET
Título original: *TransEvolution — The Coming Age of Human Deconstruction*

Os direitos desta edição pertencem ao
CEDET — Centro de Desenvolvimento Profissional e Tecnológico
Rua Armando Strazzacappa, 490
CEP: 13087-605 — Campinas, SP
Telefone: (19) 3249-0580
e-mail: livros@cedet.com.br

Editor:
Thomaz Perroni

Tradução:
Nelma Ribeiro

Revisão:
Juliana Amato

Preparação do texto:
Letícia de Paula

Capa:
Mariana Kunii

Diagramação:
Virgínia Morais

FICHA CATALOGRÁFICA
Estulin, Daniel
TransEvolução — A era da iminente desconstrução da humanidade / Daniel Estulin;
tradução de Nelma Ribeiro — Campinas, SP: VIDE Editorial, 2019.
ISBN: 978-85-9507-071-4
1. Controle social. 2. Prevenção social (previsões, futurologia).
I. Autor. II. Título.

CDD — 303.33 / 303.49

ÍNDICE PARA CATÁLOGO SISTEMÁTICO
1. Controle social — 303.33
2. Prevenção social (previsões, futurologia) — 303.49

VIDE Editorial — www.videeditorial.com.br

Nós somos o que pensamos.
Tudo o que somos provém de nossos pensamentos.
Com eles fazemos o mundo.
— Gautama Buddha

A Lorena.
O retrato é macio e mágico,
mas permanece conectado ao mito
e às nossas expectativas.

Sumário

Prólogo

O ano é 2015. É tempo de grande inovação e avanço tecnológico. É, também, tempo de conspirações, tempo de caos: tempo de colapso financeiro em todo o mundo, tempo de mudanças populacionais mundiais e um tempo em que os ricos tornam-se imensamente mais ricos, mais poderosos e mais assustadores a cada dia. Em 2015, as corporações detêm mais poder do que qualquer governo no mundo. Essas corporações levaram governos inteiros à falência, tornando-os subservientes aos interesses de uma elite endinheirada. A insurreição final da One World Company Inc. está, finalmente, diante de nós.

"A Era de Ouro da energia barata passou. A busca por novas energias"[1] domina o cenário econômico. A degradação do meio ambiente, a intensificação da agricultura e a etapa final rumo à urbanização reduziram a fertilidade das terras cultiváveis. A insegurança na produção de alimentos está causando ondas globais de migração em massa. Nas áreas mais densamente povoadas — Índia, China e Paquistão — há uma séria escassez de água, provocando conflitos em regiões instáveis e desencadeando ações militares e êxodos em grande escala.

A humanidade perece. Mudar é inevitável. Não estamos no fim do mundo, mas já podemos vislumbrá-lo. Podemos senti-lo no ar e tocá-lo com a ponta dos dedos.

---

1 V. http://www.resilience.org/stories/2007–02–27dcdc-global-strategic-trends-programme–2007–2036.

Com o que se parece o nosso futuro? O amanhã? O ano vindouro? A próxima geração? Diversos estudos secretos de inteligência, tanto nos Estados Unidos da América quanto no Reino Unido, prevêem um futuro grotesco: nos próximos 25 anos o mundo se converterá em um pesadelo virtual, um *Big Brother* em que uma pequena elite milionária triunfará sobre os ombros de uma população faminta.

"Os conceitos de democracia e liberdade desaparecerão para dar lugar a uma ditadura *high-tech* baseada em vigilância, monitoramento, doutrinação via meios de comunicação de massa, opressão policial e uma radical divisão de classes sociais. A grande maioria dos cidadãos vive em condições de países de terceiro mundo e está constantemente sujeita"[2] à pobreza, à fome, à doença e ao extermínio.

Já em 2015, a elite vê a oportunidade de precipitar a humanidade em uma nova Idade das Trevas, utilizando os princípios da teoria perversamente racista da evolução natural de Darwin (a "sobrevivência dos melhores") e seus princípios sociais derivados para desenvolver o darwinismo social.

Para a maioria, isto pode parecer uma teoria da conspiração oriunda de uma distopia de um filme de Hollywood, mas eu lhes asseguro que ela é real, e está ao nosso redor.

Essas são as conclusões do relatório preparado pelo governo britânico. Em dezembro de 2006, o Ministério da Defesa do Reino Unido preparou um documento a partir de fontes secretas sobre o futuro da humanidade. O relatório em si baseava-se em negociações ultra-secretas que ocorreram durante a conclusão da Conferência de 2005 do Clube Bilderberg em Rotach-Egern, Alemanha, no Hotel Dorint Sofitel Überfahrt. O seleto grupo foi escolhido a dedo pelo comitê diretor dos Bilderberg em janeiro de 2005, bem antes do desenrolar da conferência, que começou em 5 de maio e durou três dias e meio.

Após a maioria dos participantes deixar o local, na tarde do dia 8 de maio, o grupo de *Bilderbergers* retirou-se no Castelo Ringberg, aos pés dos Alpes da Baviera e com vista para o Tegernsee; o castelo era uma criação do Duque Leopoldo da Baviera, um membro da família Wittelsbach, que reinara na região por mais de oitocentos anos.

2 Ibid.

Castelo Ringberg

Cinco meses atrás, na reunião de pré-seleção dos Bilderberg em janeiro de 2005, foi pedido aos representantes nacionais do Grupo Bilderberg que reunissem um grupo de trabalho e preparassem relatórios detalhados sobre a população, disponibilidade de recursos naturais, prevenção de conflitos, questões econômicas, etc. As conclusões do relatório, unidas às conclusões da reunião dos Bilderberg em maio daquele ano, seriam então discutidas durante as reuniões secretas de 9 e 10 de maio, no Castelo Ringberg.

Ninguém, exceto o comitê diretor do Bilderberg e o seleto grupo de seus mais poderosos membros, sabia sequer que essa reunião pós-Bilderberg ocorreria. A reunião definiria o futuro da humanidade, e seus objetivos não eram menos do que prometéicos.

Aqueles selecionados eram a nata da elite Bilderberg: seu presidente de longa data, Etienne Davignon, vice-presidente responsável pelo Tratado de Suez; Francisco Pinto Balsemão, ex-Primeiro Ministro de Portugal e um dos mais influentes agentes dos bastidores no nível supranacional; David Rockefeller, um homem que dispensa apresentações; Timothy F. Geithner, à época presidente do Federal Reserve Bank de Nova York e mais tarde Secretário do Tesouro na primeira administração Obama; Richard N. Haass, presidente do poderoso *think tank* americano, o Conselho de Relações Exteriores (CFR); Victor Halberstadt, professor de economia na Universidade de Leiden e ex-diretor do Bilderberg; Allan B. Hubbard, assessor do presidente Bush em políticas econômicas e diretor do Conselho Nacional de Economia; James L. Jones,

Comandante Supremo Aliado Europeu (SHAPE); Henry Kissinger; Henry R. Kravis, sócio-fundador da Kohlberg Kravis Roberts & Co. e sua esposa Marie-Josée Kravis, colaboradora-sênior do Hudson Institute; a Rainha Beatrix da Holanda; Matias Rodriguez Inciarte, executivo vice-diretor do grupo Santander, representando os interesses da família Botin; Peter D. Sutherland, diretor da Goldman Sachs e da British Petroleum; Jean-Claude Trichet, governador do Banco Central da Europa; Jacob Wallenberg, representante da família mais poderosa da Suécia; James D. Wolfensohn, presidente do Banco Mundial, e Paulo Wolfowitz, à época presidente designado do Banco Mundial.

Esses homens e mulheres planejavam nem mais nem menos que o futuro da humanidade. O que decidiram a portas fechadas no Castelo Ringberg iria, dois anos mais tarde, tornar-se a espinha dorsal do relatório mais visionário da história humana.

Usando o governo britânico como um mediador subjugado e servil, o Strategic Trends 2007–2036 — relatório de 91 páginas — é um projeto para as necessidades nacionais futuras a partir da análise de riscos fundamentais e futuros choques em áreas (e mercados) financeiras, econômicas, políticas, demográficas e tecnológicas. O principal resultado do relatório foca uma análise multi-dimensional do contexto futuro para a defesa, dentro do período de uma geração.

O relatório Strategic Trends é a espinha dorsal da política de defesa do Reino Unido. De acordo com o relatório, o futuro "caracteriza-se por um número complexo e vasto de variáveis inter-relacionadas".[3]

Em 2015, mais de 50% da população mundial estará vivendo em ambientes urbanos, em detrimento dos ambientes rurais. O relatório afirma que "haverá um crescimento substancial das favelas e das cidades não-planejadas, uma randômica ocupação do espaço urbano, aumentando assim o custo de energia e o impacto ambiental".[4]

Moradias paupérrimas, péssima infra-estrutura, patente marginalidade, privação social, diferentes níveis de pobreza e certo descontentamento aumentarão significativamente e se tornarão problemas políticos de primeira ordem, "com base em agendas morais trans-

[3] DCDC Strategic Trends Report, p. 5.

[4] Ibid., p. 9.

nacionais de justiça social que incluirão o ativismo violento, em seu impacto variante e intenso".[5]

O relatório afirma explicitamente que: "Em todas as sociedades emergentes, grande parte da humanidade continuará a padecer dificuldades... e a pobreza absoluta persistirá como desafio global".[6]

O relatório vai além, identificando futuras possíveis ameaças militares e observações sobre o desenvolvimento em áreas que moldarão o contexto estratégico correspondente com o qual a Defesa terá de interagir. Um dos assuntos-chave do relatório trata da população e dos recursos do planeta Terra. Em linhas gerais, ele prevê "[...] um alto risco de catástrofes humanitárias causadas pela combinação de mudanças climáticas, falta de recursos, má-distribuição de riquezas, o efeito das doenças e o fracasso das autoridades em lidar com o crescimento populacional e a urbanização".[7]

Dentro de uma geração, entre 2007 e 2036, a explosão populacional saltará de 7 a quase 10 bilhões de pessoas, sendo que os países subdesenvolvidos representarão 98% do crescimento da população mundial. Por volta de 2036, quase dois terços da população mundial viverá em áreas que sofrem com a escassez de água. A escassez de alimentos, água, medicamentos, saneamento básico, educação e outras necessidades básicas do ser humano poderiam soletrar: colapso.

Sem meias palavras, o relatório declara explicitamente que:

> [...] é provável que o crescente abismo entre a massa e um pequeno grupo de milionários altamente visados represente uma ameaça crescente à ordem e à estabilidade. Confrontados por estes desafios, os desfavorecidos do mundo podem unir-se por meio do acesso ao conhecimento, recursos e habilidades para então modelar um processo transnacional em vista dos interesses de sua própria classe.[8]

O resultado do crescente desespero de parte da humanidade será "a guerra civil, a violência entre os povos, a revolta, a criminalidade galopante e a desordem generalizada".[9]

---

5 Ibid., p. 13.
6 Ibid., p. 33.
7 Ibid., p. 6.
8 Ibid., p. 80.
9 Ibid., p. 68.

Frente aos mercados financeiros, a sua espiral decadente rumo ao Inferno e ao colapso econômico mundial, o relatório prevê "um grande choque de preços, causado possivelmente por um pico no preço de combustíveis fósseis ou por uma série de fracassos agrícolas",[10] os quais "desencadeariam um efeito dominó que levaria ao colapso os principais mercados internacionais de uma vasta gama de setores".[11] Os impactos deste colapso, reverberando através da economia globalizada, poderiam resultar na quebra do sistema político internacional e em uma completa ruína da economia.

Significaria isto que toda a humanidade está em perigo? É certo que não, pois, mesmo com a "erosão das liberdades civis", os bilionários proteger-se-ão por meio dos "avanços tecnológicos e da vigilância universal". Acoplada a "bancos de dados acessíveis, intrusivos e com alta capacidade de resposta, a emergência de, por assim dizer, uma 'sociedade vigiada' desafiará cada vez mais as premissas sobre privacidade, seguindo-se os impactos correspondentes sobre as liberdades civis e os direitos humanos".[12]

Com a destruição das repúblicas dos Estados-nação e a criação de megablocos econômicos conectados através de um mercado globalizado, os países independentes serão "substituídos pelas megalópoles". O relatório define uma megalópole como "uma grande cidade em uma região subdesenvolvida" com uma população mínima de 20 milhões de habitantes. Tais cidades, geradas por êxodos massivos, serão tomadas de um inchaço de proporções inimagináveis, "as quais já terão experimentado uma ilegalidade endêmica e altos níveis de violência".[13]

Incapaz de lidar com o influxo dos povos, as megalópoles: "Cairão antes de 2035. Os efeitos serão equivalentes [...] ao fracasso do Estado, o qual o fracasso das cidades poderá, a seu tempo, precipitar".[14]

Com base em experiências recentes nos Estados Unidos, a estabilização militar de uma megalópole pode exigir Lei Marcial, ou, como o relatório enganosamente declara: "[...] uma abordagem interagencial

---

10 Ibid., p.78.

11 Ibid.

12 Ibid., p. 61.

13 Ibid., p. 12.

14 Ibid., p. 28.

abrangente, habilidades especializadas e um prolongado comprometimento operacional".[15]

O avanço e a supremacia da tecnologia exigirá que as guerras não sejam mais travadas nos moldes do "Estado contra Estado", mas sim em forma de um "conflito urbano endêmico e irregular contra adversários altamente dotados de habilidades de combate e sobrevivência".[16] Tudo isso recebe o nome de *turbulências sociais*.

Turbulências sociais

Uma teoria da turbulência social chamada de "efeito amortecedor de choques futuros" foi desenvolvida por dois psicólogos proeminentes: Eric Trist e Frederick Emery — na qual uma população poderia ser dessensibilizada através de fenômenos de massa tais como cortes de energia, colapsos financeiros e econômicos ou ataques terroristas. "Se os 'choques' ocorressem a intervalos cada vez menores e fossem cada vez mais intensos seria possível encaminhar toda a sociedade a um estado de psicose generalizada", declaram Trist e Emery. Os mesmos declaram também que "os indivíduos se tornariam mutilados ao tentar escapar do terror da chocante realidade emergente; as pessoas se refugiariam num estado de negação, consolando-se em entretenimentos e diversões de massa, conquanto sujeitas a rompantes de fúria".

Como os Strategic Trends lidam com turbulências sociais, psicose generalizada e a dessensibilização da população?

> Paulatinamente, as forças militares oficiais se estenderão às áreas em que forças paramilitares irregulares, como por exemplo seguidores armados, gangues, bandidos, milícias paramilitares, Companhias Militares Particulares (CMPS), terroristas e revoltosos operam, vez ou outra como adversários, mas também como agentes neutros ou até mesmo como aliados.[17]

A isto chama-se "quebrar a moral por meio da estratégia do terror".

---

15 Ibid, p. 30.

16 Ibid.

17 Ibid. p. 70.

De fato, estamos falando de dois lados da mesma moeda. De um deles, conduzindo uma sutil e disfarçada manipulação do pensamento e da consciência humana por meio do entretenimento em geral, particularmente da televisão, "empregados sobre a sempre crescente lista dos ditos inimigos da América tanto quanto sobre um público americano confuso e agitado — cujas corporações de comunicação selecionam e moldam uma narrativa cada vez mais superficial enquanto ensaiam um tipo de teatro Kabuki orwelliano de justiça e equilíbrio";[18] enquanto "do outro lado, em um período de tempo excepcionalmente curto, invertendo aberta e diretamente os paradigmas, alterando os valores básicos, alargando os parâmetros e manipulando o tabuleiro e todas as regras do jogo pelas quais a sociedade define-se a si mesma".[19]

Um dos principais indivíduos envolvidos na guerra psicológica contra a população através da produção de turbulências sociais é Kurt Lewin, pioneiro em dinâmicas de grupo e membro da primeira Escola de Frankfurt; fugiu da Alemanha quando Hitler tomou o poder. A seguinte passagem, extraída do seu livro *Time Perspective and Morale* [A perspectiva do tempo e a moral], mostra-nos o seu parecer quanto à guerra psicológica:

> Uma das principais técnicas de desmoralização por meio da "estratégia do terror" consiste, exatamente, na seguinte tática: mantenha o indivíduo confuso sobre onde está e o que pode esperar. Se, somando-se a isto, uma alternância freqüente entre medidas disciplinares severas e promessas de tratamento amigável, paralelamente ao lançamento simultâneo de notícias contraditórias, tornarem a "estrutura cognitiva" da situação completamente confusa, então o indivíduo deixará de perceber até mesmo quando um plano em particular o aproximaria ou distanciaria de seus objetivos. Sob tais condições, mesmo aqueles que possuem objetivos claros e estão prontos a assumir os riscos serão paralisados por sérios conflitos interiores quanto ao que fazer.[20]

---

18 Elizabeth Gould e Paul Fitzgerald, "9–11 Psychological Warfare and the American Narrative", http://www.boilingfrogspostcom/2011/08/10/911-psychological-warfare-the-american-narrative-part-i/.

19 John Quinn, *NewsHawk*, 10 de outubro de 1999.

20 K. Lewin (1942), "Time Perspective and Morale", em G. Watson, ed., Civilian Morale, second yearbook of the SPSSL, Boston: Houghton Mifflin.

Nos últimos cinqüenta anos, as pesquisas no campo da psicologia, sociologia e psiquiatria mostraram-nos que há limites claramente demarcados quanto à quantidade e à natureza das mudanças que a mente é capaz de suportar. De acordo com a Unidade de Pesquisa de Ciências Políticas (SPRU) na sede da Universidade de Tavistock, em Sussex, "choques futuros" define-se como "stress físico e psicológico gerados pela sobrecarga no mecanismo de tomar decisões da mente humana". Em outras palavras:

> [...] uma série de eventos a ocorrer tão rápido que o cérebro humano não consiga absorver a informação.[21] Um dos cenários leva o nome de "superficialidade". De acordo com Emery e Trist, após choques contínuos, a parcela da população atingida descobre que não quer mais tomar decisões, atenuando assim o valor de seus propósitos [...]. Essa estratégia só pode ser ambicionada através da negação das mais profundas raízes da humanidade que conectam [...] as pessoas num nível pessoal por meio da negação de sua psique individual.[22]

Assume então a apatia, por vezes precedida de uma violência insana, como aquelas típicas das gangues de rua de Los Angeles, nos anos 1960 e 1980; Emery e Trist chamam-na de "resposta social organizada à dissociação", tal como descreve Anthony Burgess nas páginas de seu romance *Laranja mecânica*: uma sociedade dominada por um ódio bestial e infantil. "Tal grupo torna-se facilmente controlável, seguindo docilmente as ordens recebidas sem rebelar-se, o que é o objetivo mesmo do exercício", completam Trist e Emery. Mais ainda: os adultos dissociados não podem exercer autoridade moral sobre seus filhos, pois estão por demais envolvidos em suas próprias fantasias infantis, neles inculcadas via aparelhos de TV. Se o que estou dizendo é duvidável, basta olhar para a geração mais velha, hoje, e notar como aceitaram a decadência moral da geração perdida que se tornou a de seus filhos, por medo do conflito, e, no processo, aceitaram um próprio parâmetro moral inferior.

21 *The Story of the Committee of 300*, John Coleman, Global Review Publications, 4th ed., 2006.

22 Ibid.

Tal qual no alucinante *Admirável mundo novo* de Adous Huxley, não há escolhas morais ou emocionais a serem tomadas aqui: o movimento *hippie* e a revolta regada a drogas da época do Vietnã são um perfeito exemplo de como o cenário funciona.

Tais "variações freqüentes" passam por diversos cenários:

> Em um certo momento de estabilidade, as pessoas são razoavelmente capazes de se adaptar ao que está acontecendo ao seu redor; já em momentos de turbulência as pessoas fazem coisas para aliviar a tensão ou se adaptam para aceitar o ambiente altamente estressante. Se a turbulência não passa ou se intensifica, então, em um certo ponto, as pessoas deixam de conseguir se adaptar positivamente. De acordo com Trist e Emery, as pessoas tornam-se instáveis, isto é, escolhem uma resposta à tensão que degrada as suas próprias vidas. Passam então a reprimir a realidade, negando a sua existência e construindo fantasias cada vez mais infantis que lhes permitam seguir em frente. Sob as condições de uma crescente turbulência social as pessoas mudam, agarrando-se a valores degradados, valores menos humanos e mais bestiais.[23]

O segundo cenário é a "fragmentação da sociedade em partes menores. Neste cenário, todos os grupos, sejam eles étnicos, raciais ou sexuais, são postos uns contra os outros. Nações dividem-se em grupos regionais; as áreas menores, por sua vez, fragmentam-se em áreas ainda menores divididas pela linha da etnia".[24] Trist e Emery referem-se a esse cenário como "o aprimoramento da noção 'nós contra eles' e seus respectivos preconceitos ainda que as pessoas busquem simplificar suas escolhas. As linhas naturais das divisões sociais emergem até tornarem-se barreiras".

O Strategic Trends tem uma resposta a isso também. Cada vez mais, agentes não-estatais

> [...] serão cooptados por um espectro mais amplo de indivíduos e agências, e até mesmo por criminosos, terroristas e grupos revoltosos, a fim de complementar suas operações cada vez mais violentas e coercitivas. Estas aglomerações serão altamente voláteis, dissolvendo-se

23 Ibid.

24 Ibid, p. 70.

tão logo obtenham sucesso nas operações, ou caso uma oportunidade mais favorável se apresente; aqueles menos contritos pelas reponsabilidades legais ou considerações morais serão os mais propensos a obter sucesso na manipulação do *soft power*.[25]

A resposta da sociedade a tal desintegração psicológica e política é o Estado fascista orwelliano que toma forma no livro *1984*. No livro de Orwell, o *Big Brother* controla as vidas dos indivíduos dentro da sociedade; um conflito interminável "[...] é travado por cada grupo dominante contra seus próprios membros, e o objetivo da guerra não é conquistar um território ou defendê-lo, mas manter intacta a estrutura da sociedade".[26]

Este conflito sem fim é previsto no relatório Strategic Trends.

> É próprio da Tecnologia de Informação e Comunicação (TIC) permear de tal forma a sociedade que já vemos as pessoas permanentemente conectadas a uma rede em uma constante troca de informações, o que trará desafios inerentes às próprias liberdades civis; estar desconectado poderia ser considerado suspeito.[27]

A crescente penetração da TIC permitirá que certos grupos de interesse estabeleçam-se rapidamente e promovam mobilizações coordenadas envolvendo um número significativo de pessoas.

> É possível que mobilizações instantâneas — *flash mobs* — sejam coordenadas pelos Estados, por terroristas e criminosos, envolvendo comunidades espalhadas pelas fronteiras internacionais, desafiando as forças de segurança a equipararem-se a esse potencial para agir e a essa habilidade para concentrar.[28]

Fundamentalmente, "este nível de sofisticação exigirá uma aplicação coordenada e abrangente de todos os instrumentos e agências do poder estatal, reunidas em cooperação a partir de todas as autoridades

---

25 DCDC Strategic Trends Report, p. 55.

26 Elizabeth Gould and Paul Fitzgerald, "9–11, Psychological Warfare and the American Narrative", http://www.boilingfrogspostcom/2011/08/10/911-psychological-warfare-the-american-narrative-part-i/.

27 DCDC Strategic Trends Report, p. 58.

28 Ibid, p. 63.

e organizações envolvidas em resolver uma crise ou um conflito".[29] O que isto significa? Significa Lei Marcial.

Finda a resistência, o terceiro cenário dos "choques futuros" é o mais intenso, envolvendo a retirada e o recuo a um "mundo privado, e o recolhimento a partir dos laços sociais que podem acabar levando a uma permeação dos assuntos alheios".[30] Trist e Emery estão convencidos de que os homens estarão dispostos a aceitar "a perversa desumanização do homem que caracterizou o nazismo" — não necessariamente a estrutura do Estado nazista, mas o horizonte moral que caracterizou aquela sociedade.

A fim de sobreviver em um tal Estado, as pessoas terão de se submeter a ele ou dirigir-se ao subterrâneo. Novamente, de acordo com o relatório Strategic Trends,

> todos os possíveis oponentes do futuro terão reconhecido as vantagens do subterrâneo, se desejarem evitar a vigilância, a perseguição e a capacidade de penetração de forças militares sofisticadíssimas, particularmente aquelas que se utilizarem de plataformas e sistemas aéreos. No futuro, os Estados buscarão estocar grande parte de seus bens principais e poder de fogo no subterrâneo; igualmente, os oponentes casuais se basearão em redes subterrâneas, tanto ofensivas quanto defensivas, em especial nos complexos urbanos.[31]

Técnicas para derrubar uma resistência, aplicações abrangentes de todos os instrumentos e agências do Estado, a mobilização veloz (*flash mobs*), a penetrante TIC, a segmentação da sociedade e a ilegalidade endêmica paralela aos altos níveis de violência, os bancos de dados acessíveis e altamente intrusivos e precisos, a emergência da "sociedade vigiada", a erosão das liberdades civis e a catástrofe humanitária.

É com isto que se parece o futuro próximo. Instintivamente, rejeitamos tais conclusões, mesmo que estejam baseadas em sólidas evidências, como em um relatório secreto autorizado pelos Bilderberg e preparado pelas cúpulas governamentais.

---

29 Ibid, p. 70.

30 Lonnie Wolfe, *Turn of your TV*, New Federalist, 1997, p. 13.

31 DCDC Strategic Trends Report, p. 73.

> Todavia, temos de ter a coragem de deixar que as evidências nos contem a história, porque, como o leitor logo perceberá, o que está em jogo aqui não é, simplesmente, a nossa visão da realidade. Quer nossa visão de mundo seja achincalhada e estremecida pelas revelações neste material, quer não, nada mudará a verdade fundamental, que é a de que a conspiração é real, e que está em movimento — o 11 de setembro de 2001 foi apenas um prelúdio do que está preparado para nós.[32]

Estamos verdadeiramente às portas do Inferno; a trilha que tomarmos agora determinará se passaremos pelo século XXI como repúblicas de Estados-nações ou como hordas de escravos subjugados, abatidos e desumanizados.

[32] S.K. Bain, *The Most Dangerous Book in the World*, TrineDay, 2012.

CAPÍTULO I

A economia

As ilusões que temos sobre economia provêm do fato de que alguns crêem que ela trata de dinheiro. Todavia, o dinheiro não é um determinante de riqueza; as estatísticas dos influxos financeiros não refletem os prospectos reais da riqueza. O que afeta o planeta é o desenvolvimento da mente de um indivíduo.

Não é dinheiro, não são estatísticas e, decididamente, *não é* uma teoria financeira que determina os rumos de uma economia: é a realidade concreta, e essa realidade inclui o cérebro humano, que é diferente de qualquer outro. Nenhum animal pode registrar uma patente — apenas seres humanos podem fazê-lo. Este é um dos caminhos que usamos para organizar nossa sociedade — adotando certas normas sociais, certos papéis, que desempenhamos como pessoas, como seres humanos. Se os nossos papéis forem desajustados, teremos problemas — e estes são *previsíveis*.

Caro leitor, quero que você entenda que o que testemunhamos hoje em todo o mundo — *a completa destruição da economia mundial* — não é acidental, um erro de percurso ou o resultado de trambiques políticos. Isso está acontecendo de propósito, *absolutamente de propósito*. E a razão disso é que o atual império corporativo sabe que a sua iminente destruição virá com o "progresso da humanidade".

Impérios assim não sobrevivem em um mundo em que o progresso tecnológico e científico desenvolve-se livremente; precisam de um mundo em que as pessoas sejam burras e dóceis, como ovelhas; buscam, então, destruir as próprias estruturas — tais como os Estados-nação — que sustentam uma vida plena de sentido e o progresso humano. Os "poderes ocultos" voltam-se deliberadamente contra esses Estados-nação (países independentes) e contra suas economias — buscando destruí-las e, assim, manter seu próprio poder imperial. *Isto é arquitetado.*

Impérios não são feitos de um rei ou rainha sentados sobre um trono banhado a ouro. Impérios estão acima de reis: *são um sistema de controle total.* O controle de tudo por um sistema monetário internacional que é, por sua vez, comandado por bancos internacionais.

A globalização, como podem ver, não é senão uma nova forma de império, com os seguintes objetivos: a eliminação dos Estados-nação, da liberdade e dos direitos das pessoas.

Bem, sei que muita gente dirá: "Que império? Impérios deixaram de existir há muito tempo!".

Nosso império atual é um sistema complexo de bancos centrais, bancos de investimento, fundos de cobertura e investimentos,[1] companhias de seguros e sistemas bancários paralelos (*shadow banking*). Um sistema financeiro que foi o responsável pela mudança de paradigma nos últimos cinqüenta anos, afastando-se da produção de coisas reais e de uma economia verdadeira, e aproximando-se cada vez mais da especulação, da idéia da maximização dos lucros e do puro monetarismo. Eis o atual império!

Como o dinheiro funciona

Como eu já disse, economia nada tem a ver com dinheiro. O que a elite criou foi um império sob seu controle. Muitos acreditam que tudo resume-se a dinheiro, mas o dinheiro é um mero instrumento que, por si só, não afeta o desenvolvimento do planeta. Há a idéia falsa de que o dinheiro tem um certo valor intrínseco, expresso por ele, mas este valor expresso não é uma quantidade *per se*; é apenas um efeito relativo a seu aumento e/ou à queda de seu potencial concreto relativo à densidade demográfica de uma sociedade. O valor do dinheiro não

[1] *Private equity funds.* — NT

repousa em seu valor individual, mas em sua função de catalisador dinâmico do processo social de uma nação.

O que, então, afeta o desenvolvimento do nosso planeta? A mente humana. É assim que medimos a humanidade. O que nos separa dos animais é nossa capacidade de descobrir princípios universais, que são, então, usados para beneficiar o resto da humanidade. Nossas mentes nos permitem inovar e, conseqüentemente, facilitar a vida de nossos semelhantes. O desenvolvimento da humanidade, o desenvolvimento do poder de indivíduos e nações *depende* do progresso, das descobertas científicas e tecnológicas.

Ao reduzir a produtividade, cortar o investimento em infra-estrutura e evitar a inovação e o desenvolvimento tecnológico, a elite almeja forçar uma redução da população. Uma pequena minoria, se estupidificar as pessoas e mantê-las pouco numerosas, pode exercer sobre elas um controle quase total.

A crise monetária atual reflete a insanidade que nos foi imposta durante o processo de destruição da economia concreta. A razão de passarmos por essa "crise" não é a flutuação nos mercados financeiros, mas o modo hiperinflacionado de nossos negócios: se considerarmos a quantidade de dinheiro que supostamente está em circulação e calcularmos a porcentagem desse dinheiro que possui algum tipo de equivalente real, descobriremos que essa parcela é mínima — quase zero. Mas esse não é o problema! O problema é que nossa produção concreta *per capita* ruiu, bem como os recursos de que ela depende.

O futuro da humanidade resultará de nossa economia concreta e das transformações reais que operamos no mundo ao nosso redor. Deixem-me dar um exemplo: se pegarmos um montante de terra rico em minério de ferro e o refinarmos, extraindo o ferro e usando-o para obter aço, que, por sua vez, produzirá ferramentas que lhe possibilitarão fabricar todo o tipo de coisas, como automóveis, trens, tratores e reatores nucleares, então podemos dizer que avançamos.

A cada passo do processo a transformação que operamos em algo, o seu valor para a sociedade aumenta — portanto, em termos concretos, esse algo vale mais do que a matéria-prima que utilizamos. O resultado é mais que a mera soma dos fatores.

Ao construirmos uma infra-estrutura, estamos de fato reorganizando o espaço-tempo concreto do planeta, permitindo que o nosso mundo atinja níveis cada vez maiores de eficiência e beleza.

Assim, se o seu sistema move-se continuamente a níveis maiores de eficiência — como, por exemplo, de uma economia à base de carvão mineral para uma à base de petróleo, e, então, para a energia nuclear — haveria um aumento no potencial produtivo do trabalho humano a cada etapa do processo; é dessa forma que a verdadeira riqueza é criada: pela ação produtiva das pessoas. O dinheiro é, simplesmente, um meio para facilitar a troca entre as pessoas; não possui poderes mágicos ou valor intrínseco algum.

Por que o império está destruindo o sistema financeiro?

Há, atualmente, 7 bilhões de pessoas no planeta Terra, um pequeno orbe azul a vagar pelo espaço, com recursos naturais limitados e uma população sempre em crescimento. Comida e água estão cada vez mais escassas.

Para exemplificar, tomemos um estudo da NASA — o Gravity Recovery and Climate Experiment — que diz que os lençóis freáticos da Índia, nos últimos dois anos, diminuíram para cerca de 1/5 de sua capacidade.[2] Atualmente, o setor agrícola da Índia usa 90% do total dos recursos hídricos do país. Ao passo que a escassez hídrica se torna um problema cada vez maior, a Índia poderá sofrer uma catastrófica falta de alimentos.

Em breve o país será forçado a importar mais e mais comida do exterior; com uma população de 1,2 bilhões de pessoas, o tímido excedente de alimentos do que há no mundo hoje seria imediatamente consumido, criando uma situação insustentável para o mundo inteiro.

A elite compreende isso; David Rockefeller compreende; os reis e rainhas do mundo compreendem: uma população maior corresponde a menos recursos naturais e maior escassez de comida e água.

Na realidade, a elite, aqueles membros da oligarquia que comanda o império a partir da Europa, compreenderam isso em meados do

---

[2] Matt Rodell, revista *Nature*, 20 de agosto de 2009.

século XVIII: os níveis de progresso tecnológico e de desenvolvimento são diretamente proporcionais ao crescimento da população. Sem o progresso científico e tecnológico o aumento da população torna-se insustentável, uma vez que, com uma população sempre crescente, serão necessárias tecnologias cada vez mais sofisticadas para sustentá-la.

Onde há progresso tecnológico as oligarquias não são toleradas. As nações que fomentam o desenvolvimento mental-criativo de suas populações geram as pessoas que não irão tolerar formas oligárquicas de governo por muito tempo.

Portanto, do ponto de vista de uma elite oligárquica, se queremos o controle absoluto do planeta temos de reduzir a população a um número mais "manejável". Lembrem-se: são 7 bilhões de pessoas, em progressão; um número enorme de bocas a alimentar — algo que os Rockefeller e companhia limitada compreendem, ainda que nós não. Para que a elite possa comer, você e eu devemos morrer. Que bela solução, não?

O despovoamento e o "Limits to Growth" do Clube de Roma

A mais importante instituição do mundo a promover um esquema malthusiano de redução da população é o Clube de Roma. Seus membros são alguns dos indivíduos mais influentes do planeta: David Rockefeller, Mikhail Gorbachev, o rei e a rainha da Espanha, a Princesa Beatrix da Holanda, o Rei Phillipe da Bélgica.

Fundado em abril de 1968 por Alexander King e Aurelio Peccei, o Clube de Roma é formado principalmente por membros da Nobreza Negra Veneziana (*Venetian Black Nobility*), descendentes da mais rica e antiga entre todas as famílias européias: aquela que subjugou e governou Gênova e Veneza no século XII.

Em 1972, o Clube publicou um dos documentos mais perniciosos de todos os tempos: The Limits to Growth [Os limites para o crescimento]. O relatório declarava que, dentro dos próximos quarenta anos, os recursos limitados da Terra chegariam ao fim. Portanto, de acordo com este cálculo, e a fim de garantir a sobrevivência da raça humana, deveríamos ajustar nosso estilo de vida — e o tamanho de nossa população — a esses parâmetros.

Segundo o Clube de Roma, a sobrevivência da humanidade depende da redução de sua dependência de tecnologia; é necessário puxar o freio de mão na corrida pelo progresso, pelo avanço e pela inovação tecnológica, e impor um regime mundial de *desintegração controlada* da economia.

> Desde aquele tempo, o argumento do Limits to Growth foi inserido dentro de instituições governamentais e supranacionais pelo mundo todo — as chamadas "instituições educacionais", os currículos universitários e muito mais: em, basicamente, todos os aspectos da cultura popular. Os resultados foram a total desindustrialização, as guerras e o genocídio que vemos hoje em dia.[3]

O resultado final é o colapso da economia mundial; mesmo com sua versão de recursos "ilimitados", os quais deixam de lado os avanços da ciência e o desenvolvimento de novas tecnologias revolucionárias. Se atravessarmos a confusão babilônica que se forma sobre palavras e termos, um relatório do Clube de Roma deixa pouco espaço para dúvidas quanto a sua real agenda: "Na busca por um novo inimigo comum, ocorreu-nos a idéia de que a poluição, a ameaça de aquecimento global e a falta d'água e de alimentos seriam suficientes". O relatório concluía com o seguinte: "O verdadeiro inimigo, afinal, é a própria humanidade".

Assim, uma instituição internacional pioneira está promovendo um programa de retrocesso tecnológico e a redução da população mundial em bilhões de pessoas. Trata-se de um verdadeiro *genocídio*, caso não tenham notado.

Todavia, antes que possam reduzir a população e domar o rebanho, é fundamental destruir a economia mundial por meio da destruição da demanda de consumo, o que se alcança ao tornar todos nós mais pobres.

Talvez você esteja se perguntando por que os Rockefeller e companhia limitada iriam querer destruir a procura. Não acabariam eles próprios na ruína financeira? A resposta é *não*. Eles não sofrerão de modo algum, pois já controlam boa parte da riqueza do mundo. Sua preocupação principal na atual conjuntura histórica é garantir

---

3 http://www.larouchepub.com/eiw/public/2012/eirv39n1720120427/53_3917.pdf.

a sobrevivência de sua *linhagem*. Repito: para que eles possam sobreviver em uma era de escassíssimos recursos naturais, *a maioria de nós deve morrer*.

Todos nós ouvimos falar da Grande Depressão, mas a maioria não aprendeu história e não entendeu o que aconteceu nesse período.

Ao contrário do que os livros "oficiais" de história costumam dizer, a Grande Depressão não foi um evento que dilacerou os capitalistas americanos. Foi, na verdade, um acontecimento que tornou os ricos ainda mais ricos, transferindo a riqueza do povo para as mãos de uma elite milionária.

O Bank of America lucrou bilhões com as falências do Estado em 1929–1937. Não acredite nem por um minuto que os mais ricos entre os ricos serão lesados por um colapso econômico; os únicos feridos seremos você e eu.

Uma pergunta vem à tona: como eles podem destruir a procura? Ora, destruindo a economia mundial propositadamente. Em outras palavras: "desintegração controlada". Essa foi precisamente a pedra angular de outra declaração preparada por outro grupo da elite: o *Project 1980*, do Conselho de Relações Internacionais (em inglês, CFR). A destruição controlada da economia e o desmantelamento dos mais avançados arquipélagos científicos e industriais constituíam parte significativa desta declaração. O CFR, uma das instituições centrais da oligarquia nos Estados Unidos, chamou o projeto de "o maior empreendimento de sua história".

> O relatório de 33 volumes do CFR era composto por planos, os quais foram estabelecidos pelo poder dessa hierarquia durante a segunda metade da década de 1970 e nos anos 1980. Eles impuseram uma das mais profundas guinadas nas políticas econômicas e referentes aos Estados-nação do século XX — a quebra de paradigma rumo a uma economia pós-industrial.[4]

[4] Richard Freeman, "The Policy of Controlled Disintegration", em *EIR*, 15 de outubro de 1999.

O que significa "desintegração controlada"? A economia mundial seria levada ao colapso — mas não aleatoriamente. Com a oligarquia controlando o processo de destruição, seria necessário causar vários choques econômicos para levá-lo a cabo — picos no preço do petróleo, cortes de crédito, instabilidade de investimentos —, forçando a economia mundial a zero e, por fim, a taxas negativas de crescimento. Havia, paralelamente, a criação de um mercado à vista para petróleo, fora dos ditames dos mercados do euro, o mercado de grãos e derivados e a expansão do mecanismo financeiro paralelo, bem como da lavagem de dinheiro do tráfico de drogas, operada através dos maiores bancos do mundo.

Nos últimos anos, algumas das maiores instituições bancárias foram pegas lavando grandes quantidades de dinheiro em processos ilegais por meio de suas contas: o Wachovia Bank, o HSBC, o Citigroup, e até mesmo o Coutts, o banco privado da rainha da Inglaterra.

Por trás dessa iniciativa está o Grupo Inter-Alpha de Bancos. Desde a sua fundação, em 1971, o Grupo Inter-Alpha, como um cartel de bancos europeus comandado por Lord Jacob Rothschild, tem sido um epicentro de operações, todas coordenadas a partir de Londres. O Grupo Inter-Alpha inclui pesos-pesados do mercado financeiro, tais como o Banco Real da Escócia, o banco português Espírito Santo, o banco espanhol Santander, o holandês ING, o francês Société Générale, o alemão Commerzbank, entre outros.

De fato, o grupo foi criado nos estágios finais da Segunda Guerra Mundial. Jacob Rothschild coordenou o processo em Londres. A rede de bancos Rothschild, desde sua fundação em Frankfurt no fim do século XVIII, tem sido uma operação da nobreza negra, uma associação secreta financeira global cujas origens remontam à quarta cruzada.

Um dos primeiros patrocinadores dos Rothschild foi a família Thurn e Taxis, da Bavária, chefes da inteligência de Veneza e uma das principais famílias do Império Habsburgo, da Áustria.

Essa associação em Veneza é a verdadeira raiz do poder financeiro da lendária família Rothschild.

Apesar da imensa riqueza que esses bancos possuíam por si, eles não tinham todos os recursos necessários para transformar o mundo de acordo com seu plano. Proveram, sim, um capital inicial, usando então o seu controle sobre o dinheiro dos outros para criar os mercados e instituições usados para controlar os mercados do mundo. Esse grupo deu origem aos fundos de cobertura, ao fundo de capital privado e outras ferramentas financeiras de dominação — o lado negro do Grupo Inter-Alpha.

Para atingir seu objetivo, construíram primeiro uma unidade bancária na Europa do pós-guerra: a base do que viria a ser uma nova estrutura financeira universal. Entretanto, na realidade, tratou-se de um retorno a um modelo imperial que existira antes da Revolução Americana. Os planejamentos para essa nova Europa começaram antes mesmo do fim da guerra, levando rapidamente à criação da Comunidade Européia do Carvão e do Aço, em 1951 e, então, à formação da Comunidade Econômica Européia, em 1957. Foram esses os passos iniciais cruciais em direção à atual União Européia e sua moeda supranacional, o euro.

Com estas medidas e a subseqüente eliminação das soberanias nacionais, este novo/velho império econômico iniciou o processo de construção de um sistema financeiro europeu sem fronteiras. Logo em seguida, veio o desenvolvimento do mercado de *eurobonds* e *eurodólares*, além dos mega-bancos. Estes, por sua vez, em sua maioria sediados em Londres, misturaram-se com outros bancos ingleses baseados na Europa, na Ásia e nas Américas. Os mega-bancos foram designados para acompanhar as regulamentações bancárias nacionais e, como tais, representaram o início da "globalização" (i.e. *imperialização*) da economia.

O poder real do Grupo Inter-Alpha, entretanto, não está nos próprios bancos isolados, mas nas mudanças que a operação Inter-Alpha fomentou na economia mundial. O projeto Inter-Alpha transformou o sistema financeiro mundial em um gigantesco cassino: um parque de diversões para bancos de investimentos, que não são mais do que o "braço especulativo" dos bancos comerciais e dos fundos de cobertura.

Comissão Trilateral

Outra organização estreitamente ligada ao Grupo Bilderberg e ao Conselho de Relações Internacionais é uma entidade pouco compreendida:

a Comissão Trilateral (TC). David Rockefeller estabeleceu a organização em 1973, e seus membros aparentam partilhar das mesmas filosofias antinacionalistas, buscando impedir que as forças nacionalistas influenciem a política dentro de seus respectivos países.

Aparelhar a TC tornou-se o plano de Rockefeller para fomentar:

> A unidade entre os poderes industrializados, para que juntos atingissem seu objetivo de uma estrutura econômica e política, global e integrada.[5]

A estratégia de Rockefeller "revela, também, algo fundamental sobre riqueza e poder: não interessa quanto dinheiro se tem; a menos que seja aplicado em dominar e controlar as organizações que produzem as idéias e políticas que guiam os governos e a população que os serve, o poder real de uma grande fortuna nunca se concretizará".[6]

Apesar da natureza financeira dos motivos e métodos da Comissão Trilateral, seus objetivos políticos não mudaram em quarenta anos:

> Ainda que a preocupação básica da Comissão seja econômica, os trilateralistas têm apontado um objetivo político vital: controlar a presidência americana.[7]

Um dos adeptos mais notáveis da Comissão Trilateral foi o candidato e mais tarde Presidente Jimmy Carter. Para uma história completa sobre a eleição de Carter para presidente, leia *A verdadeira história do Grupo Bilderberg*.

Uma vez que Jimmy Carter — fantoche da Comissão Trilateral — ocupava o posto de presidente, a oligarquia transferiu o *Projeto 1980* do CFR para a sua administração. A cúpula do *Projeto 1980* tornou-se a cúpula do governo e, a partir de 1977, comandou o governo de Jimmy Carter. Dois dos nove diretores do projeto, W. Michael Blumenthal e Zibgniew Brzezinski, foram apontados para a Secretaria do Tesouro e Conselheiro de Segurança Nacional, respectivamente. Cyrus Vance, que liderou a equipe do *Projeto 1980*, foi nomeado Secretário de Estado. Paul Volcker, por sua vez, porta-voz

---

5 Daniel Yergin and Joseph Stanislaw, "The Commanding Heights: the Battle for the World Economy", Free Press, 1997, pp. 60–64.

6 Will Banyon, "Rockefeller Internationalism", *Nexus*, vol. XI, n. 1, dezembro–janeiro de 2004.

7 Jeremiah Novak, *Atlantic Monthly*, julho de 1977.

da política da "desintegração controlada" do *Projeto 1980*, tornou-se diretor do Federal Reserve.

> No início da segunda semana de outubro de 1979, Volcker começou por sondar o nível de interesse que havia em aumentar o índice de *overnights* e em acrescentar certas exigências para bancos comerciais. Ele continuou subindo o índice, até que, em meados de dezembro de 1980, a principal taxa de juros dos bancos comerciais americanos atingiu 21,5%...
>
> Os efeitos dessas medidas foram rápidos e devastadores, especialmente porque a *oligarquia* causou, por meio de embustes, dois choques no preço do petróleo, levando-o às alturas. Nos Estados Unidos, a produção industrial e agrícola sofreu enormes perdas. Entre 1979 e 1982, a produção de indústrias manufatureiras fundamentais caiu drasticamente: máquinas de corte, 45%; tratores, 53,2%; automóveis, 44,3% e aço, 49,4%.[8]

Isso soa como um empurrão em direção a uma sociedade pós-industrial? Podem apostar que sim.

O encontro Bilderberg e um embuste de petróleo planejado

Em meados 1973 o dólar caía e as economias francesa, alemã e japonesa estavam à beira da explosão. No início do ano, o marco da Alemanha Ocidental já havia esmagado a libra esterlina e em julho–agosto já estava a caminho da hegemonia sobre o variante dólar americano.

Em maio de 1973, o Grupo Bilderberg fez uma reunião num hotel exclusivo, em Saltsjobaden, Suécia:

> Certas elites ligadas aos bancos monetários centrais em Nova York decidiram que já era tempo de um grande choque de preços a fim de alterar a direção da economia global, ainda que isso custasse uma recessão da economia americana. Isso pouco importava a eles, contanto que estivessem no comando dos fluxos financeiros.[9]

---

[8] Richard Freeman, "The policy of controlled disintegration", em *EIR*, vol. XXVI, n. 41, 15 de outubro de 1999.

[9] Ibid.

O ponto-chave na agenda do encontro dos Bilderberg era o choque nos preços do petróleo de 1973 — os almejados 400% de aumento no preço do petróleo da OPEC no futuro próximo. O economista William Engdahl explicou:

> O cerne da discussão não foi sobre como nós — alguns dos mais poderosos representantes das nações industrializadas do mundo — faríamos com que os países árabes da OPEC não aumentassem os preços de forma tão dramática. Ao invés disso, conversaram sobre o que fazer com todos os petrodólares que inevitavelmente acabariam nos bancos de Londres e Nova York a partir das vendas da OPEC árabe.
>
> O choque no petróleo veio dois anos após a livre flutuação do dólar, em um momento em que ele basicamente caía como uma pedra; isso porque a economia americana começava a apontar para maiores rupturas com o período do pós-Segunda Guerra Mundial, quando a indústria americana era um poder industrial de liderança mundial, e em que havia uma correlação ideal entre as reservas de ouro e tudo o mais.[10]

A verdadeira razão por trás do aumento de 400% no preço do petróleo

O salto de 400% no preço do petróleo em 1973/74 salvou o dólar, que flutuava em um mar de combustível. Precisamos lembrar de que Nixon rompeu a relação entre o dólar e o valor em ouro unilateralmente em agosto de 1971 e, após este período, o dólar caiu por volta de 40% em relação às grandes moedas de troca, como o marco alemão e o yen japonês. O que salvou o dólar? O que salvou Wall Street e o poder do dólar enquanto entidade financeira? Não foi, de forma alguma, a economia americana, mas os 400% do pico de preços.

A alta nos preços freou o crescimento na Europa e esmagou a industrialização dos países subdesenvolvidos do Terceiro Mundo, que vinham fruindo de um rápido crescimento dinâmico no início da década de 1970. O imenso choque nos preços inclinaram o poder em direção a Wall Street e ao sistema do dólar.

---

10 "A History of Rigged & Fraudulent Oil Prices (and What It Can Teach Us about Gold & Silver), Mr. Lars Schall entrevista F. William Engdahl", chaostheoren.de.

O intuito de tudo isso era manter o processo imperial de pilhagem da riqueza das grandes nações do planeta. O esquema de choque de preços criou, por fim, uma enorme quantidade de transferências de riqueza, nominalmente aos países da OPEC — os chamados petro-dólares — mas que, na verdade, foi parar em Londres e em Wall Street, para ser gerenciado. Então, a oligarquia financeira nos grandes centros usou os embustes do preço do petróleo para consolidar um domínio absoluto sobre o sistema de crédito do mundo todo, garantindo assim que ele não fosse direcionado ao desenvolvimento civil e cultural.

Ao contrário, eles o usaram para:

> [...] financiar operações a fim de transformar os Estados Unidos por dentro, incluindo a tomada do sistema bancário americano e a formação de cartéis — sob o eufemismo de "fusões" e "aquisições" — na América corporativa. Wall Street transformou-se em um grande cassino, no qual as apostas em instrumentos financeiros substituíram o investimento em coisas concretas, enfraquecendo assim a conexão com a realidade. Ao mesmo tempo, os petrodólares ajudaram a financiar operações de guerra cultural contra o povo americano, a fim de mantê-los cegos em face dos imensos danos que lhes eram causados, ou mesmo fazendo-os crer que aquilo fosse o verdadeiro progresso.[11]
>
> O calculado embuste do petróleo de 1973–1974 e sua inserção na especulação financeira do mercado de petróleo via *spot market* criou uma grande reserva de petrodólares, com os quais a cidade de Londres poderia travar uma guerra contra as nações. Esses petrodólares, juntamente com os lucros do tráfico de drogas da "Dope. Inc" britânica, foram úteis na reestruturação de Wall Street nos anos 1970, abrindo o caminho para as obrigações de alto risco dos anos 1980 e para os derivativos dos anos 1990.[12]

Derivativos, hipotecas e a bolha especulativa

A maioria de nós já ouviu o termo "bolha especulativa". O que significa? De onde vem? Uma vez que alguém tome a decisão de criar uma bolha, trata-se basicamente de um esquema piramidal. Para

[11] Ibid.

[12] John Hoefle, "The end of the line for the Anglo-Dutch System", em *EIR*, 28 de março de 2008.

desconectar os ganhos financeiros da economia real — exatamente o que se deve fazer se estiver tentando matar a economia real e criar uma bolha especulativa — é preciso divorciá-los da realidade; ora, derivativos são um bom caminho para se fazer isso.

É como inventar um jogo em uma mesa de cassino. Derivativos são apostas paralelas sobre movimentos de várias coisas, como obrigações (títulos de crédito), o valor das obrigações, pesquisas de interesse e taxas de entrada. Você especula sobre todas estas coisas e pode apostar nessas especulações.

O fim da linha

Como a bolha especulativa ali estava para dominar a economia americana e a do resto do mundo, era fundamental alimentá-la. Entre outras coisas, isso levou a uma afiada disparada nos valores reais do Estado, para prover "riquezas" que pudessem ser convertidas em títulos de hipoteca e, então, em uma caótica aglomeração de seguros a serem usados, com grande alavancagem, como moeda nos mercados de derivativos. Para manter a dívida da hipoteca crescendo — enquanto os preços batiam a estratosfera — os banqueiros afrouxaram as exigências para financiamentos de imóveis. Por fim, esse processo, dirigido pelos bancos e pelo mercado de derivativos, explodiu. O fato foi retratado (falsamente) como uma crise dos "subprimes", mas na realidade eram apenas os últimos espasmos do próprio sistema financeiro.

No meio de 2007, a falência de dois fundos de empréstimos do *Bear Stearns* apontava o colapso do mercado de seguros e aqueles que apostavam na especulação perceberam que o jogo havia acabado; passaram a tentar retirar o dinheiro. O mercado para papel especulativo rapidamente secou, soterrando o seu valor nominal. O mercado, que havia passado por um crescimento fenomenal e repentino por meio da alavancagem, entrou em colapso em uma implosão reversa. Os especuladores haviam tomado emprestado trilhões de dólares para fazer apostas, supondo que ganhariam o suficiente para pagar os empréstimos e ainda sair no lucro. O jogo funcionou por algum tempo, mas tornou-se fétido, rapidamente, quando o mercado inflou. Súbito, os especuladores viram-se derrotados em suas apostas, sem dinheiro algum para pagar suas dívidas e, assim, acuados num beco sem saída. Os ativos passaram a vaporizar-se aos trilhões, e os preocupados mutuantes passaram a exigir uma porcentagem maior sobre as ligações marginais, causando vendas de ativos que em seguida derrubaram os preços, em uma espiral viciosa reversa.

A "solução" para este pandemônio adotado pelos bancos centrais era passar a inundar os mercados financeiros com certa liquidez, por meio de uma série de cortes da taxa de juros e injeções financeiras. Ainda que tenham jurado disciplinar os mercados, os bancos centrais rapidamente capitularam sob a pressão de enormes perdas, em uma espécie de pânico hiperinflacionário. As injeções de emergência rapidamente saltaram de bilhões às dezenas e então às centenas de bilhões de dólares, na escalada para tapar os buracos causados pela selvagem deflação das ações no sistema; mesmo assim, apesar de todo o dinheiro investido, o sistema continuava ruindo. O dinheiro injetado no resgate — sem qualquer finalidade economicamente útil — só irá acelerar o processo de desintegração. Isto significa que, quanto mais dinheiro o governo injetar, mais rápido cairá o valor do dólar, e mais rápido a economia global se destruirá.[13]

Fusões e aquisições — A Companhia Mundial Ltda.

Outros termos com que vocês já devem estar familiarizados são "fusões e aquisições". É claro que essas palavras são eufemismos. Vocês ouvirão muitos eufemismos para "imperialização", porque essa é uma palavra ruim. Em 1968, na conferência do Clube Bilderberg no Canadá, George Ball, diretor geral dos Irmãos Lehman, além de subsecretário geral de Assuntos Econômicos durante o governo de JFK e de Lyndon B. Johnson, anunciou o projeto para construir o que ele chamou de "Companhia Mundial".

Os globalistas gostam de fomentar a idéia de que os Estados-nação estão ultrapassados e são, de fato, uma forma arcaica de governo, com a qual, em um mundo malthusiano, não se poderia contar para atender aos anseios da sociedade moderna.

13 John Hoefle, "The end of the line for the Anglo-Dutch System", em *EIR*, 28 de março de 2008.

> Para Ball, a estrutura mesma do Estado-nação, a idéia de *Commonwealth* e a idéia de bem-estar social de um povo representavam o principal obstáculo contra qualquer tentativa de saquear, impunemente, o planeta; e constituía o obstáculo principal à criação de um império mundial neo-colonial.[14]

Em outras palavras, de acordo com Ball e outros membros do Clube Bilderberg, os recursos de quaisquer países não pertencem a eles mesmos, mas à Companhia Mundial Ltda., sob direção dessa Elite.

E assim torna-se necessária uma nova forma de governo, que distribua com mais *liberalidade* os recursos do mundo. Essa nova forma já foi encontrada: é a *Corporação*.

O que George Ball chama de "Companhia Mundial" poderia, então, tornar-se um novo sistema de governo que ultrapassaria grandemente, *em autoridade e poder*, todos os governos do planeta.

O resultado que vimos dessa conspiração foi a destruição da economia americana, começando na década de 1980.

> Esses piratas corporativos, financiados pelo dinheiro sujo da rede de apostas de alto risco, compraram parcelas significativos das corporações americanas e aterrorizaram o que restou delas. Os alvos desses piratas, e aqueles que temiam tornar-se alvos no futuro, recorreram aos bancos de investimento de Wall Street e aos escritórios de advocacia, buscando "proteção". Assim, esta operação intensiva de compras por papéis de alto risco funcionou como uma rede gigante de proteção, destruindo alguns como meio para conseguir tributo do resto. Ao mesmo tempo, o dinheiro sujo vazou para o mercado oficial e legal, de forma notável, por meio dos fomentadores canadenses... Essas firmas construíram os arranha-céus, que foram preenchidos por prestadores de serviços — banqueiros, advogados, contadores, escriturários e outros tipos do colarinho branco...
>
> Esse vazamento de dinheiro quente para o mercado imobiliário causou uma alta dos preços. A "riqueza" criada por essa alta nos valores gerou mais dinheiro, inflando a bolha... O especulador passou de inimigo a modelo de sucesso... A indústria produtiva "à moda antiga" tornou-se o refúgio dos "perdedores", substituídos pelas novas e efervescentes "indústrias" das finanças e da informação...

---

14 Ibid.

> O efeito de toda essa desregulamentação e especulação foi o extermínio da economia concreta dos Estados Unidos. Nestas últimas três décadas, a capacidade produtiva da economia americana caiu pela metade em termos de mercadorias em uma base *per capita*, por família e por bairro. Ao mesmo tempo, as exigências monetárias sobre essa produção decrescente aumentou hiperbolicamente.[15]

Boa parte do controle exercido pela Companhia Mundial não se dá na superfície.

> O controle é exercido por meio do London Stock Exchange, através do London International Financial Futures Exchange, do London Metal Exchange e do International Petroleum Exchange. Essas são as instituições da Companhia Mundial Ltda. nas quais cumpre-se a verdadeira disposição de bens concretos comercializados, sem mencionarmos aqui as inúmeras camadas de instrumentos do capital especulativo criadas, e agora em franca decadência, ameaçando afundar consigo a própria economia concreta mundial.[16]

Ao olharmos para a globalização veremos que é exatamente isso que ela é. Começando pelos anos 1960 rumo aos anos 1970 e 1980, os Estados Unidos da América e o resto do mundo tomados por essa enxurrada de fusões, uma consolidação cada vez maior de companhias industriais, agrícolas e financeiras. Aos poucos foram construindo esse gigantesco cartel, até o ponto que vemos hoje, em que eles controlam os recursos do mundo — *literalmente dominam o mundo*.

Os banqueiros comandam as corporações e os cartéis e assim controlam as necessidades da vida, tornando-se mais poderosos do que as próprias nações. Todo esse projeto de uma Companhia Mundial Limitada, em certo sentido, é um retorno aos dias antigos do monopólio da Companhia das Índias Orientais da Inglaterra, agora com uma face moderna e computadorizada. O que deveria assustar as pessoas de verdade é o seguinte: essa elite realmente concretizou aquilo que anunciou que faria em 1968. Isso não é assustador?

---

15 Pierre Beaudry, "Mennevee Documento n the Synarchy Movement of Empires", l. IV.

16 John Hoefle, "Southern Strategy, Inc: Where Wall Street Meets Tobacco Road", em *American Almanac*, fevereiro de 2001.

Deixem-me dar um exemplo do que significa a Companhia Mundial: a Royal Dutch Shell (RDS), esta mega-corporação, é um produto da união entre os grandes interesses ingleses e holandeses no ramo do petróleo.

À frente da Royal Dutch Shell durante a Segunda Guerra Mundial, Henri Deterding declarava abertamente o apoio a Adolf Hitler. O grupo Lazard, banqueiro da RDS, criou o Banque Worms a partir de uma empresa transportadora ligada à Shell, e ele era visto como um notável defensor e patrocinador do regime de Vichy. Além disso, a Royal Dutch Shell havia financiado operações de guerra cultural contra os Estados Unidos da América (e contra o resto do mundo): o conhecido "emburrecimento da sociedade",[17] aí inclusa a criação e a submissão do movimento ambientalista, que, nessa gangue pós-industrial, recebe o papel de *manipular as esperanças dos povos de um mundo melhor*.

A RDS compartilha a diretoria com o banco holandês ING, a companhia química Akzo Nobel, a Unilever, grupo anglo-holandês que controla boas parcelas da produção alimentícia mundial, e a Rio Tinto, que, junto com o controle anglo-americano, controla algo entre 10 e 24% das reservas de minério do Ocidente. A RDS também negocia a diretoria com a Boing, o Lloyds Bank, a UBS e a AXA (uma das maiores empresas de seguros do mundo).

A parte britânica da Royal Dutch Shell é a BP, British Petroleum. A BP compartilha a diretoria com o Banco Real da Escócia e o HSBC (que foi pego lavando bilhões de dólares do tráfico de drogas mexicano), Akzo Nobel, Unilever, Roche Pharmaceutical e o Goldman Sachs (cujo antigo empregado, Mario Monti, foi o único primeiro-ministro por indicação da Itália), Rolls Royce, General Electric, Bank of America, Lloyds Bank, KPMG e GlaxoSmithKline, a companhia farmacêutica.

No nível seguinte, muitas dessas companhias já estão interconectadas entre si. Por exemplo: o HSBC está em contato com o BP, assim como com a Shell, a extratora de ouro Anglo-American, o *Financial Times*, um dos principais jornais de negócios do mundo, o *The Economist*, as Imperial Chemical Industries, a GlaxoSmithKline, a Rolls Royce e o truste Kleinwort, por meio do maior banco de investimento alemão, Dresden Kleinwort Benson.

---

[17] Lyndon LaRouche, "It's the British Empire, Stupid!", em *EIR*, 11 de janeiro de 2008.

Além do mais, cada uma das corporações acima descritas está interconectada, criando um sistema indestrutível e auto-imune, uma rede virtual on-line de interesses financeiros, econômicos e industriais, tomando por modelo a Companhia Mundial. Um sistema *Fondi*, como chamam os venezianos.[18]

O resgate dos bancos em 2009

Lembram-se do resgate bancário de 2009? Qual foi a verdadeira razão para que se resgatasse o falido setor? Wall Street e o governo americano acreditavam de fato que "salvavam a América", como diziam? Ou havia outra razão para isso?

Atrás das cortinas havia uma razão bem mais sinistra para esse resgate. Entendam, por favor, que o plano de recuperação foi uma fraude gigantesca. Sob o pretexto de salvar a economia, os banqueiros transferiram dívidas enormes de seus bolsos particulares, bancos e interesses especiais para as *contas do governo* — uma vez que a economia segue em declínio, essa dívida é absolutamente impagável.

Deixem-me dizê-lo novamente: não há a menor possibilidade de que a dívida seja paga. O efeito desse resgate, portanto, será a falência dos governos, e o propósito real deste plano de recuperação é finalizar a destruição dos governos, iniciado décadas atrás pelo processo do Inter-Alpha.

Durante a segunda década do século XXI vocês viram, por exemplo, as inúmeras negociações para que se perdoasse ou renegociasse a dívida, e então uma nação após outra caiu sob uma ditadura corporativista. A ânsia de controlar é a principal razão desse resgate. Vocês estão assistindo à destruição das nações do mundo, seguida pela substituição por ditaduras corporativas — uma ditadura global, fascista e imperial.

Na Europa, o plano de recuperação seguiu esse padrão. Os bancos europeus estavam entre os beneficiários do resgate de aproximadamente dezesseis trilhões de dólares, oriundos de vários fundos federais (*fed funds*) em 2008. Por exemplo: seis dos primeiros onze beneficiários

---

[18] *Fondi*, literalmente "fundos" em italiano, é como esse modelo integrado é chamado na Itália. — NE

dos Leilões de Injeção de Liquidez (fundos federais de curto prazo) foram bancos europeus, inclusos aí o Société Générale e o Royal Bank of Scotland. Essa operação indecorosa passou despercebida dos noticiários, e ninguém fez pergunta alguma. Como o Federal Reserve justificou o ato?

Parece que o Federal Reserve teve seus motivos, pois eles simplesmente mentiram sobre o que estava realmente acontecendo. Tinham uma resposta pronta ao público, mas não revelava o que, de fato, estava sendo feito. Era claro que o FR tentava salvar um sistema: o sistema do império corporativo. Eles não tentavam salvar apenas os bancos americanos; caso contrário, não dariam todo esse dinheiro a bancos estrangeiros. Eles trabalharam para salvar o *sistema*; era o que intuíam que deviam fazer.

Uma vez que o sistema global estava inundado de derivativos, se eclodisse uma crise em algum lugar teríamos uma crise em todos os lugares. Por isso, eles deviam proteger justamente os elos mais fracos. É como impedir um incêndio: é necessário apagar o fogo onde quer que ele surja; senão, o lugar todo vem abaixo.

Por favor, entendam: os resgates de bilhões de dólares nunca tiveram por meta proteger a economia, fosse a dos Estados Unidos, fosse a da Europa. Servem, sim, para proteger um *imperium* financeiro e institucionalizar (através da obtenção de "garantias" do governo) os cassinos de derivativos. Trata-se de espalhar a doença e sacrificar o paciente.

Outra coisa que testemunho pessoalmente em 2013, na Europa, especialmente (mas não só) na Espanha, é o fato de que os bancos estão comprando boa parte das dívidas estrangeiras. A questão de muitos: é possível pagá-la algum dia? Se não, por que estão fazendo isso?

Caso eu e você quiséssemos tomar um empréstimo de um banco, a primeira coisa que o banco gostaria de saber é: *vocês poderão pagar por ele*? Todavia, em um mundo paralelo — o mundo da Companhia Mundial Corporações — parece que os bancos estão comprando as dívidas porque querem levar as nações à falência propositadamente. É um antigo jogo veneziano: afunde seu adversário em um mar de dívidas até poder controlá-lo.

Hoje em dia, os bancos estão comprando dívidas que não valem nada. Porém, talvez, muitos desses bancos não estejam planejando sobreviver.

Se tomarmos as palavras da oligarquia ao pé da letra, veremos que desejam diminuir a população mundial a algo entre 1 e 2 bilhões de pessoas. Isso significa que grande parte do sistema financeiro, das economias nacionais e das próprias populações estão "destinadas" a desaparecer.

É absolutamente certo que estamos no meio de um processo de completo desmanche econômico. Quem está por trás disso, por quê? É esse esfacelamento um acidente, resultado de mau planejamento, ou acontece propositalmente?

As duas respostas estão corretas. Disse que existem grupos diversos, com interesses diversos. O economista francês Jacques Attali afirma publicamente que o euro foi concebido como um mecanismo proposital para impor a união política — com a qual ninguém concordava. Em outras palavras: pode ter sido um erro grosseiro a criação do euro em meio à uma crise para impor uma ditadura política, da mesma forma que vemos hoje com o Mecanismo Europeu de Estabilidade.

Uma das intenções foi a desindustrialização da Europa, e se olharmos para as políticas da Comissão Européia sobre a Espanha, por exemplo, veremos que eles cancelaram todo e qualquer programa que permitisse a recuperação espanhola, como o corte de 25% no orçamento para o desenvolvimento científico. Parece-me muito claro que ninguém na UE deseja a recuperação da Espanha, e, de fato, me parece um objetivo real a redução de sua população e o retorno da sociedade a uma estrutura quase feudal.

Entendam: o passado nunca volta. É disso que trata esse resgate. Ao tentar diminuir a dívida — que, na realidade, constitui-se de dinheiro virtual, ou seja, dinheiro que não existe — o sistema pode ser manipulado de forma que a dívida não possa ser paga jamais. Tudo se torna uma farsa financiada por notinhas do *Banco Imobiliário*.

Ao tentar salvar o "sistema", podemos acabar *destruindo a nós mesmos*, *a ordem social* e *as nações*. É isso que o sistema de resgates representa de fato, e é por isso que podemos ver a elite promovendo-o, uma vez que muitos desses bancos serão descartados e desaparecerão de qualquer maneira. *Mas os Estados-nação precisam ruir primeiro.* Uma vez extintas as nações, o Império pode reorganizar-se da forma que preferir e estabelecer um novo sistema monetário.

Existe uma solução? É claro que sim: a solução é darmos às nossas economias um sentido, e que cada nação deste planeta estimule em cada habitante um senso de participação neste grande interesse comum a toda a humanidade: dar-nos uma base para a sustentabilidade de nosso sistema global.

Tudo o que precisamos fazer é pegar esse lixo derivativo — que não passa de crédito sobre crédito sobre crédito — e deletá-lo. Extirpá-lo. Eliminá-lo. *Simples assim!* Derivativos são instrumentos de apostas. E dívidas de apostas, quando perdidas, podem ser canceladas.

Assim, não precisamos pagar as dívidas da roleta russa, sejam elas "incentivos" ou "derivativos financeiros". O sistema atual está falido, moral e financeiramente, e para salvar o mundo precisamos de líderes, líderes que estejam preparados para se levantar e colocar todo este sistema financeiro em concordata.

Há outra coisa que é preciso entender sobre o funcionamento do dinheiro para que se possa entender a atual crise financeira.

Sistema de crédito versus sistema financeiro

O mundo atual é comandado pelo sistema financeiro, *não pelos sistemas de crédito nacionais*. Ninguém quer um sistema financeiro no controle do mundo; quer que os Estados-nação soberanos tenham seus próprios sistemas de crédito, o que é decerto o sistema de sua própria moeda. Sobretudo, quer a criação produtiva e não-inflacionária de crédito pelo Estado, como está firmemente declarado na Constituição dos EUA. Essa política fiscal saudável de criação de crédito pelos Estados-nação foi descartada pelo Tratado de Maastrich até como mera possibilidade, e não foi nem mesmo considerada como estratégia econômica e financeira para a Europa.

Um *sistema financeiro* é a criação de uma oligarquia financeira que basicamente trata a humanidade como gado. É assim que a elite tem operado por séculos. As oligarquias existem pelo controle da "moeda do reino", de seu preço e disponibilidade, controlando assim as pessoas. Usam o seu controle sobre o dinheiro para manipular o nosso mundo.

Este é o sistema do Império. O sistema que Alexander Hamilton desafiou quando os Estados Unidos foram fundados e o sistema de crédito dos EUA foi inventado. Ele disse:

> Nós não vamos lhes pedir dinheiro, pois somos um país soberano e produzimos nosso próprio dinheiro. Criaremos crédito e trabalharemos na economia a fim de aumentar a produtividade de nosso povo. Financiaremos projetos de infra-estrutura e manufatura, e também coisas que aumentem a produtividade e tornem a economia mais produtiva e, portanto, mais rica.

É assim que se gera a verdadeira riqueza: pelo processo de produção. Ao invés de pedir dinheiro emprestado às oligarquias, crie o seu próprio dinheiro como uma nação soberana e use-o para escapar das garras da mesma oligarquia. Foi isso o que permitiu aos Estados Unidos resistir às contínuas tentativas do Império Britânico de reintegrá-los como um estado semi-soberano do Império. A diferença entre o sistema financeiro e o sistema de crédito é o fundamento sobre o qual está baseado todo o atual sistema oligárquico.

Neste ano de 2013, na Europa, esse crédito não-inflacionário não pode ser produzido, pois na Europa os governos estão submetidos ao controle dos bancos privados e seus interesses, chamados de sistemas bancários independentes. Essas instituições têm o poder de regulamentar o governo e ditar os seus termos.

Pensem sobre como funciona a instituição conhecida como Banco Central Europeu dentro deste edifício. Ele opera como um banco central independente e não responde a governo algum — porque não há governo. Não há uma nação. É um grupo de nações governadas por um banco privado.

Podem ver a insanidade disso? A suposta "independência" do Banco Central é um mecanismo de controle decisivo para os interesses financeiros privados, os quais, historicamente, instalaram-se na Europa, como um órgão autoritário contra uma política econômica de governos soberanos, orientados para o bem-estar social de suas populações. O sistema bancário europeu é um remanescente de uma sociedade feudal, de interesses privados exemplificados tipicamente pelos cartéis de Veneza, que se moveram para as sombras no século XIV.

O fim

A luta mundial que testemunhamos hoje não almeja a sobrevivência dos bancos centrais ou do euro, mas é uma luta fundamental entre os governos soberanos e o sistema financeiro oligárquico que beneficia uma pequena elite. Toda nação que não puder controlar sua própria moeda não é uma nação soberana, e toda nação que não é soberana é vulnerável aos ataques furtivos e subversivos dessa oligarquia.

Bem, se as pessoas devem participar do próprio governo, elas também devem tomar parte nas idéias que regem a sociedade — seria o fim das oligarquias. Nações que fomentam a criatividade inovadora de sua população produzem pessoas que não irão tolerar as formas oligárquicas de poder por muito tempo. Populações iletradas e atrasadas tecnologicamente o farão. De fato: não resta dúvida de que o analfabetismo e o atraso em tecnologia contribuíram para o emergir do regime oligárquico.

As idéias de "Estado-nação" e de "progresso" são gêmeas siamesas.

Assim como muitas idéias oriundas da criatividade humana, o "Estado-nação" não é uma empreitada leviana; tampouco é pensada para fins imediatos. É um empreendimento humano, de longo prazo, pensado para expandir nossa consciência de si para muito além das amarras de nossas percepções e sentimentos de bem-estar pessoal. Os Estados-nação nos conectam às gerações, anteriores e posteriores, que batalharam para manter o legado de liberdade e de busca da felicidade.

CAPÍTULO II

A conspiração genética

No momento em que escrevo estas linhas, 1 bilhão de pessoas sofrem as agruras da fome no mundo; isto é apenas o começo. Aproximadamente 2 bilhões de pessoas em todo o mundo gastam mais de 50% do que ganham só com alimentação. Os efeitos da crise econômica de 2007 são acachapantes: 250 milhões de pessoas entraram para o índice da fome em 2008 — um número nunca antes visto.

> Em um certo sentido, trata-se de um paradoxo genuíno: nosso planeta tem tudo de que precisamos para produzir alimentos naturais e nutritivos, a ponto de saciar o mundo inteiro várias vezes. É este o caso, apesar da devastação causada pela agricultura industrializada dos últimos cinqüenta anos ou mais. Assim, como é possível que enfrentemos, de acordo com algumas previsões, o prospecto de uma década ou mais de fome em escala global? A resposta encontra-se nas forças e nos grupos de interesse, que decidiram gerar artificialmente a escassez de alimentos.[1]

Organização Mundial do Comércio

Uma das organizações responsáveis pelo tremendo crescimento da fome no mundo é a Organização Mundial do Comércio. Criada em 1994, a

[1] F. William Engdahl, "Getting used to Life without Food: Wall Street, BP, bio-ethanol and the death of millions", globalresearch.

partir do Acordo Geral de Tarifas e Comércio da Rodada Uruguai,[2] a OMC introduziu um novo (e radical) tratado internacional, o Acordo TRIPS,[3] que permitiu que as multinacionais patenteassem plantas e outras formas de vida pela primeira vez na história.

Suas origens remontam à Segunda Guerra Mundial, por meio de um grupo de internacionalistas em Washington, DC, com o propósito de servir "como propulsora do livre-comércio entre grandes nações industrializadas, especialmente na comunidade européia".[4] É filha bastarda de Washington, DC, nascida em 1 de janeiro de 1995, quando o Acordo de Marrakesh substituiu o AGTC, proveniente de 1948.

De acordo com seus *slogans* e campanhas publicitárias, a OMC promove a estrutura para a criação de políticas de comércio recíprocas e não-excludentes. A realidade, entretanto, parece bem diferente: o objetivo anti-Estado-nação da OMC pode ser facilmente identificado em seu *slogan* de 1988: "Um só mundo, um só mercado", que foi criado na reunião de cúpula de Montreal, posterior ao início da Rodada Uruguai para "Reforma" Agrícola (1986–1994) — processo que resultou na criação da OMC.

Em 1993 houve um divisor de águas quando a União Européia concordou com a redução do protecionismo sobre as agriculturas nacionais.

Esse foi um processo de muitas etapas. Primeira: de acordo com as novas regras do jogo da OMC, as nações da UE seriam forçadas a abrir suas fronteiras, garantindo assim às outras nações o direito de operar livremente, sem restrições nacionais; da mesma forma, propiciava a eliminação das reservas nacionais de grãos.

Essas reservas não deveriam mais ficar sob o domínio dos Estados-nação independentes. Tornaram-se propriedades a serem gerenciadas pelo "livre-comércio" e pelas megacorporações, quase todas americanas, que dominam os mercados do mundo.

---

2 A Rodada Uruguai ou Ronda Uruguai iniciou em setembro de 1986 e durou até abril de 1994. Baseada no encontro ministerial de Genebra do GATT (1982), começou em Punta del Este, no Uruguai, seguida por negociações em Montreal, Genebra, Bruxelas, Washington e Tóquio. — NT

3 Trade-Related Aspects of Intellectual Property Rights (Tratado sobre aspectos dos direitos sobre propriedade intelectual) — tradução livre. — NT

4 F. William Engdahl, op. cit., globalresearch.

As mencionadas companhias já dominavam anteriormente, mas, agora, "contavam com uma nova entidade supranacional — não-eleita — para implementar suas agendas particulares em escala global. A OMC tornou-se a fiscalizadora do livre-comércio mundial, além de um aríete predatório"[5] com um orçamento anual de trilhões de dólares. "Tais regras são levadas a ferro e fogo, gerando enormes multas e outras penalidades aos que as violarem".[6] Sob esse regime, o controle da agricultura é prioritário.

Mais ainda: essas regras, vendidas sob a aparência de um farol de esperança aos países subdesenvolvidos, foram escritas pelos gigantes corporativos que formam o núcleo da OMC. O projeto de reforma agrícola e sua nova "orientação para o mercado" foi escrito por D. Gale Johnson, da Universidade de Chicago, para a Comissão Trilateral de David Rockefeller; o antigo executivo da Cargill, Dan Amstutz,[7] desempenhou um papel decisivo no projeto das leis de agricultura da Rodada Uruguai. A Cargill é a maior companhia de grãos do mundo.

As novas regras draconianas foram impostas a um mercado mundial livre e integrado a fim de controlar os produtos. Da mesma forma, os novos acordos baniram os controles de exportação agrícola, mesmo nos tempos de fome. Hoje, o controle dos cartéis sobre a comercialização e exportação de grãos no mundo todo tornou-se ainda maior.

Além disso, os pactos internacionais proíbem os países de restringirem o comércio por meio de leis de reserva de alimentos, chamadas de barreiras comerciais. Não obstante, esse estratagema expunha os mercados do mundo a importações irrestritas de alimentos geneticamente modificados (GMO) sem que houvesse qualquer necessidade de provar a sua integridade. Falaremos sobre isso mais adiante.

Agricultura é alimento, e precisamos nos alimentar. Julgamos com freqüência que é garantido — especialmente no Primeiro Mundo — que teremos comida em abundância. Uma ida ao supermercado e todas as nossas necessidades estão saciadas. O que acontecerá se um belo dia acordarmos e não houver o que comer? O que faremos?

---

5 Stephen Lendman, *Seeds Of Destruction*, F. William Engdahl, em *Review*, 22 de janeiro de 2008.

6 Ibid.

7 Daniel Gordon Amstutz foi executivo da Cargill a partir de 1954. Entre 1983 e 1987 foi subsecretário da Agricultura e do Comércio Exterior do governo Reagan. — NT

A propaganda da OMC nos diz que o "mercado" mundial e o assim chamado "livre-comércio" irão, de alguma forma, prover as condições favoráveis necessárias ao desenvolvimento. Todavia, com a criação de zonas de comércio multinacionais, os governos responsáveis pelos cidadãos *perdem o controle e o poder* para essas agências supranacionais, que usurpam a autoridade dos Estados-nação. Essas agências não representam, de maneira alguma, os interesses dos estadistas de uma nação. Ao contrário: sua lealdade é para com as corporações e os organismos financeiros que os elegem, financiam e apóiam. Essas organizações formam um dos elos da corrente de domínio da elite: uma estrutura hierárquica imperial que busca escravizar as populações por diversos meios, como o da manipulação psicológica (entre outras técnicas sutis de dominação).

Acordos como o AGTC e o NAFTA destruíram sutilmente as economias nacionais, uma vez que as colocaram sob os imperativos do comércio mundial e da globalização sem fronteiras. A globalização é um conceito piramidal, o que significa que os fazendeiros — aqueles que põem comida em nossa mesa — são descartados e substituídos por megacorporações multifacetadas, sedentas por controlar a produção e a distribuição de alimentos.

> Durante as últimas duas décadas, milhares de fazendeiros nos Estados Unidos, Europa, Canadá, Austrália e Argentina foram descartados. Por exemplo: em 1982, os Estados Unidos ainda contavam com 600 mil criadores de porcos independentes. Hoje, são menos de 225 mil.[8]

Que fique bem claro que isso não é um acidente: quanto menos fazendeiros independentes, maior o controle das grandes corporações sobre o que comemos. As pessoas acostumam-se a qualquer coisa nessa vida, menos a passar fome. Mesmo a morte é mais fácil: temos de encará-la apenas uma vez.

O AGTC, o Tratado Norte-Americano de Livre-Comércio (NAFTA), o Tratado da América Central para o Livre-Comércio e todo e qualquer acordo de união ajudou a espalhar os guetos e as favelas nas cidades da América Latina, da Ásia e da África, ao criar as condições que forçaram

---

8 Richard Freeman, "The Windsors' Global Food Cartel: Instrument for Starvation", em *EIR*, 8 de dezembro de 1995; http://www.larouchepub.com/other/1995/2249_windsor_food.html.

as pessoas a abandonar sua terra, ao passo que a elite lhes tomava os meios de produção. Por um lado, as favelas e as cidades-fantasma equilibram-se em despovoamento; por outro, se podemos forçar as pessoas a sair de sua terra em direção às cidades, criamos o caos ideal de insatisfeitos/excluídos em meio às massas. Uma agitação das massas requer a atuação das Forças Armadas — problema, reação, solução.

Esta é a previsão certeira do relatório Strategic Trends, do Ministro da Defesa do Reino Unido, o qual, conforme dissemos, baseava-se em um informe de 2005 do Grupo Bilderberg. Em 2013, mais de 50% da população mundial vive em ambientes urbanos em detrimento dos ambientes rurais. O relatório afirma:

> Haverá um crescimento substancial de favelas e de assentamentos urbanos aleatórios e improvisados, aumentando o custo de recursos naturais e o impacto ambiental.[9]

Com a destruição das repúblicas dos Estados-nação e a criação de megablocos econômicos conectados uns aos outros através de um mercado globalizado, os países independentes poderão ser "substituídos pelas megacidades" com populações de mais de 20 milhões de habitantes.

Causadas por grandes movimentações populacionais, essas cidades incharão até tomarem proporções inimagináveis, "já caracterizadas como um ambiente de ilegalidade endêmica e de altos níveis de violência".

Um dos primeiros experimentos que almejavam provocar o despovoamento de grandes cidades foi conduzido no Camboja, durante o regime de Pol Pot. É interessante notar que o modelo para o plano genocida de Pol Pot foi desenhado nos Estados Unidos da América, por uma das fundações financiadas pelo Clube de Roma, e supervisionado por Thomas Enders, um oficial do alto escalão do Departamento de Estado.

O Clube de Roma, fundado em 1968, é formado por alguns dos mais antigos membros da Nobreza Negra Veneziana. É a instituição mais importante no mundo todo a propagar o esquema malthusiano

---

[9] DCDC Strategic Trends Report, p. 9.

de redução populacional. Um relatório do Clube deixa pouco espaço a dúvidas quanto às suas reais intenções:

> Em busca de um novo inimigo comum que pudesse nos unir, tivemos a idéia de que a poluição, a ameaça do aquecimento global, da escassez de água, da fome e outros afins serviriam ao nosso propósito.

O relatório conclui da seguinte maneira:

> O inimigo real é, portanto, a própria humanidade.

Assim, fica claro que uma instituição internacional pioneira está promovendo políticas de retrocesso tecnológico e uma redução da população mundial da ordem de bilhões de pessoas — caso não tenham notado, isso é *genocídio*.

E não há maneira melhor (ou mais barata) de reduzir a população do que através da fome. A fim de matar as pessoas de fome, é necessário controlar a produção de alimentos delas, afastando-a dos fazendeiros independentes e entregando-a nas mãos de megacorporações subservientes aos interesses da OMC — um pensamento reconfortante para a próxima vez que você comer o seu cereal matinal.

Com as regulamentações da OMC, as nações estão proibidas de proteger a economia local ou de taxar os produtos estrangeiros, ainda que estes sejam produzidos com trabalho escravo. Ademais, as nações não têm permissão para dar preferência às economias locais, que contratam trabalhadores locais e pagam salários decentes para produzir bens que, então, beneficiariam o comércio local e a economia — gente que paga impostos, age dentro da lei e reinveste seu dinheiro suado no mercado local ou nacional.

A verdade é que:

> mercado livre é mercado manipulado, e a idéia de "igualdade" é areia nos olhos de legisladores iludidos, fazendeiros e do próprio povo quando, de fato, o mercado é comandado por um cartel financeiro internacional. Seus interesses controlam o tabuleiro: controla tanto os jogadores quanto quais são as regras do jogo.[10]

---

10 Marcia Merry Baker, "Food cartels: Will there be bacon to bring home?", em *EIR*, vol. XXVI, n. 27, 2 de julho de 1999.

Quando se aumenta o controle do cartel até áreas estratégicas como a alimentação, a situação degringola rapidamente.

O alimento como arma

No nível internacional, o resultado da imposição das leis da OMC durante os últimos quinze anos foi que o processamento e o comércio de alimentos tornaram-se extremamente monopolizados por uma pequena e firme panelinha de companhias de cartel. Essas empresas dominam os fluxos internacionais de commodities e mesmo o abastecimento e a distribuição local de alimentos em muitos países.

O uso do alimento como arma é uma prática antiga, encontrada já na Mesopotâmia há, no mínimo, 4 mil anos. Na Grécia Antiga, os cultos a Apolo, Deméter e outros acabavam por controlar a remessa de grãos e outros suplementos, através de um sistema de templo.

A Roma imperial, Veneza, o poderoso ducado da Borgonha, as Companhias das Índias Orientais (holandesa e britânica) — todas seguiram o modelo. Hoje, o armamento alimentício está sob o firme controle de algumas poucas corporações.

A maior companhia alimentícia do mundo é a Nestlé, fundada em 1867 e sediada na Suíça. É a maior comerciante do mundo de leite em pó e leite condensado; a maior vendedora de chocolates, produtos de confeitaria e água mineral (é dona da Perrier); e a terceira maior empresa do ramo do café dos Estados Unidos da América; também é dona de 26% da maior companhia de cosméticos do mundo, a L'Oreal.

Boa parte do restante do mercado de leite em pó é controlado pela anglo-holandesa Unilever, oriunda da fusão entre uma companhia inglesa e uma holandesa nos anos 30. A Unilever é a maior produtora de sorvetes e margarina do mundo, bem como a principal concorrente de azeites e óleos de cozinha. É dona de enormes *plantations* e controla a maior companhia de comércio da África, a United Africa Co. No Zimbábue, Congo-Zaire, Mali, Chade e Sudão, a United Africa Co. é planejada pela inteligência britânica como a organizadora dos "Estados Unidos da África".

"As fronteiras entre os Estados estão a ponto de se dissolver, e seus bens, de ser organizados como uma nova franquia de negócios, com duas finalidades: assegurar o investimento estrangeiro e garantir a tomada dos títulos de posse sobre a matéria-prima pela Commonwealth Britânica, entre outras companhias";[11] e segundo: forrar os bolsos dos agentes do governo que favoreçam essa política.

Esses agentes já estão previamente de acordo quanto à ideologia do crescimento populacional zero — a idílica vida primitiva de "bocas inúteis", como Henry Kissinger denominou todos os que vivem abaixo do Trópico de Câncer.

> Não apenas na África, mas em todo o Terceiro Mundo, as populações camponesas serão organizadas para fazer o que tornou-se "natural" que fizessem, através dos anos: usar suas enxadas e picaretas para, em uma terra arrasada por séculos de trabalho intenso, arrancar com unhas e dentes o imposto exigido pelo Banco Mundial, cobrado em forma de comida. O resultado será um declínio na produção de alimentos e do consumo, em nível mundial.[12]

Mas a coisa piora, e muito.

A Cargill, sediada em Minnesota, é a maior companhia de grãos do mundo. Estes constituem uma porção majoritária das dietas normais. Desde os anos 20, a bilionária família McMillan controla a Cargill, e os McMillans são membros do Grupo Bilderberg.

John Hugh MacMillan, presidente e diretor da Cargill entre 1936 e 1960, deteve o título hereditário de *Knight Commander of Justice*, na Ordem Soberana de São João (Cavaleiros de Malta), uma das mais importantes ordens do Vaticano.

> O braço internacional para o comércio da Cargill, a Tradax, Inc., está sediada em Genebra, Suíça. O Banco Lombard Odier, bem como o Banco Picktet, antigos, privados e sujos bancos suíços, detêm uma parcela da Tradax. O principal financiador da Tradax é o Crédit Suisse, também sediado em Genebra, além de um dos maiores lavadores de dinheiro do mundo.
>
> A compra da Töpfer, uma empresa de grãos de Hamburgo, Alemanha, pela Archer Daniels Midland aumentou muito a presença da ADM no agronegócio mundial.[13]

---

11 "The True Story Behind the Fall of the House of Windsor", em EIR *Special Report*, setembro de 1997.

12 "The Food Crisis: Who Shall Rule?" — Editorial, *Campaigner magazine*, novembro de 1973.

13 Richard Freeman, "The Windsors' Global Food Cartel: Instrument for Starvation", em EIR,

Sem contar as companhias de sementes. Nessa área, a maior e mais suja é, de longe, a Monsanto: com um *staff* internacional de 21.035 funcionários em 404 instalações em 66 países, a Monsanto exerce uma influência maior do que a da maioria dos governos do planeta. O Dr. Roger Beachey, sócio da Monsanto, foi nomeado pelo Presidente Barack Obama, em 2010, como o assessor científico para o Departamento da Agricultura. Este é um bom exemplo da trama de interesses financeiros, econômicos, políticos e empresariais que domina a indústria dos alimentos.

> A Pionner Hi-Breed Internacional Inc. pertence à DuPont Chemical Co., a maior empresa de sementes de milho do mundo, sediada em Iowa, EUA. Ela vende uma vasta gama de sementes de grãos, frutos e hortaliças, em setenta países do mundo.
>
> Syngenta tem sua sede na Suíça e opera em noventa países, contando 26 mil empregados. Formou-se em 2000, da fusão entre a Novartis e a Zeneca Agroquímicos. Novartis era, por sua vez, formada da fusão das lendárias empresas químicas suíças, a Sandoz e a Ciba-Geigy. Já a Zeneca Agro veio das empresas britânicas ICI (Imperial Chemical) e AstraZeneca.
>
> A DowAgroSciences LLC, subsidiária da Dow Chemical Co., baseia-se em Indianápolis e formou-se em 1997, como parceria entre a divisão de ciência agrária da DowChemical e a Eli Lilly Co.
>
> A BASF Plant Science, sediada na Alemanha, foi fundada em 1998, centralizando todo o desenvolvimento em biotecnologia da antiga BASF Chemical Co. A BASF Plant Science possuía uma equipe de pesquisa formada por setecentos profissionais, com foco em genética vegetal e em patentes, em colaboração com companhias de mega-sementes.
>
> A Bayer CropScience, também sediada na Alemanha, é a segunda maior empresa de pesticidas do mundo. Opera em 120 países, com 20.700 empregados, produzindo e vendendo fungicidas, inseticidas e outras proteções às plantas, ao mesmo tempo que trabalha em novas fórmulas de plantas geneticamente modificadas.[14]
>
> Em outras palavras, dez ou doze companhias principais, auxiliadas por outras três dúzias, dominam todo o fornecimento mundial

8 de dezembro de 1995.

14 Marcia Merry Baker, "Food cartels: Will there be bacon to bring home?", em *EIR*, vol. XXVI, n. 27, 2 de julho de 1999.

de alimento. Elas são os componentes-chave do cartel alimentício anglo-suíço-holandês, o qual se agrupa em torno da Casa Britânica de Windsor. Liderado pelas seis principais empresas de grãos — Cargill, Continental, Louis Dreyfus, Bunge and Born, André e Archer Daniels Midland/Töpfer — o cartel de alimentos e matéria-prima de Windsor tem domínio total sobre o fornecimento de grãos e cereais do mundo inteiro, desde o trigo ao milho e aveia, desde a cevada ao sorgo e o centeio; mas controla também a carne, os laticínios, óleos de cozinha, frutas e vegetais, o açúcar e todas as espécies de temperos.

As primeiras cinco dessas empresas são propriedade particular de famílias bilionárias. Não dão declarações públicas, ou emitem relatórios anuais. São mais reservadas do que qualquer empresa de petróleo, banco ou serviço secreto de inteligência.

Ainda que estas firmas mantenham a aparência legal de serem diferentes corporações, na realidade trata-se de um sindicato muito bem amarrado, com um propósito comum e com a sobreposição de muitas reuniões de mesas de direção. A oligarquia de Windsor é dona desses cartéis, que são instrumentos do poder da oligarquia, acumulado por séculos, a fim de derrubar a soberania das nações. Para compreender a realidade como algo oposto ao argumento retórico sobre seu envolvimento na economia mundial, é melhor estudar o que tais companhias fazem, e não o que dizem.

O cartel de grãos das *Big Six* detém e controla 95% da exportação de trigo da América, 95% da exportação de milho, 90% da exportação de cevada e 80% da exportação de sorgo. O controle das companhias de grãos sobre o mercado de grãos da América é absoluto.

As *Big Six* também controlam entre 60–70% das exportações de grãos da França, que é a maior exportadora de grãos da Europa (segunda maior região exportadora de grãos do mundo), exportando mais grãos do que as próximas três nações da lista somadas.

Em resumo: o cartel alimentício anglo-suíço-holandês controla entre 80–90% do mercado mundial de grãos. Na realidade, porém, o controle é muito maior do que a soma das partes: as *Big Six* estão organizadas como um cartel: transportam as mercadorias para cima e para baixo de e para qualquer nação, seja ela uma grande exportadora ou não. A Cargill, Continental, Louis Dreyfus, etc. são donas da frota de navios de carga e possuem acordos marítimos de longa data, bem como com mercados financeiros e sobre o comércio de *commodities* (tais como o *Baltic Mercantile and Shipping Exchange*) sobre o qual o grão é comercializado, o que completa o domínio delas. Nenhuma outra força no mundo, incluindo aí os governos das nações, é tão bem organizada quanto o cartel.[15]

A Monsanto, a Cargill e a Archer Daniels Midland (ADM) tornaram-se famílias dinásticas

> Já em 2004, as quatro maiores empresas de enlatados de carne controlavam 84% do abate de bois e novilhos — a Tyson, a Cargill, a Swift e a National Beef Packing; quatro gigantes da produção de suínos — a Smithfield Foods, a Tyson, a Swift e a Hormel; três companhias controlavam 71% do processamento de soja — a Cargill, a ADM e a Bunge; três gigantes controlavam 63% de todo o processamento de farinha, e cinco companhias controlavam 90% do comércio mundial de grãos; quatro outras controlavam 89% do mercado de cereais matinais: a Kellogg, a General Mills, a Kraft Foods e a Quaker Oats; em 1998, a Cargill comprou a Continental Grain, passando a controlar 40% da capacidade nacional dos elevadores de grãos; quatro grandes agroquímicas/gigantes de sementes controlavam perto de 75% das vendas de sementes de milho nacionais e 60% referentes à soja, ao mesmo tempo em que ocupavam a maior fatia do mercado de agroquímicos: a Monsanto, a Novartis, a Dow Chemical e a DuPont; seis companhias controlavam ¾ do mercado global de pesticidas; a Monsanto e a DuPont controlavam 60% do mercado americano de sementes de milho e soja — todas sementes patenteadas e geneticamente modificadas (GMO); e dez grandes varejistas de alimentos controlavam US$ 649 bilhões em vendas globais em 2002, e as trinta maiores varejistas de alimentos representavam ⅓ das vendas globais dos supermercados.[16]

Entendam, por favor: esse sindicato, muito bem integrado para se autoperpetuar no poder, decide quem come e quem não come, *quem*

[15] Richard Freeman, "The Windsors' Global Food Cartel: Instrument for Starvation", em *EIR*, 8 de dezembro de 1995.

[16] William Engdahl, *Seeds of Destruction — The Hidden Agenda of Genetic Manipulation*, Global Research, 2007, pp. 138–139.

vive e quem morre. Trata-se de uma teia de aranha virtual de interesses financeiros, políticos, econômicos e mesmo industriais, tendo por centro o modelo *Fondi* ultramontano dos venezianos. Essas pessoas detêm e gerenciam os assuntos de um aparato corporativo interligado que domina pontos-chave para a economia global, em especial as finanças, os seguros, a matéria-prima, o transporte e os bens de consumo.

A Cargill, maior corporação privada do agronegócio, e a Archer Daniels Midland tornaram-se os juízes da morte. A questão é: por que permitiu-se que as megacorporações e uma pequena elite sócio-política controlassem a nossa comida — e, portanto, a base da sobrevivência humana?

Como funciona?

> O controle funciona da seguinte forma: a oligarquia desenvolveu quatro regiões para que fossem as principais exportadoras de quase todo o tipo de alimento, e durante o processo foi adquirindo um controle absoluto sobre a cadeia alimentícia nestas regiões. As quatro regiões são: os Estados Unidos, a União Européia (particularmente a França e a Alemanha), as nações da Comunidade Britânica: Austrália, Canadá, República da África do Sul e Nova Zelândia; a Argentina e o Brasil na América Ibérica. Essas quatro regiões têm uma população de 1 bilhão de pessoas, 15% da população mundial. O resto do mundo, com 85% da população — 4.7 bilhões de pessoas — depende das exportações de alimentos dessas regiões.[17]

Podem as nações proteger a si mesmas? Não, se forem membros da Organização Mundial do Comércio. Se algum país tentar proteger os seus mercados locais, cabe à comunidade internacional rebelar-se contra "políticas protecionistas".

É como o economista William Engdahl escreve em seu livro *The Seeds of Destruction* [As sementes da destruição]:

> As regras da OMC garantem que as nações devem eliminar as reservas de alimentos, bem como as tarifas sobre a sua importação e exporta-

[17] Richard Freeman, "The Windsors' Global Food Cartel: Instrument for Starvation", em *EIR*, 8 de dezembro de 1995.

ção, e deixar de intervir em favor de seu setor agrário local — tudo sob a racionalização imperialista de que tais medidas em favor da nação seriam práticas "anticomerciais", que poderiam impedir os "direitos" ao livre-mercado das corporações globalistas. Agora, 1/7 da população mundial não tem o que comer. Em face desse quadro, a história da OMC é um crime contra a humanidade, e não um debate acadêmico sobre economia".

> Diante do imenso morticínio, que ocorre através da fome, da falta mesma de comida, lembremos qual é o coro litúrgico da OMC: "As nações não devem ter reservas de alimentos, pois isso seria antimercadológico. Nações não devem almejar serem auto-suficientes, uma vez que isto negaria ao cidadão o direito ao acesso ao mercado mundial. As nações não devem auxiliar os seus próprios fazendeiros, pois isso prejudicaria os fazendeiros em algum outro lugar. As nações não devem usar tarifa alguma, pois isso nega o direito ao acesso aos seus cidadãos, por produtores estrangeiros. E assim por diante... As conseqüências dessas ações são genocidas; não se deve debatê-las. Apenas cancele-as.[18]

Há uma outra área que está sendo utilizada pela elite a fim de acabar com nossa independência: a desvalorização da moeda. A desvalorização da moeda está diretamente ligada ao nosso poder de compra. Isso tornou-se parte do esquema sob o Novo Plano Econômico (NEP) do Presidente Nixon, o qual incluía o fechamento da janela do ouro e tornava inválidos os Acordos de Bretton Woods.[19]

Sob Bretton Woods, no fim da Segunda Guerra Mundial, uma reserva padrão de ouro foi estabelecida, com o dólar atrelado ao ouro: 28,35 g de ouro a 35 dólares. Bretton Woods eliminou completamente

[18] Marcia Merry Baker, "To Defeat Famine: Kill the WTO", em *EIR*, fevereiro de 2008.

[19] O Acordo de Bretton Woods foi o resultado de uma conferência em Bretton Woods, New Hampshire, EUA, que reuniu 730 delegados de todas as 44 nações aliadas, no Mount Washington Hotel, sob o nome de Conferência Monetária e Financeira das Nações Unidas. Os delegados assinaram o Acordo de Bretton Woods (*Bretton Woods Agreement*) no dia 22 de julho de 1944. Segundo o Acordo, as moedas dos países membros passariam a estar ligadas ao dólar, que estaria, por sua vez, ligado ao ouro. Junto ao Acordo Bretton Woods foram criadas duas entidades de supervisão, o FMI (Fundo Monetário Internacional), em 22/06/1944, e o Banco Mundial, em 27/12/1944. Assim, com o Acordo de Bretton Woods, o dólar passou a ser a moeda forte do sistema financeiro mundial. Em 1971, durante o governo Nixon, os EUA cancelaram unilateralmente a conversão do dólar em ouro. A partir daí, a moeda perdeu qualquer valor concreto. — NT

o risco de quedas dramáticas no valor da moeda, resultantes de corridas especulativas sobre as moedas nacionais.

Uma vez fechada a janela federal do ouro e descartados os Acordos de Bretton Woods, as moedas poderiam flutuar livremente. Nações em desenvolvimento tornaram-se alvos preferenciais, porque a elite corporativa e a Companhia Mundial Limitada não podiam permitir que essas nações atingissem a auto-suficiência em grãos e carne.

Em vez disso, ao forçá-las a recorrer à América por *commodities* fundamentais, e com o dólar manipulado à vontade, as nações do Terceiro Mundo foram forçadas a se concentrar em pequenos frutos, açúcar e vegetais para exportação. Então, com os rendimentos obtidos no estrangeiro, poderiam *comprar* alguns dos bens de consumo necessários e ainda *pagar* ao FMI e ao Banco Mundial pelos empréstimos para o resto, criando assim um ciclo infinito de escravidão monetária.

Hoje nada mudou, exceto que a queda da moeda, usada contra o Terceiro Mundo quarenta anos atrás, está agora sendo aberta e ativamente usada contra as populações indefesas na América e na Europa. Por exemplo: um pequeno condado de 100 mil pessoas nos Estados Unidos perdeu, entre os anos de 2003 e 2008, aproximadamente 3,3 bilhões de dólares em poder de compra. Peço novamente que prestem atenção: enfraquecer uma moeda é desvalorizá-la, diminuir o seu poder de compra.

O dinheiro afeta a vida das pessoas. As Nações Unidas estimaram que a crise financeira de 2007 levou, no mundo todo, mais de 100 milhões de pessoas de volta à pobreza. As estatísticas de mortalidade e morbidade — a sobretaxa do número de pessoas que morrem ou estão doentes — cresce dramaticamente quando a população vive na pobreza. Paul Moore, ex-chefe de avaliação de riscos do Halifax Bank of Scotland, declarou: "Ele ficaria muito surpreso se a crise financeira não matasse mais pessoas do que qualquer conflito isolado desde a Segunda Guerra Mundial".[20]

Nunca se esqueçam, por favor, que todo e qualquer governo, ao permitir que o seu mercado interno se torne uma zona de livre comércio com o mundo na área alimentícia, em nome da ilusória "eficiência

[20] "Keiser Report: Semaphore of Fraud", 9 de agosto de 2012.

econômica", está conscientemente determinado a matar sua própria população.

Essa política serve para minar diretamente o propósito dos governos, que é promover o bem-estar geral de seus cidadãos, levando adiante as intenções desse sistema corporativo imperial de reduzir drasticamente o potencial agro-industrial e criar condições para o despovoamento. Sob o princípio dos "mercados", o "fornecimento mundial" de alimentos por monopólios corporativos trabalha para o declínio das populações em ambas as nações, exportadoras e importadoras.

Pode parecer difícil de entender, mas é fácil explicar.

Como eu disse no primeiro capítulo, há atualmente 7 bilhões de pessoas no planeta Terra, um pequeno planeta com recursos naturais limitados e uma população sempre em crescimento. Comida e água estão se tornando cada vez mais escassas. *Para que a elite tenha o que comer, você e eu temos de morrer.*

É desnecessário dizer que as políticas e programas que promovem a questão do despovoamento estão estruturadas no nível supranacional. Nos bastidores, longe dos holofotes do público, organizações particulares (e muito discretas) como a Comissão Trilateral, o Conselho de Relações Exteriores e o Grupo Bilderberg tocam os negócios, garantindo que os Estados-nação conformem-se à linha do livre comércio.

Comissão Trilateral

Sem dúvida alguma, o Clube Bilderberg é o primeiro fórum secreto operando nas sombras do poder, mas a Comissão Trilateral também desempenha um papel vital no esquema da Companhia Mundial Ltda. para o uso da riqueza, concentrada nas mãos de poucos a fim de exercer um controle mundial. E, como já disse, não há melhor maneira de controlar uma população cada vez maior do que por meio do único recurso sem o qual não se pode viver — comida.

A Comissão Trilateral, com membros facilmente reconhecíveis, foi fundada em 1973, em uma reunião de que participaram mais de trezentos amigos influentes dos Rockefeller escolhidos a dedo na América do Norte, Europa e Japão.

Zbigniew Brzezinski, Jimmy Carter, Gerald Ford, George H.W. Bush, Paul Volcker (diretor do Federal Reserve do governo Carter) e Alan Greenspan responderam ao chamado de David Rockefeller para a criação de:

> [...] uma comunidade de nações desenvolvidas, que podem realmente se aplicar sobre as maiores questões que afligem a humanidade.[21]

A organização "estabeleceu as bases de uma nova estratégia global para uma rede de conectadas elites internacionais", muitas delas parceiras de negócios dos Rockefeller. Juntas, a influência financeira, política e econômica que exercem é incomparável. Sua ambição era exatamente essa.

Citando novamente o livro *Seeds of Destruction*, de William Engdahl:

> Os trilateralistas estabeleceram as bases para a globalização que vemos hoje. Além disso, seguiram o conselho de Samuel Huntington, que dizia que a desconfiança para com a democracia tinha de ser contrabalanceada por uma certa dose de apatia e de não-envolvimento público, aliado ao segredo e à ilusão.
>
> A Comissão então defendia a privatização de empresas públicas em paralelo à desregulação da indústria. O trilateralista Jimmy Carter abraçou entusiasticamente o dogma como presidente. Ele começou o processo que Ronald Reagan seguiu nos anos 1980, quase sem perceber sua origem, e sem apontar o verdadeiro culpado.

Maliciosa e silenciosamente, movendo-se para um mecanismo de controle cada vez maior, através de uma imensa variedade de pactos indiretos que, desde então, já arquitetavam as limitações para a soberania nacional, o controle supranacional estava sendo pavimentado aos poucos, com um acordo de cada vez.

Logo após a Segunda Guerra Mundial, o domínio da agricultura mundial, junto ao controle dos mercados de petróleo do mundo, estava para tornar-se um pilar central da política internacional de Washington. Um outro pilar também tinha nome: era chamado de Revolução Verde.

---

[21] Discurso de Rockefeller em julho de 1972, em Pocantino Hills, NY.

Pós-Segunda Guerra Mundial

Franklin Delano Roosevelt morreu, Harry Truman tornou-se presidente, a guerra acabou; o Japão capitulou sob o peso dos horrores de uma explosão atômica, a União Soviética tornou-se uma superpotência e Winston Churchill pronunciou seu famoso discurso. Ergueu-se a Cortina de Ferro e o mundo tornou-se bipolar. A Guerra Fria estava diante de nós. O alimento converteu-se em arma — por meio de ações secretas.

Durante a Guerra Fria, o alimento era uma arma estratégica. Sob o nome de "Food for Peace", o programa homônimo tornou-se um disfarce para a agricultura dos EUA engendrarem a transformação da agricultura familiar em um agronegócio mundial. Sendo um dos objetivos a eliminação do pequeno fazendeiro, em favor das mega-corporações,

> a escassez de grãos básicos, junto aos dois choques do petróleo dos anos 70, adiantaram uma nova e significativa guinada nas políticas de Washington. O evento decisivo de 1973 foi uma crise mundial de alimentos. O preço do óleo e dos grãos subia entre três e quatro vezes, quando os EUA eram o maior produtor mundial de excedente de alimentos, e também detinha o maior poder sobre os preços e o fornecimento. Era o momento ideal para uma nova aliança entre as empresas do comércio de grãos sediadas nos EUA e o governo. Tal evento "assentou as bases para uma futura revolução genética".[22]

Porém, antes da revolução genética, tivemos a revolução verde, que, com o usual topete pomposo, anunciava que a erradicação da fome no mundo estava logo ali, virando a esquina. Ninguém, naquele tempo, percebeu que aquela era uma rua sem saída, mas isso já é outra história.

Revolução Verde

Em campanha publicitária impulsionada pela grande mídia, atribuía-se à Revolução Verde ter salvo mais de 1 bilhão de pessoas da fome no México, na América Latina, na Índia e em outros países específicos. Com sua eficiência no livre-comércio durante os anos 50 e 60, a "re-

---

22 Análise de Stephen Lendman do livro *Seeds of Destruction*, de William Engdahl, publicada no *Globalresearch* em 7 de janeiro de 2008.

volução" aumentou a produção agrícola do mundo todo. De acordo com a propaganda,

> [...] isso envolvia o desenvolvimento da alta produtividade de uma vasta gama de cereais, a expansão da infra-estrutura de irrigação, a modernização das técnicas de manejo e gerenciamento, a distribuição de sementes híbridas, fertilizantes sintéticos e pesticidas aos fazendeiros.[23]

Na realidade, como veio à tona anos mais tarde, a Revolução Verde era um brilhante plano da família Rockefeller para o desenvolvimento de um agronegócio globalizado que pudesse, então, ser por eles monopolizado da mesma forma que haviam feito com a indústria do petróleo, que começara meio século atrás. Chamava-se "agronegócio" a fim de diferenciá-lo da agricultura baseada no fazendeiro tradicional — o cultivo de hortaliças, grãos e frutos para o alimento e para o sustento humano.

> Tal movimento deu às gigantes químicas dos EUA e às maiores mercadoras de grãos novos mercados para seus produtos. O agronegócio tornava-se global, e os interesses dos Rockefeller estavam na vanguarda, ajudando a globalização das indústrias a tomar forma.[24]

O economista William Engdahl explica:

> Um ponto crucial que guiava o interesse da Fundação Rockefeller e das companhias do agronegócio era o fato de que a Revolução Verde baseava-se na proliferação de novas sementes híbridas nos mercados em desenvolvimento. Um aspecto vital das sementes híbridas era a sua falta de capacidade reprodutiva: os híbridos foram planejados para que não se reproduzissem. Ao contrário de espécies normais, polinizadas, cujas sementes dão frutos na mesma quantidade de suas progenitoras, a produção das sementes geradas por plantas híbridas era significativamente mais baixa do que as da primeira geração. Um punhado de gigantes empresariais detinha as patentes dessas sementes e as usava para estabelecer as bases da futura revolução de OGM (organismos geneticamente modificados). Seu plano logo se tornaria evidente: o cultivo tradicional teve de dar lugar às *High Yield Varieties* (variações de alta produtividade) (HYV) de sementes

---

23 http://en.wikipedia.org/wiki/Green_revolution.

24 Análise de Stephen Lendman do livro *Seeds of Destruction*, de William Engdahl, publicada no *Globalresearch* em 7 de janeiro de 2008.

híbridas de trigo, milho e arroz, mormente impregnadas de aditivos químicos.

Era o começo do agronegócio, que caminhava de mãos dadas com a estratégia da Revolução Verde, mais tarde abraçando as alterações genéticas das plantas. Esta "Revolução" também afetou a Terra. A monocultura dispensa a diversidade, e assim a fertilidade do solo e a produtividade das plantas cai com o tempo; além disso, o uso indiscriminado de pesticidas químicos causa, no futuro, sérios problemas de saúde. Isto iniciou o processo de endividamento compulsório devido aos empréstimos do FMI, do Banco Mundial e de banco privados. Os grandes proprietários de terra conseguem pagar a conta, mas os pequenos agricultores, muitas vezes, vão à falência. Obviamente, essa é a idéia.

Um efeito fundamental da Revolução Verde foi o despovoamento da zona rural, uma vez que os camponeses eram forçados a abandonar sua terra e fugir para as periferias e favelas ao redor dos grandes centros, em uma busca desesperada por trabalho. Isto não foi um acidente; a criação de uma massa de mão-de-obra barata para as emergentes multinacionais manufatureiras dos EUA foi, de fato, a "globalização" dos anos recentes.

A Revolução Verde era, via de regra, acompanhada por grandes projetos de irrigação freqüentemente atrelados a empréstimos do Banco Mundial para a construção de enormes barragens, inundando assim algumas áreas previamente demarcadas e fertilizando as terras produtivas no processo. Além disso, o trigo transgênico produzia mais grãos através da saturação do solo por grandes quantidades de fertilizante por acre, sendo esse produto derivado de nitratos e de petróleo, *commodities* controladas pelas Sete Irmãs, grandes companhias de petróleo dominadas pelos Rockefeller.

Grandes quantidades de herbicidas e pesticidas eram usadas, criando novos mercados para as gigantes químicas e do petróleo. Como disse um analista, de fato, a Revolução Verde foi meramente uma revolução química. Em momento algum as nações em desenvolvimento puderam pagar por imensas quantidades de fertilizantes e pesticidas. Receberiam, isso sim, a cortesia de uma linha de crédito no Banco Mundial, empréstimos especiais do Chase Bank, entre outros grandes bancos em Nova York, apoiados pelas garantias do governo dos EUA.[25]

25 Ibid.

Notem, e lembrem-se, que os fertilizantes químicos e pesticidas estão nas mãos dos mesmos cartéis que controlam nosso acesso aos alimentos. Esses mesmos cartéis reivindicam os direitos patenteados das sementes e da forma de cultivo. Também controlam o acesso à tecnologia de manipulação das características genéticas, e, com o apoio total de Washington e da OMC, estão brincando de Deus e patenteando a vida. São os mesmos cartéis que controlam a produção e distribuição de tudo o que comemos, bem como as rotas de navegação por onde entregam-se os alimentos.

Porém, não acaba aí.

O controle sobre o fornecimento de alimentos é uma questão de Segurança Nacional; assim, o Departamento de Agricultura dos EUA é um dos elementos-chave em um edifício de segurança nacional que almeja controlar o mercado mundial de alimentos.

Organismos geneticamente modificados (GMO)

Pessoalmente, tomei consciência do foco da elite sobre a agricultura após começar a me atentar para as safras de grãos geneticamente modificados. Logo me interessei sobre *como* funcionam os mercados mundiais da agricultura. Quanto mais eu pesquisava, mais compreendia que uma das melhores armas da elite, promovidas pela mídia corporativa, eram as sementes geneticamente modificadas — sementes com um DNA geneticamente alterado, modificado por meio da introdução de genes alóctones resistentes à bactérias, criando assim novas espécies de sementes de milho, soja etc.

Isso era apresentado como a *solução* para a fome no mundo, mas a mim não fazia muito sentido. Eu me perguntava de onde surgira a idéia de uma produção geneticamente modificada, e eis que cruzei com um famoso nome; uma entidade conhecida por seu esforço em controlar o petróleo e o poder global: a família Rockefeller e sua fundação.

De fato, há três ou quatro agrupamentos de gigantes do agronegócio e dos agroquímicos, enraizados na indústria química, que, virtualmente, monopolizaram o mercado e estabeleceram um cartel ao redor de sementes geneticamente modificadas.

Logo percebi, também, que tratava-se de uma questão política. Quanto mais eu investigava, quanto mais eu pesquisava, mais diabólicos me pareciam os planos de manipulação genética. De fato, o que descobri foi que esses planos estavam diretamente relacionados ao envolvimento dos Rockefellers no que conhecemos por *eugenia*, a política racista usada também por Adolf Hitler e pelos nazistas durante o Terceiro Reich.

Mas — o que quase ninguém comenta — o fato é que muitos dos programas eugenistas dos nazistas foram arquitetados pela Fundação Rockefeller. A relação entre genética e eugenia permaneceu intacta de lá para cá, com um envolvimento corporativo constante e ativo.

A Monsanto é uma dessas companhias, e, como a Haliburton, a Exxon Mobil ou a Boeing — consideradas ativos de segurança nacional —, tira vantagem dos recursos das instituições internacionais e do Estado americano a fim de aumentar seu poder sobre a economia mundial.

Os Rockefeller financiaram as pesquisas pioneiras que criaram os produtos transgênicos por meio da introdução de bactérias alóctones em algumas famílias de milho ou soja. Mas a única estirpe comercializada até agora em escala mundial foi a semente resistente ao impacto do Roundup da Monsanto. Esse produto, um herbicida à base de glifosfato, tornou-se o *best-seller* mundial entre os herbicidas.

As sementes geneticamente modificadas da Monsanto são as únicas que resistem às toxinas lançadas sobre a lavoura, as quais matam absolutamente tudo ao redor delas. As espigas de milho, resistentes às toxinas, parecem ter força e vitalidade. Tudo isto é parte de um sonho orgásmico dos Rockefeller: começar com sementes e plantas para, enfim, manipular genes humanos.

Um de seus planos trata do financiamento de um projeto para desenvolver um tipo de milho, produto fundamental na América Latina, que contenha um elemento que impeça o esperma humano de conceber crianças. Se isso não é um plano eugênico para a redução da população, eu não sei o que é. O projeto tem o apoio e o financiamento do governo dos EUA, através do Departamento de Agricultura.

Henry Kissinger

No início dos anos 1970, Nixon, ocupado com o caso Watergate, tinha pouco tempo para lidar com os assuntos da presidência. O verdadeiro comandante, segundo alguns, era Henry Kissinger, que em abril de 1974 emitiu o National Security Study Memorandum 200, um documento ultra-secreto sobre a segurança nacional, que declarava que a redução ou o controle populacional era um pré-requisito para que os Estados Unidos fornecessem alimentos ou outras assistências a países estrangeiros.

O objetivo era adotar um plano para um drástico controle populacional mundial — o que significa reduzir a população mundial a 3 bilhões de pessoas até o ano de 2050.

Alimentos transgênicos

Hoje em dia, nossa dieta está saturada de alimentos transgênicos. Em todos os supermercados do mundo desenvolvido pode-se encontrar produtos da Nestlé, da Monsanto, Unilever e todas as grandes marcas. Todas estas companhias promovem e vendem transgênicos pois, ao que parece, 70% ou mais de todos os produtos que os americanos consomem contêm produtos da Monsanto ou de outras empresas de produtos transgênicos.

Tudo, de batatas e tomates a milho, arroz e trigo, leguminosas como a soja, óleos vegetais, refrigerantes, molhos para salada, alimentos infantis, frutas e vegetais, laticínios (incluindo ovos), carnes e muitos outros produtos de origem animal que compramos nos supermercados são transgênicos.

Isto é uma forma de controle: traz a ruína aos fazendeiros locais em países como a Argentina e o Brasil, substituindo-os por complexos industriais gigantescos, coordenados do estrangeiro. Os fazendeiros são, então, forçados a sair de sua terra e buscar a sobrevivência nas cidades, vivendo em favelas e tornando-se mão-de-obra barata para os fins da manufatura industrial globalizada.

> As autoridades para inspeção dos alimentos e biólogos que costumam fazer experimentos de manipulação das estruturas de DNA para grandes

empresas alimentícias atestam que os produtos foram submetidos a testes suficientes e que não constituem um perigo à saúde pública.[26]

Todavia, isto é uma mentira flagrante. Por exemplo: o principal *expert* em lectinas e em plantas geneticamente modificadas, Arpad Pusztai, descobriu que:

> ... ratos alimentados com as batatas transgênicas vivem menos, têm coração, testículos e cérebros menores do que o usual, têm sistemas imunológicos danificados e, por fim, apresentam mudanças estruturais em suas células brancas da corrente sangüínea que os torna mais vulneráveis a infecções e doenças, em comparação aos outros ratos, alimentados com batatas não-transgênicas. Para piorar, danos no baço e no timo apareceram; tecidos inchados, incluindo o pâncreas e os intestinos; e houve casos de atrofia do fígado, bem como uma significativa proliferação de células estomacais e intestinais, que poderiam ser um sinal de um maior risco de câncer no futuro. Igualmente alarmante: isto tudo ocorreu após 10 dias de testes, e as mudanças persistiram após 110 dias. É o equivalente a 10 anos na vida humana.[27]

Ademais, comer milho geneticamente modificado e consumir os vestígios do fertilizante químico Roundup da Monsanto fez com que os ratos desenvolvessem um número extraordinário de tumores, danos generalizados nos órgãos e morte prematura, de acordo com a pesquisa[28] realizada pela Universidade Caen, na França,[29] que examinava os efeitos a longo prazo causados pelo consumo do milho geneticamente modificado da Monsanto. A pesquisa é descrita como "a mais completa publicação sobre os efeitos na saúde do cultivo de alimentos transgênicos e do herbicida Roundup sobre ratos".

> Apesar dos enormes riscos, todavia, Washington e um número crescente de governos ao redor do mundo, em regiões da Europa, Ásia, América Latina e África, já permitem que esses produtos sejam cultivados em solo nacional, ou importados. Eles são produzidos e vendidos aos

---

26 Jeffrey Smith, Huffington Post, 9 de agosto de 2010.

27 Stephen Lendman, "Potential Health Hazards of Genetically Engineered Foods", 22 de fevereiro de 2008.

28 "A Comparison of the Effects of Three GM Corn Varieties on Mammalian Health."

29 http://www.biolsci.org/v05p0706.htm.

consumidores porque as gigantes do agronegócio, como a Monsanto, a DuPont, a Dow AgroSciences e a Cargill têm uma influência enorme para assim exigir, e um poderoso sócio que lhes dá apoio: o governo dos EUA e suas agências, incluindo aí o Departamento da Agricultura e do Estado, o FDA, o EPA e mesmo o Departamento de Defesa.[30]

Um denominador comum

Você sabe o que o agente laranja, a sacarina, o hormônio de crescimento bovino, soja transgênica e as primeiras armas nucleares têm em comum? Todos eles foram criados ou distribuídos pela Monsanto. O primeiro produto da empresa foi a sacarina, que mais tarde provou-se cancerígena. Ademais, essas gigantes dos transgênicos dos EUA têm também uma longa e sórdida associação com o Pentágono, fornecendo armas químicas de destruição em massa como o agente laranja e o *napalm*, usados para desfolhar as matas do Vietnã nos anos 60 e 70, e expondo assim centenas de milhares de civis e as tropas americanas a uma dioxina mortal — um dos compostos mais tóxicos conhecidos até hoje.

Pare e pense por um minuto. A Monsanto, a Cargill, a DuPont e Co. querem que nós confiemos a eles a coisa mais importante que ingerimos — *nosso alimento*.

Alimento é poder; e quando este é usado para abater a população torna-se uma arma de destruição em massa. Vocês podem não perceber, mas os Rockefellers e seus amiguinhos decididamente percebem.

Hoje, toda a população está sendo usada como ratos de laboratório em um experimento humano, não controlado e não autorizado, para esses produtos completamente novos, não testados e potencialmente perigosos.

> As questões de segurança alimentar e de saúde pública não são consideradas vitais, caso entrem em conflito com os lucros. Liderando os esforços para maximizá-los está uma empresa com uma longa ficha de fraudes, encobrimentos, subornos, enganos e desdém pelo interesse público — Monsanto.[31]

30 Análise de Stephen Lendman do livro *Seeds of Destruction*, de William Engdahl, publicada no *Globalresearch* em 7 de janeiro de 2008.

31 Ibid.

Mas há um lado ainda mais sombrio nos OGM da Monsanto — a agenda de despovoamento. A redução da população mundial por meio do que comemos. Surpresos?

Uma das maiores organizações trabalhando nos bastidores na agenda de despovoamento é a Fundação Rockefeller. Em 2001, uma empresa privada de biotecnologia, a Epicyte, financiada pela fundação, anunciou que desenvolvera com sucesso o "transgênico definitivo" — o milho contraceptivo, considerado a solução para o problema da superpopulação.

Mais tarde, a partir daí, a FDA [Food and Drug Administration] colocou em vigor novas medidas que permitiam que as empresas de engenharia genética, predominantemente as corporações "Big Agro", colocassem à venda quaisquer alimentos transgênicos que quisessem, sem ter de consultar o público consumidor. Se pararmos para pensar, não é apenas um gramado transgênico que precisa de menos água, ou um tomate transgênico que dura muito mais na prateleira. Os engenheiros da genética dizem que, em diferentes estudos, as batatas, o arroz e outros alimentos transgênicos podem causar efeitos colaterais, tais como a redução da fertilidade nas segundas e terceiras gerações.

Fertilidade reduzida... eugenia... controle populacional.

Junto aos aspectos públicos para os quais esses organismos estão desenvolvidos, há outros aspectos sendo gerados no silêncio, a fim de causar mudanças biológicas no corpo. Em um estudo inovador conduzido por Andres Carrasco, o diretor do Laboratório de Embriologia Molecular da Universidade de Buenos Aires e cientista-chefe do National Council for Science and Technology descobriu que os pesticidas usados nas lavouras podem ser um disruptor endócrino.

> O glifosfato, que é usado no herbicida Roundup, está aumentando o número de defeitos de nascença em animais. Tais efeitos vão desde uma condição chamada de ciclopia, na qual apenas um olho se desenvolve no meio da testa, até outros defeitos, como os natimortos, o câncer e o aborto espontâneo.[32]

Vamos voltar aos anos 1980:

---

32 V. http://naturalliving360.com/gm-food-dangers-include-low-fertility-organ-damage-and-hormone-disruption.html.

> Os financiamentos da Fundação Rockefeller, nos anos 80, tinham um objetivo particular: descobrir se as plantas OGM eram comercialmente praticáveis e, caso fossem, espalhá-las por toda parte. Era a nova eugenia, e a culminação das primeiras pesquisas, nos anos 30. Era também baseada na idéia de que os problemas humanos podem ser resolvidos por meio de manipulações químicas e genéticas, como meios definitivos de controle e engenharia social. Os cientistas da Fundação buscaram meios de atingir esse objetivo reduzindo as infinitas complexidades da vida a modelos simplistas e deterministas, sob o seu plano diabólico de mapear as estruturas genéticas a fim de corrigir problemas morais e sociais, como a criminalidade, a pobreza, a fome e a instabilidade política. Com o desenvolvimento das técnicas essenciais de engenharia genética, em 1973, eles estavam a caminho.[33]

De fato, a proliferação dos OGM (transgênicos) é a cereja do bolo do agronegócio. Nos anos 50, a Harvard Business School desenvolveu um produto chamado de "projeto agro-industrial". Ray Goldberg era professor na Faculty of Business, e John Davis um assessor no Departamento de Agricultura. Davis e Goldberg formularam uma estrutura de cartel para a agricultura baseada no sistema pelo qual os gigantes do petróleo monopolizavam o mercado mundial de petróleo.

Como era de se esperar, a idéia veio dos Rockefellers. Tratava-se de um projeto para um avanço progressivo, passo a passo, a começar pelo suco de laranja produzido na Flórida. Lá, os produtores logo passaram do elo mais importante para o elo mais fraco da corrente, uma vez que, com o sistema agro-industrial, tudo era baseado na eficiência e no rendimento máximo do cartel instalado no topo da pirâmide. Esse sistema aperfeiçoou-se com a globalização.

Hoje, há aproximadamente vinte ou trinta grupos de megacorporações, entre as quais quatro estão interessadas em OGM, como a Monsanto e a Bayer, a produtora de aspirina na Alemanha. Todas elas, porém, agem como um enorme cartel que tenta monopolizar todas as sementes essenciais ao agronegócio do mundo. Comprarão todas as companhias independentes que puderem, simplesmente para obter o monopólio do mercado.

---

33 Análise de Stephen Lendman do livro *Seeds of Destruction*, de William Engdahl, publicada no *Globalresearch* em 7 de janeiro de 2008.

Todavia, o controle de sementes pela agro-indústria é apenas um aspecto do plano diabólico dessa elite para controlar a nós e ao mundo inteiro. É o mesmo caso do esfacelamento financeiro: orquestrado desde os bastidores pela elite, o crescimento recorde nos preços dos grãos e alimentos é parte integral de uma estratégia de longo prazo dos irmãos Rockefeller, a fim de reorganizar a cadeia de alimentos do mundo todo segundo o mesmo modelo monopolizador que usaram para controlar o petróleo e a medicina.[34] Como fizeram isso?

Desregulamentação e especulação

Em 2007 o mundo sofreu uma parada brusca, a bolha financeira explodiu e os especuladores começaram a perder dinheiro aos bilhões de dólares. A besta de Wall Street precisava ser alimentada, e os especuladores e especialistas clamavam por um comércio maior e mais livre, a fim de compensar o desastre financeiro. Adeptos do Esquema Ponzi, os especuladores e os grupos de interesse promoviam a idéia de mercados absolutamente desregulamentados. Tudo se tornaria "jogo limpo": o mundo estava à venda. O apoio do governo dos EUA às exportações de trigo totalmente desregulamentadas foi uma punhalada nas costas dos pequenos produtores de trigo da nação, em favor do predatório cartel de grãos e dos especuladores de *commodities*.

Desregulamentar a especulação sobre os grãos e criar condições favoráveis para manipulações de mercado não supervisionadas — através da eliminação de regulamentos sobre os derivativos das *commodities* — tornou-se a nova regra do jogo — um jogo de infinitas possibilidades.

> A desregulamentação histórica e sem precedentes abriu um buraco enorme no controle governamental de comércio de derivativos, um vão que facilitou, em última análise, os jogos especulativos que levaram ao colapso financeiro de *subprimes* em 2007.
>
> É claro que a desregulamentação do governo simplesmente abriu as portas para o controle privado — mas ainda assim controle — pelos maiores e mais poderosos grupos corporativos, em todas as áreas industriais. Esse foi certamente o caso da agricultura — os quatro grandes

34 F. William Engdahl, "Getting used to Life without Food: Wall Street, BP, bio-ethanol and the death of millions", em *Globalresearch*.

> cartéis dominaram o mercado mundial de grãos, desde 1970 até os nossos dias. Eles trabalharam lado a lado com os grandes especuladores de derivativos de Wall Street, como Goldman Sachs, JP Morgan Chase e Citigroup. Nos idos de 2007, o comércio de derivativos alimentícios estava totalmente desregulamentado por Washington, e as reservas de grãos do governo dos EUA não mais existiam. O caminho estava livre para dramáticos aumentos no preço dos alimentos.[35]

Em 1991, Goldman Sachs apareceu com seu próprio índice de *commodities*, que rastreava-as todas, de metais à energia, de petróleo a alimentos, à soja e ao trigo. A ganância de Wall Street o tomou para si e, com ele, deteve a habilidade de manipular à vontade o preço dos alimentos básicos no mundo inteiro.

O Commodity Index da Goldman Sachs reduziu o alimento a uma fórmula matemática. A Barclays, o Deutsche Bank, o JP Morgan Chase, o AIG, o Bear Stearns e os Lehman Brothers, todos especuladores, apostadores de alto risco sobre fundos de cobertura paralelos, apostaram no preço futuro dos grãos, sem precisar responder pela produção concreta de trigo e milho ao fim do contrato. Os alimentos não eram mais um bem "material" para alimentar o mundo, mas apenas um instrumento virtual e ilimitado de comércio. Os impérios corporativos expandiram-se como nunca e enriqueceram além de seus sonhos mais remotos. Os grãos agora estavam inteiramente dissociados da oferta e da procura de cada dia, causando choques de preços no mundo todo.

A Organização das Nações Unidas para Alimentação e Agricultura avalia que, desde 2004, em média, o preço dos alimentos ao redor do mundo subiu inéditos 240%, enviando ondas de choques de preços a todo o sistema de produção e entrega de alimentos.

O mercado já não era comandado por pessoas envolvidas no negócio de alimentos, mas pelos novos chefes dos cassinos do fornecimento de grãos — de Wall Street a Londres, e além. A bolha da Internet seguiu a real bolha do Estado, e podemos ver ainda uma bolha de alimentos. Centenas de milhares de pessoas já morreram de fome, principalmente no Terceiro Mundo.

---

35 Ibid.

Estes eram a maioria dos imundos, das bocas inúteis, sujos, doentes e mal-formados africanos, asiáticos e sul-americanos — um pontinho no mapa das grandes redes corporativas. Uma estatística pouco importante para a maioria, mas observada com atenção pelos mais astutos articuladores e formadores do novo Império. Para eles, esse exército de bilhões de mortos-vivos era o indicador essencial de que seu plano-diretor de redução da população mundial vinha em boa hora.

O alimento "tornou-se apenas outra *commodity* como o petróleo, o estanho ou a prata, cuja escassez e preço podem ser, em último caso, controlados por um pequeno grupo de comerciantes poderosos".[36]

Há uma relação intrincada entre as pessoas que controlam os alimentos e as pessoas que controlam a medicina. Este é outro aspecto do controle da elite sobre a população.

O cartel médico mundial dos Rockefeller

Por volta de 1908 a família Rockefeller decidiu que poderiam lucrar na emergente indústria farmacêutica. Por que parar por aí? Por que não transmutar a prática da medicina como um todo, nos Estados Unidos, em uma medicina farmacológica, baseada na indústria petroquímica? Parecia lógico, já que os Rockefellers já participavam do ramo do petróleo.

A família financiou um estudo chamado o Relatório Flexner, cujas descobertas destruíam todas as formas tradicionais de medicina praticadas nos Estados Unidos durante aquela época.

O estudo atestava que as formas tradicionais de medicina eram inúteis e não-científicas. Tratava-se de um ataque comercial contra todas as formas tradicionais de medicina, que buscava substituí-las pela medicina farmacológica (alopática) dos Rockefeller. Foi uma tomada absoluta do sistema médico da época.

Com o passar dos anos, desenvolveu-se até o estágio atual, em que, sob as novas leis nacionais para a saúde, o governo lançou um programa secreto para mapear todos os tratamentos e diagnósticos permitidos

36 Ibid.

para todos os distúrbios e doenças. Se você faz parte do sistema nacional de saúde, poderá ser forçado a passar por certos procedimentos.

As autoridades farão o diagnóstico e você terá de se submeter ao tratamento adequado. Se rejeitá-lo ou não concordar em tomar os remédios prescritos, podem colocar pequenos transmissores nas pílulas para saber se você de fato as tomou. É com isto que se parece o nosso futuro — o *Admirável mundo novo*. Encontraremo-nos presos a um sistema de saúde inaugurado pelos Rockefeller nos Estados Unidos e espalhado pelo mundo todo — um sistema de saúde que permita um único tipo de prática da medicina?

Mentalidade "do berço ao túmulo"

O cartel farmacêutico consiste em um grupo de instituições e organizações, algumas delas estatais, que tentam impor um sistema médico do berço ao túmulo a toda a humanidade. Pode parecer bom, mas o que ele realmente significa é que, no decorrer de nossas vidas, podemos ser forçados a ingerir substâncias tóxicas e destrutivas. O efeito das mesmas pode enfraquecer consideravelmente uma população, exatamente como parece estar acontecendo na América atualmente.

Mesmo as crianças ainda não nascidas no mundo industrializado estão sendo consideradas e rotuladas como pacientes médicas e incluídas no sistema de saúde a partir do nascimento. A vacina de hepatite B, altamente tóxica, atualmente é dada a todas as crianças nos Estados Unidos antes que possam deixar o hospital após o parto, a menos que os pais se oponham explicitamente.

Uma evidência direta mostra que o sistema de saúde americano mata 225 mil pessoas por ano, das quais 106 mil morrem por causa do efeito de certas drogas, todas aprovadas pela FDA. Isso significa que, em uma década, 2,25 milhões de pessoas morreram devido às falhas do sistema de saúde dos EUA, como declarado por um estudo do *Journal of the American Medical Association*, em 26 de julho de 2000, com o título de "Is U.S. health really the best in the world?"[37].

37 "A saúde dos EUA é mesmo a melhor do mundo?". — NE

O artigo foi escrito pela Dr. Barbara Starfield, que à época trabalhava na Academia de Saúde Pública de Johns Hopkins.

Em outras palavras, uma vez que a FDA aprova certas substâncias tóxicas, ela é cúmplice e responsável antes e depois de tais eventos. Infelizmente, parece que a FDA não é uma organização cuja tarefa é proteger o paciente. As companhias farmacêuticas, ao que parece, são clientes da FDA. Por que a FDA aprovaria drogas perigosas? Ora, porque os maiores clientes da FDA são as companhias farmacêuticas. Porém, fundamentalmente, isso ocorre devido à mesma indiferença bruta para com a vida humana praticada pelo Terceiro Reich.

O objetivo supremo do cartel farmacêutico é o controle populacional. Em outras palavras, é minar a capacidade das pessoas de pensar, sentir, experienciar a vida e compreender o que está sendo feito — e por quem. Caso esteja planejando controlar o mundo, é o sistema perfeito. O sistema de saúde do berço ao túmulo à base de drogas tóxicas que te destroem enquanto ser humano.

O objetivo da globalização é um sistema de gerenciamento global. Em termos políticos, é o que alguns chamam de "Nova Ordem Mundial". O dilema é: como vender algo tão maligno a pessoas sãs, articuladas, inteligentes, atentas e independentes? Isto é impossível.

É necessário, portanto, que as pessoas sejam o mais fracas possível, e o modo mais eficaz para alcançar isso é a via da medicalização massiva da população, o que está sendo feito por via da medicina farmacológica. É isso, exatamente, que está acontecendo no nível mundial, e há estatísticas que podem prová-lo.

Se adicionarmos ao número de mortos a quantidade de pessoas que são afetadas ou sofrem sérias reações a certas drogas, falamos de algo entre 30 e 40 milhões de pessoas. Essas pessoas não podem pensar, não podem agir independentemente *e podem ser facilmente coagidas a obedecer ordens*. É esse mesmo o objetivo da operação.

África

Em meados dos anos 1970, a Organização Mundial da Saúde — parte do aparato da ONU — anunciou que havia eliminado a varíola na

África. Foi um momento de celebração, regado a champagne, a maior vitória da medicina na história da humanidade. Então, mais de dez anos depois, o jornalista investigativo Jon Rappoport obteve uma informação exclusiva de uma fonte absolutamente confiável sobre uma reunião secreta em Genebra, ocorrida logo após a OMS anunciar sua vitória. Nesta reunião foi decidido que a vacina para varíola seria recolhida e nunca mais usada.

Por quê? Porque essa vacina extremamente perigosa estava ela mesma causando varíola. Na verdade, esse foi um segredo guardado por décadas. Os médicos sabem, os pesquisadores sabem, e Robert Gallo, do Instituto Nacional do Câncer, sabia. Gallo declarou que, ao dar uma vacina como a da varíola a populações cujo sistema imunológico estivesse debilitado corria-se o risco de matar um grande número de pessoas. Foi exatamente o que aconteceu. A Organização Mundial da Saúde, portanto, não teve escolha senão recolher a vacina.

Porém, ainda resta uma pergunta óbvia: "e a declaração da OMS de que a varíola na África havia sido erradicada?". É fato que os sinais visíveis da varíola, como as lesões na pele, desapareceram das milhões de pessoas que receberam a vacina. Porém, as pessoas começaram a desenvolver doenças desconhecidas, até aquele momento, em países do Terceiro Mundo.

Pouco tempo depois, as pessoas na África morriam às dezenas de milhares. Casos de meningite tornaram-se comuns. A fim de evitar a indignação mundial e um escândalo gigantesco, a OMS e as Nações Unidas simplesmente mudaram o diagnóstico, tornando possível celebrar a vitória sobre a varíola. Pessoas com varíola passaram a ser, então, diagnosticadas com AIDS. Essa foi uma ilusão de ótica para encobrir um crime gigantesco perpetrado pela OMS no Terceiro Mundo, e particularmente na África.

A ordem a partir do caos

Estamos testemunhando o "caos controlado". A elite tem medo de manifestações populares externas de violência, a menos que essa mesma violência seja administrada por ela. A forma de caos que eles buscam é aquela encontrada no corpo humano. Em outras palavras, trata-se do caos de ser envenenado. Se introduzirmos drogas tóxicas e danosas em seu organismo durante toda a sua vida, seu corpo começará a fraquejar em determinado momento. Caos. O caos da intoxicação — literalmente, do envenenamento. Mas, neste caso, o envenenamento será interno e, em algum nível, controlado por drogas como sedativos e tranqüilizantes.

Vemos milhões — talvez bilhões — de pessoas que, todos os dias, não são mais que a casca do que foram um dia. São mortos-vivos, submissos e obedientes.

Por favor, entendam: o governo mundial e o cartel farmacológico caminham lado a lado. São farinha do mesmo saco, uma vez que, nos altos escalões do poder, a elite sabe que o objetivo final do cartel é destruir, enfraquecer e encurtar a vida humana.

Como apontei anteriormente, os globalistas querem populações de vontade fraca. Fôssemos nós mesmos a elite, como faríamos para chegar lá? Iríamos pela indústria farmacêutica.

Esta é uma parte secreta da operação. Temos de nos perguntar: quais são as armas essenciais de um Estado global? Como controlar as mentes, os corpos e, enfim, as pessoas? Novamente, por favor, entendam que o Estado policial global e o cartel farmacológico andam de mãos dadas em busca do mesmo objetivo — a total escravização da humanidade.

Há outro aspecto nessa agenda secreta para o qual precisamos nos atentar.

Codex Alimentarius — Despovoamento por via da ação secreta

Criado pela ONU em 1961 com o objetivo de zelar pela saúde dos consumidores, o *Codex Alimentarius* (latim de "código alimentar") é uma regulamentação de influência industrial organizada pela ONU, que — sob os auspícios da Organização Mundial da Saúde (OMS) e da Organização das Nações Unidas para a Agricultura e a Alimentação (FAO) — estabelece os padrões para o comércio mundial de alimentos. A princípio não possui nenhuma base legal, mas foi lançado ao nível de legalidade por ser administrado pela OMS e pela FAO.

Em 1994, a Organização Mundial do Comércio (OMC) substituiu o Acordo Geral de Tarifas e Comércio (GATT) e recebeu o *poder de sanção comercial para impor o Codex* e outros padrões e sugestões de conduta, como um meio de harmonizar os padrões de alimentação no nível mundial e facilitar, assim, o comércio entre os países. Em outras palavras, uma vez que as diretrizes, padrões e regulamentações do *Codex* fossem aprovadas e ratificadas, tornar-se-iam mandatórias para todos os países membros da OMS.

As organizações internacionais, preocupadas com o nosso bem-estar e com a nutrição e a dieta da humanidade, parecem mocinhas inocentes. Soa bem, na teoria. Porém, o *Codex* tem muito pouco a ver com salvar vidas e muito em comum com os planos da elite para reduzir a população do planeta. O Plano Germânico dos países do *Codex*, recentemente aprovado, afirma que *nenhuma* vitamina, erva ou mineral pode ser vendido com propósitos preventivos ou terapêuticos.

> A potência dos suplementos seria severamente limitada. Todos os suplementos vendidos às nações membros do *Codex* teriam de ser aprovados de acordo com essas diretrizes draconianas.[38]

Por que estão fazendo isso? Porque nutrientes aumentam a inteligência, a força de vontade e a liberdade das pessoas.

Entendam, por favor, que o *Codex* é inimigo de todos os povos, exceto daqueles que lucrarão com ele. Além disso, há uma associação direta, uma cumplicidade entre estes e aqueles que cometeram terríveis crimes contra a humanidade durante o regime nazista:

> Um daqueles declarados culpados foi o presidente da megalítica corporação I.G. Farben, Hermann Schimtz. Sua companhia era a maior empresa de manufaturas químicas do mundo e detinha influência e um poder político e econômico extraordinário junto ao Estado nazista de Hitler. Farben produziu o gás usado nas câmaras de gás nazistas e o aço para as ferrovias construídas para levar as pessoas ao seu destino fatal.[39]

---

38 Scott Tips, "A Meeting of Two", em *Health Freedom News Board*, dezembro de 2004.

39 Barbara Minton, "Billions of People Expected to Die Under Current *Codex* Alimentarius Guidelines", em *Natural News*, 21 de julho de 2009.

Mas o que isso tem a ver com o *Codex*? As corporações e as pessoas que estão por trás da iniciativa são as mesmas companhias que apoiaram a Alemanha nazista: a BASF, a Hoechst e a Bayer.

> Estas são três das oito maiores companhias de pesticidas do mundo. São companhias farmacêuticas, químicas. São companhias que desenvolvem alimentos geneticamente modificados. São as três companhias que, um dia, formaram o cartel químico nazista, o I.G. Farben. Farben foi o responsável pela construção de Auschwitz, o campo de concentração.[40]

A Farben ajudou a colocar Hitler no cargo máximo de líder da Alemanha. Há aí uma conexão óbvia ou estou imaginando coisas?

> Enquanto cumpria seu mandato de prisão, Schmitz buscava uma alternativa à força bruta na tentativa de controlar as pessoas, e percebeu que podia controlá-las por meio do fornecimento de alimentos. Quando saiu da prisão, foi ter com seus amigos nas Nações Unidas (ONU) e expôs ali um plano para tomar o controle dos alimentos no mundo inteiro. Uma comissão de comércio intitulada *Codex Alimentarius* foi recriada sob a fachada de ser uma comissão para a proteção do consumidor. Mas o *Codex* nunca participou dos negócios de proteção às pessoas. Ao contrário, sempre tratou de dinheiro e de lucros, às custas da população.[41]

Por favor, entendam: o Codex é uma arma que tem sido usada para reduzir o nível de nutrição no mundo inteiro. Por exemplo: "o *Codex* não impõe limites aos mais perigosos aditivos químicos industriais que podem ser usados nos alimentos. Em 2001, 176 países, incluindo os EUA, se reuniram para decidir que os doze produtos químicos mais tóxicos, entre os quais nove pesticidas, conhecidos como poluentes orgânicos persistentes (POPS), eram tão nocivos que tinham de ser banidos.

> Sob o *Codex*, sete dentre os nove POPS proibidos voltarão à produção de alimentos. Se juntarmos todos, o *Codex* permite o uso de 3.275 pesticidas diferentes, incluindo aqueles suspeitos de ser cancerígenos ou desreguladores endócrinos. Não há nenhuma preocupação com

40 http://www.buildfreedom.com/news/archive.php?id=549.

41 Barbara Minton, "Billions of People Expected to Die Under Current *Codex* Alimentarius Guidelines", em *Natural News*, 21 de julho de 2009.

> efeitos de longo prazo decorrentes da exposição a resíduos dos pesticidas encontrados nos alimentos.[42]

Está surpreso? Pois não devia. A guerra travada no mundo todo, hoje e amanhã, não é uma guerra contra o terror, mas antes contra essas criaturas peçonhentas conhecidas como seres humanos. De acordo com as projeções da OMS e da FAO, um mínimo de 3 bilhões de pessoas morrerão apenas em decorrência das diretrizes vitamínicas e minerais do *Codex*.

> Sob o *Codex*, todo animal leiteiro poderá ser tratado com hormônios de crescimento e todos os animais da cadeia alimentar serão tratados com níveis subclínicos de antibióticos. O *Codex* levará à irradiação exigida a todos os alimentos, com exceção daqueles cultivados localmente e vendidos crus. Essas regulamentações alimentares são, na realidade, a legalização da toxicidade obrigatória e da subnutrição. A OMS e a FAO estimam que, das 3 bilhões de pessoas inicialmente marcadas para morrer como resultado das diretrizes vitamínicas e minerais do *Codex*, 2 bilhões delas morrerão de doenças evitáveis que resultarão da subnutrição, como o câncer, doenças cardiovasculares, diabetes e muitas outras. Sobreviverão aqueles que, por ser parte de uma rica elite, poderão de algum modo acessar fontes de alimentos limpos, além de outros nutrientes.[43]

Com os avanços da ciência e da tecnologia, era apenas questão de tempo até que a "Big Pharma" e a família Rockefeller voltassem a atenção para a biologia sintética e molecular, bem como para a tecnologia genética.

Vida artificial e DNA sintético auto-replicante

> Imaginem uma bactéria enxertada de DNA artificial aproveitada para produzir uma vacina contra a malária — isto já está acontecendo na Califórnia. Agora, imaginem uma bactéria com genes sintéticos que acendam (isso mesmo, acendam) ao detectar parasitas na água potável — já foi provado que funciona no Imperial.[44]

---

42 Ibid.

43 Ibid.

44 V. http://www.bbc.co.uk/news/science-environment–17436365.

Sobre a Terra, toda a vida depende de ácidos nucléicos, o DNA e o RNA. O DNA é um código para a vida, os fios entrelaçados que carregam os genes de cada criatura viva na Terra; trata-se, basicamente, de quatro moléculas básicas, um longo polímero de açúcares conectados por um fosfato — adenina, citosina, guanina e timina, conhecidos pelas suas primeiras letras: A, C, G e T. É a ordem dessas substâncias que forma o código genético.

Posto que essas moléculas são bem compreendidas, podem ser produzidas sinteticamente e reestruturadas para constituir admiráveis novos genes.

> O fosfato pode ser modificado pela substituição de um átomo de oxigênio por um de enxofre, e a molécula resultante ainda pode estabelecer a paridade de bases com ácidos nucléicos normais. Essas moléculas sintéticas podem realmente ser usadas pela usual maquinaria celular se forem suplementadas com bactérias, criando um código genético ampliado.[45]

Agora, em uma das maiores descobertas da história recente, os cientistas criaram um genoma sintético que pode se auto-replicar. Tomaram uma célula e modificaram os seus genes, inserindo nela um DNA de outro organismo. Assim, a bactéria replicou a si mesma, criando então uma segunda geração do DNA sintético.

> A célula deriva totalmente de um cromossomo sintético, feito com quatro garrafas de compostos químicos em um sintetizador, a partir das informações em um computador.[46]

O organismo se comportará exatamente como deseja o cientista: uma criatura viva, mas sob o controle do homem.

> No século XIX tratava-se de uma revolução no aproveitamento energético a partir de combustíveis fósseis; o século XX acabou por explodir o poder da informação; este século será o tempo do controle biológico.[47]

---

[45] V. http://arstechnica.com/science/2012/04synthetic-dna-substitute-gets-its-own-enzymes-undergoes-evolution/.

[46] "Syhthetic DNA Breakthrough we Now Create Artificial Life", em http://m.io9.com/5543843/scientists-create-artificial-life-+-synthetic-dna-th.

[47] David Shukman, "The strange new craft of making life from scratch", em BBC *Science &*

O que impressiona nisso tudo é que a célula foi montada e nela foi insuflada a vida em um laboratório. Essa tecnologia levou o homem para além de um limite. Foi um ponto decisivo que marcou o início de uma nova era científica, a chamada biologia sintética, fundada sobre a ambição de que um dia seria possível conceber e produzir um ser humano.

Em outras palavras, você pode pegar o DNA de qualquer coisa da Terra e criar, a partir dele, organismos que jamais existiram, inteiramente a partir de materiais sem vida.

> Os cientistas estão criando novas formas de vida; ao mesmo tempo são formas de vida que, até agora, o sistema imunológico do ser humano e o mundo nunca haviam experienciado.[48]

Como tais, irão revitalizar as discussões atemporais sobre o significado da vida — o que ela é, por que ela importa e qual o papel que a humanidade deveria desempenhar em seu futuro.

Genes sintéticos foram inseridos em uma bactéria que tivera seu DNA original removido. De forma geral, esses substitutos ao DNA/RNA são chamados de XNAs.

> Uma propriedade notável das moléculas XNA é que elas não são biodegradáveis. Os pesquisadores desenvolveram, também, enzimas que podem sintetizar o XNA a partir de um modelo de DNA, e outras que podem "reverter" o XNA de volta ao DNA. Isso significa que eles podem armazenar e copiar informações da mesma forma que o DNA.
>
> Os investigadores submeteram uma molécula XNA a uma seleção natural artificial, em laboratório, ao introduzir certas mutações no código genético. Ao permitir que as diferentes versões da molécula competissem entre si pela união com outra molécula, a equipe obteve como resultado uma forma que ligava-se ao alvo de modo firme e específico, como seria de se esperar de um DNA nessas condições. Isso torna o RNA as únicas moléculas conhecidas, além do DNA, capazes de uma evolução darwiniana. A hereditariedade — acúmulo de informações e propagação — e a evolução, dois marcos da vida, podem ser implementados em outros polímeros, além do DNA e do RNA.[49]

Environment, 26 de março de 2012.

48 http://www.lifeslittlemysteries.com/830-whats-synthetic-biology.html.

49 Charles Q. Choi, "XNA, Synthetic DNA, Could Lead To New Life Forms, Scientists Say", em *Huffington Post*, 19 de abril de 2012.

Da eugenia para a genética

Na realidade, a biologia sintética é uma extrapolação direta da biologia molecular, a um passo da boa e velha eugenia. Tudo começou com a família Rockefeller.

> A iniciativa para a engenharia genética da Fundação Rockefeller não foi uma decisão tomada no calor do momento. Foi o ponto culminante de uma pesquisa por eles financiada desde 1930. Durante o final desta década, como a fundação ainda estivesse profundamente envolvida no financiamento da eugenia no Terceiro Reich, começou a recrutar químicos e médicos para alimentar a invenção de uma nova disciplina científica, a qual nomearam de biologia molecular, a fim de diferenciá-la da biologia clássica.
>
> A idéia foi promovida durante os anos 1920 pelo biólogo Jacques Loeb, do Rockefeller Institute for Medical Research, que concluíra, a partir de seus experimentos, que o *echinoderm larvae* poderia ser estimulado quimicamente para que se desenvolvesse na ausência de fertilizantes, e que a ciência, afinal, viria a controlar os processos fundamentais da biologia. Aqueles que estavam dentro e nos arredores das Instituições Rockefeller viram nisso o meio definitivo de controle e engenharia social — eugenia.
>
> Tomando emprestado o seu trabalho em eugenia racial, os cientistas da fundação desenvolveram a idéia de uma biologia molecular a partir da premissa fundante de que quase todos os problemas humanos poderiam ser "resolvidos" com manipulações genéticas e químicas.
>
> O objetivo da pesquisa da fundação era encontrar as maneiras de reduzir as infinitas complexidades da vida a modelos simples, determinísticos e preditivos. Os promotores da nova biologia molecular na fundação estavam determinados a mapear a estrutura do genoma e usar essa informação "para corrigir problemas morais e sociais, incluindo a criminalidade, a pobreza, a fome e as instabilidades políticas".[50]

Outro aliado fundamental que trabalhava para os Rockefellers e estava envolvido na redução dos problemas humanos a básicos denominadores da morte era o Dr. Franz Kallmann, um psiquiatra

[50] William Engdahl, *Seeds of destruction — The Hidden Agenda of Genetic Manipulation*, pp. 138-139; *Globalresearch*, 2007, pp. 155-156.

geneticista do New York State Psychiatric Institute. O Dr. Kallmann era, também, presidente fundador de uma nova organização de frente para a eugenia, a American Society of Human Genetics, que mais tarde tornou-se patrocinadora do Projeto Genoma Humano.

O projeto multibilionário foi, como era apropriado, estabelecido no mesmo Cold Spring Harbor Center que os Rockefeller, Harriman e Carnegie haviam usado como seu notório Escritório de Pesquisas em Eugenia na década de 1920. A genética, na definição da Fundação Rockefeller, constituiria a nova face da eugenia.

Kallmann era um defensor fervoroso da prática da eliminação ou da esterilização forçada de esquizofrênicos. Em 1938,

> [...] ele reivindicou a esterilização forçada dos esquizofrênicos e de toda a sua prole, ainda que saudável, a fim de romper a linha genética.[51]

Nos anos 60 e 70, enquanto o irmão John D. Rockefeller III estava formando os planos para a redução mundial da população, os irmãos Nelson e David estavam ocupados com os negócios, garantindo a segurança do Século Americano. O agronegócio americano desempenharia um papel decisivo neste projeto, e o desenvolvimento da biotecnologia genética concatenaria os diferentes esforços da família em um plano coerente para o controle mundial dos alimentos, em níveis simplesmente inimagináveis para a maioria das pessoas.[52]

Mas isso é passado.

Agora, após 10 mil anos de manipulação genética natural, por reprodução natural, finalmente ganhamos acesso direto ao código genético, o DNA. Estamos fazendo com a engenharia genética o que os engenheiros fizeram desde a Idade da Pedra: juntar, refinar e remodelar a natureza a fim de facilitar a confecção de coisas novas e duráveis.

Bem-vindos ao mundo da biologia sintética, que, em termos mais simples, significa modificação genética. É a aurora de uma nova revolução em biologia molecular e engenharia genética.

> Nos últimos anos, a modificação genética nos levou a produções mais resistentes a herbicidas e inseticidas. Ainda mais impressionantes são as

51 Ibid., pp. 91–92.
52 Ibid., pp. 94–95.

> cabras que portam o gene aracnídeo, produzindo seda. Mas o que está por vir na biologia sintética leva este tipo de pesquisa a um patamar totalmente diferente, e apenas recentemente ele está entrando no raio de consciência do público.[53]
>
> Essa pesquisa é baseada no que é conhecido por DNA recombinante (rDNA), e funciona por meio da introdução genética de um DNA estranho em plantas, para a criação de organismos geneticamente modificados. De uma maneira ou de outra, a Fundação Rockefeller tem por objetivo a redução da população mundial através da reprodução humana, pelo espalhar de sementes transgênicas; fazem isso com o apoio e em cooperação com a Organização Mundial da Saúde (OMS) da ONU, que financia discretamente o seu programa de saúde reprodutiva através do uso de uma inovadora vacina antitetânica. Misturada aos hormônios naturais HCG, trata-se de um agente abortivo que impede a gravidez sem que as mulheres o saibam. Tampouco se diz qualquer coisa sobre o fato de o Pentágono encarar a redução populacional como uma forma sofisticada de arma biológica na luta contra a fome mundial.[54]

Em última análise, trata-se de tomar o controle da natureza, reestruturando-a e reconstruindo-a para que sirva aos caprichos da elite controladora. Não nos surpreende que o jargão "brincando de Deus" venha à tona em quase todas as conversas; com ele, vem uma grande visão histórica.

Bem, o que acontecerá se um truste privado ou o Pentágono vier a possuir as maiores inovações celulares, que têm grande impacto sobre a humanidade? O complexo militar industrial do Pentágono pode espalhar um vírus e usar uma vacina para extinguir, como o próprio Pentágono gosta de nomear, "comportamentos humanos indesejáveis". É coisa de ficção científica, não é?

Existem muitas possibilidades perturbadoras. Agora podemos gerar vírus a partir dos genomas. Já somos capazes de criar um poliovírus sintético. E o britânico *Daily Mail* escreveu:

---

[53] David Shukman, "The strange new craft of making life from scratch", em BBC *Science & Environment*, 26 de março de 2012.

[54] Análise de Stephen Lendman do livro *Seeds of Destruction*, de William Engdahl, em *Globalresearch*, 7 de janeiro de 2008.

> Essa técnica pode ser usada para recriar terríveis vírus do passado, como o Ebola e a gripe de 1918, que matou quase 40 milhões de pessoas.[55]

Mais ainda: há maneiras mais fáceis de recriar esses micróbios. Você pode, simplesmente, juntar o gene correto a um parente próximo.

O futuro é agora

Qual será o futuro? Como essa tecnologia será usada? Trata-se, afinal, de uma espada de dois gumes. As crianças, por exemplo: não apenas os pais têm a oportunidade de selecionar ou projetar seus filhos geneticamente, construindo suas características passo a passo, e no processo criar uma nova espécie de crianças — sem doenças, com alto QI etc. — sem mencionar a mistura de DNAs de outras pessoas aos do casal a fim de, literalmente, produzir uma nova raça de seres humanos. A questão é: se dermos às nossas crianças genes que não temos, elas ainda serão nossas crianças?

Pode-se argumentar que a criança ainda é você, mas apenas o melhor de você; e que um casal poderia conceber milhares de vezes sem conseguir os resultados almejados pela seleção prévia. Os casais não deveriam escolher o melhor deles para passar aos seus filhos? E, caso sim, o que significa "melhor"? Melhor em que sentido? Como você define a moral? Tem algo a ver com a fagulha divina da razão? Se sim, de onde ela vem e como pode essa marca ser mapeada pelo DNA? E, se pudesse, isso significaria que uma versão sintética dela poderia ser controlada através da biomedicina?

É como disse certa vez Frederick Osborn, membro do conselho da Fundação Rockefeller e eugenista declarado:

> Seria, no fim das contas, muito mais fácil e mais sensato produzir um homem completamente novo, *de novo*, a partir da matéria-prima apropriadamente selecionada, do que tentar remoldar em forma humana aquelas relíquias dignas de piedade que sobraram.[56]

---

55 John Naish, "The Armageddon vírus: Why experts fear a disease that leaps from animals to humans could devastate mankind in the next five years", em *Daily Mail*, 14 de outubro de 2012.

56 Frederick Osborn, *The Future of Human Heredity: An Introduction to Eugenics in Modern Society*. New York: Weybright and Talley, 1968, pp. 93–104.

Repito: os promotores da nova biologia molecular na Fundação Rockefeller estão determinados a *corrigir* os problemas sociais e morais, dentre eles a criminalidade, a pobreza, a fome e a instabilidade política — tudo em nome do controle e da redução populacional.

Mas há um elemento muito mais sombrio a considerar. Os pais que saem da linha, os criminosos, dissidentes, em suma, todos aqueles que pensarem diferente da linha oficial do partido do Estado Global poderiam ter o DNA de suas crianças alterado durante a gravidez, como punição por sua desobediência.

Além disso, alterando o DNA, as corporações privadas e os governos podem criar uma sociedade sem memória: pessoas cujas experiências de vida sejam guardadas em um cartão de memória que, uma vez por semana, reinicie, por meio de um DNA modificado, de novo, e de novo, e de novo, e de novo.

Estamos dispostos a tomar esse caminho? Por que pergunto? Porque, se sim, as bio-companhias dominadas pelos Bilderberg teriam as chaves da vida em cada aspecto da sua existência. A grande questão é: podemos confiar que as mega-corporações farão a coisa certa? Têm os cientistas alguma moral? E as corporações? O que será da lealdade? Lembrem-se: historicamente, essas mega-corporações não demonstraram lealdade alguma a nenhuma nação, Estado ou Deus.

Podemos confiar a eles a criação da vida? Essa é uma questão muito importante, pois, pela primeira vez na história, a ciência pode criar vida. Todos os dias, estamos dando à luz novas assombrosas tecnologias.

Isso não é novidade. Nos últimos cem anos, aproximadamente, os governos começaram a se dedicar a armas biológicas, geralmente, no princípio, tentando tomar armas biológicas zoológicas — como o Ebola, que afetava os macacos — e redirecioná-la aos humanos. Há evidências de que foi exatamente isso o que aconteceu com o Ebola.

No momento, temos clones entre humanos e outras espécies sendo gerados no interior do útero de vacas, a fim de que possam cultivar os órgãos. Eles estão misturando a vida animal e a humana. Isso dará espaço a doenças de espécies cruzadas que só poderão ser erradicadas por meio das organizações controladas pelos Bilderberg, através de experimentos humanos, recolhimento de amostras de DNA ou o uso de DNA sintético implantado.

Pessoas, robôs, ou uma nova espécie em criação? E os direitos, os direitos humanos? Mas, então, como não serão propriamente humanos, poderá se argumentar que os direitos desses "novos organismos" estarão mais ligados aos direitos dos animais do que aos direitos humanos.

E o que o Strategic Trends 2007–2036 tem a dizer sobre o assunto? Cito o próprio documento:

> [...] um ambiente de pesquisa mais permissivo poderia acelerar o declínio das amarras e das restrições éticas. A velocidade da mudança tecnológica e cultural poderia solapar a capacidade da sociedade absorver as implicações éticas... A melhor aproximação a uma estrutura ética poderia se tornar uma forma de unilateralismo secular, em uma cultura outrora amoral e científica.

No fim, a forma definitiva de darwinismo social será bem-vinda. A religião de Francis Galton reinará suprema, ao passo que as gerações mais jovens farão da eugenia uma parte comum de suas vidas.

Some-se a isso a destruição financeira, os imensos êxodos populacionais ao redor do mundo, a crise de alimentos, as guerras, a fome e a doença e você terá a perfeita tempestade para o despovoamento. Novamente, cito o Strategic Trends Report:

> Diminuir as populações jovens nas sociedades ocidentais poderia tornar-se cada vez mais problemático, devido a seus onerosos "avós baby boomers...". Populações envelhecidas, o aumento das necessidades médicas e da expectativa dos pacientes podem levar a uma drenagem insustentável de certos recursos de saúde do Estado, causando um impacto na prosperidade econômica... Ressentidos com uma geração cujos valores parecem estar em descompasso com as restrições de recursos cada vez mais apertadas, os mais jovens podem abrir caminho a políticas que permitam a eutanásia como um meio de reduzir o fardo da ajuda aos mais velhos. Isso poderia levar a uma renascença civil, com penas estritas para aqueles que falharem em cumprir suas obrigações sociais.[57]

---

[57] DCDC Strategic Trends Report, p. 79.

O que significa impor "penas estritas para aqueles que falharem em cumprir suas obrigações sociais"? Significa o genocídio. Significa que, em nome da igualdade social, os mais velhos serão mortos para dar lugar à nova geração. O Strategic Trends Report deixa isto muito claro:

> Além disso, os mais jovens podem abrir caminho a políticas que permitam a eutanásia como um meio de reduzir o fardo da ajuda aos mais velhos.

Aí está.

Eis o trans-humanismo em sua forma mais pura e maligna, conforme a visão de Aldous Huxley.

Em *Admirável mundo novo*, Huxley foca a metodologia científica usada para manter todas as populações além da pequena minoria da elite em uma condição de permanente autismo-induzido, verdadeiramente apaixonadas pela servidão e pela produção de ditaduras sem lágrimas.

Em um discurso de 1961, no Voice of America, do Departamento de Estado dos EUA, Huxley falou de um mundo de escravos farmacologicamente manipulados, vivendo em um "campo de concentração para a mente", aprimorado pela propaganda e por drogas psicotrópicas, aprendendo a "amar a servidão" e abandonando todo o estímulo para resistir. "Isto", concluiu Huxley, "é a revolução final".

Assim, chegamos ao ponto nevrálgico em que ou as pessoas vencem e reestabelecem o tipo de governo que precisamos, em várias nações e entre nações, ou este mundo irá para o Inferno, porque a crise não parará.

> As pessoas morrerão de fome, e cada vez em maior número; matarão por comida. A estrutura da sociedade será destruída na luta por comida, que não haverá. E, então, ou vencemos a luta contra este mal, ou não haverá nada mais pelo que lutar.[58]

---

[58] Marcia Merry Baker, "World Food Shortage, a British Policy Success", em *EIR*, 16 de abril de 2010.

CAPÍTULO III

Programação das massas

Os meios de comunicação de massa — televisão, filmes, rádio, jornais, revistas, livros, discos, videogames e a Internet — são projetados para alcançar o maior público possível. Hoje, um grupo formado por poderosos indivíduos e multinacionais, sob o domínio dos *Bilderbergers* e altamente centralizado, controla a imprensa mundial.

Isso não quer dizer que o controle e a manipulação dos meios de comunicação representem um imenso e impenetrável *Big Brother*, que nos oferece uma única versão distorcida da realidade. A "panelinha" que formam define os parâmetros do que é "notícia" e, portanto, delimita a extensão do debate público e restringe o leque de orientações nele disponível. Esse grupo constantemente desinforma, induz ao erro e emburrece a população.

É fundamental entendermos que não importa o veículo de comunicação que você leia, assista, navegue ou ouça. Todas as fontes de notícias convencionais e alternativas são controladas pelo mesmo polvo de tentáculos entrelaçados.

Modelo de psicologia de massa

A elite atual conta com um precedente: as cerimônias de cultos pagãos dos decadentes impérios egípcio e romano. Essas entidades controladoras têm, ainda, a sua própria história. É importante entendermos de que forma evoluiu o culto a Apolo.

Existem clãs pertencentes à nobreza negra cujas famílias e tradições políticas combinadas remontam ao Império Romano.

> A república e o império, ao abrigo dos quais viviam seus antepassados, eram, por sua vez, controlados pelo ramo romano do culto a Apolo. Naquele período esse culto foi, de modos diversos, a principal instituição de empréstimo usurário agrícola do Mediterrâneo.[1]

A um só tempo, o culto era um serviço de inteligência política e o criador de outros cultos.

No período compreendido entre a morte de Alexandre, o Grande e a transmutação do culto a Apolo no culto ao estoicismo, criado no século II a.C., o Egito ptolemaico constituía a base do culto com o qual se controlava Roma. No Egito, o culto a Apolo sincretizou o culto a Ísis e a Osíris, transformando-o em uma imitação patente do culto frígio a Dionísio e em seu equivalente romano, o culto a Baco.

Foi naquele momento que o culto a Apolo gerou o culto ao irracionalismo estóico. Foi o culto a Apolo que erigiu o Império Romano, que, por sua vez, criou o direito romano com base na obra aristotélica e anti-humanista *Ética a Nicômaco*. Essa é a tradição que as antigas famílias romanas da nobreza negra transmitem. Essas famílias romanas, com o tempo, viriam a ser conhecidas como a "Nobreza Negra Veneziana". Atualmente, essas mesmas famílias ocupam cargos importantes no círculo interno de organizações como o Grupo Bilderberg.

A tradição sobreviveu sob vários disfarces institucionais, sempre mantendo intacta a essência de sua doutrina e visão de mundo. A monarquia britânica, a classe aristocrática européia de latifundiários e as facções feudais da Ordem de Malta sob domínio europeu são a expressão moderna e concentrada da tradição e dos preceitos permanentes do antigo culto a Apolo.

Todo aristotélico sabe que:

> o progresso científico e tecnológico generalizado, dadas as condições de educação e liberdade de inovação que ele exige, produz no cidadão

1 Marcia Merry Baker, "World Food Shortage, a British Policy Success", em EIR, 16 de abril de 2010.

> uma dedicação ao potencial criativo da mente humana que é a antítese do sistema oligárquico.
>
> O ódio e o temor dos aristotélicos ao longo dos milênios residiam no fato de saberem que o progresso científico e tecnológico persistente e generalizado, enquanto norma orientadora da sociedade, reflete uma hegemonia republicana que acaba de uma vez por todas com a possibilidade de instituição de um governo oligárquico mundial.[2]

A elite atual tem recorrido aos mesmos métodos usados pelos antigos sacerdotes apolíneos: a promoção dos cultos dionisíacos a narcoculturas, contraculturas erótico-orgiásticas, multidões enlouquecidas de "quebradores de máquinas" e maníacos terroristas. Ela lança mão de guerra psicológica para incitar as forças combinadas de uma turba insana contra as forças sociais que se dedicam ao progresso científico e tecnológico.

Para tanto, nada melhor que a lavagem cerebral massiva da população, encurtando o caminho para os corações e mentes das pessoas por meio da comunicação global abrangente.

Televisão

O controle dos indivíduos tem maior eficácia ao conseguirmos persuadi-los a crer que são livres quando, na verdade, sujeitam-se a imposições e manipulações. Uma das formas de ditadura é estarmos confinados em uma cela, cujas barras são visíveis. A outra, bem mais sutil, não permite que vejamos as barras e nos faz pensar que somos livres. O maior hipnotizador do mundo é aquela caixa retangular no canto da sala, que diz às pessoas em que elas devem acreditar. Com seu acesso aos lares de todos, a televisão cria as condições necessárias à lavagem cerebral em massa dos cidadãos.

> A televisão torna os indivíduos incapazes de manter o senso crítico, pois a combinação de sons e imagens os imerge em um estado onírico, limitando seus poderes cognitivos.[3]

---

2 Ibid.

3 Lonnie Wolfe, "Turn off your TV", *New Federalist*, p. 5, 1997.

Hal Becker, do *Futures Group*, sustenta ser capaz, através do controle da programação televisiva de notícias, de criar opiniões populares por meio da manipulação da maneira como você pensa e age.

> Os norte-americanos pensam que são governados por burocratas de Washington que fazem leis e distribuem dinheiro. Tolinhos! Orientamo-nos com base em nossos preconceitos, que são organizados pela opinião pública. Pensamos que tomamos nossas próprias decisões a respeito de tudo. É muita pretensão de nossa parte! É a opinião pública que toma decisões por nós. Ela atua sobre o nosso instinto de manada, como se fôssemos animais assustados.

No entanto, há enormes diferenças entre os animais e o homem, sendo a maior delas a nossa busca pela verdade eterna, pelo sentido da vida. A verdade assenta-se em uma ordem superior de processos e nos poderes criativos da mente humana individual. Trata-se de um problema moral, um *problema do destino da humanidade*, aquele que nenhum outro animal poderá resolver.

Toda geração deve sobressair-se à geração anterior. A esperança de que isso acontecerá deve povoar os pensamentos de um idoso à beira da morte: a de que sua vida teve algum significado e ajudou a criar um mundo melhor do que o que ele conheceu.

Máxima audiência

Estereótipos são criados e manipulados pelos gurus da comunicação de massa e da guerra psicológica. A idéia não consiste em fazer você pensar com demasiada clareza ou profundidade a respeito das imagens que recebe, mas reagir de maneira pavloviana a esses estímulos.

Edward Bernays, sobrinho de Freud e um dos fundadores das técnicas de manipulação da opinião pública, afirmou que:

> Somos induzidos, nossas mentes são moldadas, nossos gostos fabricados e nossas idéias sugeridas, em grande medida, por homens dos quais nunca ouvimos falar. Seja qual for a atitude que se tome em relação a essa condição, permanece o fato de que em quase todas as nossas atitudes cotidianas, seja no âmbito político ou comercial, em nossa conduta social ou pensamento ético, somos dominados por

> um número relativamente pequeno de pessoas, uma fração ínfima de nossos 120 milhões de cidadãos norte-americanos (à época), que entende os processos mentais e os padrões sociais das massas. São eles que movimentam os fios invisíveis que controlam a mente do público e que aproveitam as forças sociais do passado para criar novas maneiras de coibir e direcionar o mundo.[4]

Dessa maneira, a irracionalidade tem sido alçada a um elevado patamar de consciência pública. Os manipuladores, ato contínuo, aproveitam-se dessa irracionalidade para solapar e usurpar a compreensão da realidade que orienta qualquer situação. E, à medida que a complexidade dos problemas de uma sociedade industrial moderna aumenta, fica mais fácil empregar distrações cada vez mais incríveis, até que nos restem as opiniões absolutamente inconseqüentes das massas, engendradas por habilidosos manipuladores. O passo seguinte é admitirmos que tais "opiniões" sejam representativas de fatos "científicos".

Estamos falando da psicologia de massa freudiana e seu apelo ao comportamento pueril, bestial, sentimentalóide, destinado a contornar os poderes do raciocínio criativo dos indivíduos, moldados pelo juízo moral e pela eterna busca da verdade universal.

Quando se trata da televisão, aliás, a questão da verdade nunca foi um problema. A TV não é a verdade. A TV é um parque de diversões, uma trupe de malabaristas, dançarinas do ventre, contadores de histórias, cantores e *strippers*. No entanto nós, o público, temos sido completamente hipnotizados pela TV. Senta-se diante dela, dia após dia, noite após noite... a TV representa quase tudo o que você sabe! Cinco por cento dos americanos (cerca de quinze milhões de pessoas) lêem mais de cinco livros por ano. Todavia, um bilhão de indivíduos assistiram à premiação do Oscar. Você sonha como a TV, fala como a TV, cheira, veste-se, age como sua TV. A maioria sente-se mais familiarizada com Paris Hilton, Britney Spears ou Lady Gaga do que com seu próprio marido ou esposa. Que loucura!

Quantos milhões de pessoas estão prontas para acreditar em qualquer coisa dita pela TV? Ademais, os mandachuvas estão prontos para dizer qualquer coisa em nome da "guerra contra o terror", da participação

---

4 Edward Bernays, *Propaganda*, 1928, reprint, Ig Publshing, 2004.

na audiência e das verbas publicitárias contanto que você vote neles, compre seus produtos e permita que lhe submetam a uma lavagem cerebral.

> A TV propiciou terreno fértil para a criação de uma cultura homogênea, de massa, por meio da qual a opinião popular pudesse ser moldada e controlada, de modo que todos no país pensassem da mesma maneira.[5]

Repito: a TV nada tem a ver com a "verdade", mas com a criação de uma realidade. De nada importa se as imagens que você vê na TV são reais ou copiadas e coladas de eventos passados, pois as pessoas acreditam que são reais, sem maquiagens e, portanto, verdadeiras.

Durante terremoto ocorrido no Japão em março de 2010, por exemplo, os meios de comunicação de massa exibiram imagens de prateleiras de supermercados vazias e descaradamente declararam que o Japão havia sofrido o pior racionamento de água desde a Segunda Guerra Mundial.

No entanto, as imagens de prateleiras vazias foram extraídas de bancos de imagens e pouco tiveram a ver com o terremoto ou a falta de água engarrafada. Assim, o telejornal noturno transmite a realidade lançando sobre a verdade as suas sombras. Emery e Trist advertiram que:

> quanto mais assiste à TV, o indivíduo compreende menos, aceita mais e se dissocia mais do processo de seu próprio pensamento. Por tornar as coisas normais, embrulhar e homogeneizar aspectos da realidade, a televisão é muito mais mágica que qualquer outro bem de consumo. Ela constrói uma realidade aceitável (o mito), partindo de ingredientes em grande medida inaceitáveis. Confrontar o mito seria o mesmo que admitir a inutilidade, o isolamento e a incompetência de alguém. As imagens televisivas tornam-se, e são, a verdade.

Os lavadores de cérebros encarregados dessa transformação social levaram a cabo o ardil fundamental: conseguiram nos persuadir de que o que nos apresentam é tudo o que há para ver. O resultado são pessoas rindo na sua cara quando você tenta desvendar seus olhos para a realidade oculta por trás da cortina.

---

5 Harley Schlanger, "Who owns your culture?", *Fidelio*, vol. XII, No. I Summer 2003.

Algo óbvio para os lavadores de cérebros era que precisariam apelar ao sentimentalismo para destruir a bússola moral da população, ou seja, sociedade precisava ser rebaixada ao estado de infantilidade.

Em 1972, o maior especialista em meios de comunicação do Tavistock Institute, Dr. Fred Emery, divulgava o impacto da televisão sobre os norte-americanos:

> Nossa hipótese é que a TV incita o pressuposto básico da dependência. Ela precisa incitá-lo, pois trata-se de uma atividade emocional e irracional em essência. A televisão é o líder incansável, provedor de alimento e proteção.

Em um boletim informativo sobre o impacto da televisão nos poderes cognitivos de um indivíduo o jornalista investigativo Lonnie Wolfe afirma que Emery e Eric Trist (este capitaneara até sua morte, em 1993, as operações do Tavistock Institute nos Estados Unidos) observaram que:

> a TV provocou um efeito dissociativo nas capacidades mentais, tornando os indivíduos menos aptos a pensar de modo racional. Ao se habituarem a assistir diariamente à TV, por seis horas ou mais, os espectadores renunciam ao seu poder de raciocínio diante das imagens e dos sons produzidos pelo aparelho.[6]

Tavistock reconheceu que o hábito de assistir à TV destrói nossa capacidade de exercer atividades cognitivas fundamentais. Em outras palavras, a TV nos torna idiotas.

Rebaixar a sociedade ao patamar de animais é fundamental do ponto de vista de Tavistock, especialmente se o objetivo deles for controlar o planeta Terra.

> Como a única fonte de aumento do poder dos homens, enquanto espécie, sobre e dentro do universo, é a multiplicidade de descobertas já corroboradas de princípios físicos, segue-se que a única forma de ação humana que distingue o homem dos outros animais é a identificada como cognição, por meio da qual gera-se o ato da descoberta dos princípios físicos universais acumulados que podem ser corroborados. É o acúmulo desse conhecimento em razão da prática, portanto, de

---

6 Ibid.

> geração em geração, que estabelece a prova incontestável da absoluta distinção entre homem e animal.[7]

Esse suposto mito está no cerne do mecanismo de controle usado pela elite para manipular as pessoas. A maioria dos americanos e europeus acredita na existência de uma imprensa livre. A imprensa é uma das principais áreas de lavagem cerebral da população. Como se não bastasse, a maioria dos americanos e europeus tem como principal fonte de notícias as emissoras de TV estatais, persuadida de que os repórteres têm o dever de oferecer ao espectador temas cuidadosamente selecionados e diferentes pontos de vista.

Na realidade, os repórteres não atendem ao público e é a elite que controla todos os pontos de vista. Os repórteres são funcionários assalariados que trabalham para os proprietários dos meios de comunicação, cujas ações são negociadas em Wall Street. Melhor dizendo: os donos dos meios de comunicação nos dizem o que pensar.

Pelo controle dos extremos desse sistema, a elite tem nos persuadido a acreditar que as escolhas que fazemos são independentes e se baseiam no acesso a informações importantes quando, na verdade, as informações que recebemos através da grande mídia convencional integram o esquema de manipulação e controle.

O quê, por exemplo, o terrorismo internacional, os mercados financeiros internacionais, os criadores de impérios e o capitalismo têm em comum? Sua absoluta dependência dos proventos oriundos do narcotráfico para sua própria existência.

A guerra às drogas é uma farsa. Ao pesquisarmos os fluxos de caixa internacionais, é surpreendente descobrirmos que o lucro anual gerado pelo narcotráfico beira a casa de um trilhão de dólares por ano, *em espécie*.

Por oferecer a liquidez financeira necessária aos pagamentos mensais das imensas bolhas de investimentos em ações e derivativos, o narcocapital passou a ser peça essencial no sistema bancário e financeiro mundial. Todavia, jamais ouvimos tal afirmação da grande mídia, pois esta é administrada pelos mesmos interesses político-financeiros que controlam e lucram com o nefasto narco-negócio.

---

7 Lyndon LaRouche, Star Wars and Littleton, em EIR, 11 de junho de 1999.

> As elites da mídia americana praticam uma forma brutal, conquanto muito bem-dissimulada, de censura às notícias em "tempo de guerra". Contudo, os mecanismos desse controle deixaram de ser segredo. O âncora de longa data da NBC-TV, John Chancellor, admitiu, em *The New News Business*,[8] seu relato autobiográfico sobre a vida nas redações, que, através de estruturas formais como a Associated Press e "clubes" informais como o Conselho de Relações Internacionais de Nova York (ou CFR, sigla para *Council on Foreign Relations*), tomam-se diária ou semanalmente decisões sobre quais matérias serão divulgadas aos norte-americanos e quais nunca verão a luz do dia.[9]

O Conselho de Relações Internacionais é o braço norte-americano do poderoso e secreto Grupo Bilderberg. É, ainda, o principal *think tank* norte-americano de política internacional, sediado nos Estados Unidos, e uma das principais instituições de socialização das elites norte-americanas oriundas de todos os principais setores da sociedade. É o local em que cooperam entre si para erigir um consenso sobre as principais questões relacionadas aos interesses imperialistas norte-americanos. Assim, o CFR não raro define a estratégia para a política norte-americana e exerce enorme influência nos círculos dos formadores de opinião, cujos principais intervenientes quase sempre originam-se das fileiras do próprio Conselho.

Parte integrante do *establishment* econômico, a grande mídia norte-americana mantém conexões com Wall Street, os *think tanks* de Washington, o Clube Bilderberg, o Conselho de Relações Internacionais de Nova York e, por intermédio destes, com o principal centro de lavagem cerebral do mundo: o Tavistock Institute. O CFR é:

> o principal *think tank* norte-americano especializado em política internacional, sediado nos Estados Unidos; uma das principais instituições voltadas à socialização das elites americanas oriundas de todos os principais setores da sociedade (midiático, bancário, acadêmico, militar, inteligência, diplomático, corporativo, ONGs, sociedade civil etc.), onde cooperam entre si para erigir um consenso sobre as principais questões

8 John Chancellor with Walter R. Mears, *The New News Business*, New York: HarperPerennial, 1995.

9 Jeffrey Steinberg, "The Cartelization of the News Industry", The American Almanac, 5 de maio de 1997.

relacionadas aos interesses imperialistas americanos. Assim, o CFR não raro define a estratégia para a política norte-americana e exerce enorme influência nos círculos dos formadores de opinião, cujos principais intervenientes quase sempre originam-se das fileiras do próprio Conselho.[10]

No ensaio intitulado *The Ruling Class Journalists* [Os jornalistas da classe dominante], publicado em 30 de outubro de 1993, Richard Harwood, *ombudsman* do *The Washington Post*, não fez segredo do modo como organizações poderosas, privadas e semi-secretas, como o Grupo Bilderberg, dominam a imprensa: "O editor da página editorial, o sub-editor da página editorial, o editor executivo, o diretor administrativo, o editor de relações internacionais, o editor de assuntos nacionais, o editor de finanças e negócios e diversos redatores, além da já falecida CEO do jornal, Katherine Graham, representam o *The Washington Post* na qualidade de membros do conselho", observou Harwood. Esses pesos-pesados dos meios de comunicação "não apenas analisam e interpretam a política externa para os Estados Unidos; eles ajudam a fazê-la", concluiu.

Em vez de apresentar sua visão isenta a respeito das atitudes de nossos governantes, a mídia do *establishment* dá voz à elite dominante, condicionando o público leigo a aceitar, e até mesmo a adotar, os planos de sua agenda interna, que, do contrário, dificilmente teriam viabilidade política.

Mídias sociais — o poderoso Wurlitzer

Quase que simultaneamente, essa visão, apresentada sob a forma de opinião popular, ecoa pelas redes de mídias sociais, reverberando a desinformação, a desorientação e a distorção da realidade, que se espalha rapidamente pelo Twitter, Facebook, MySpace, Pinterest, Flickr, Digg, Technorati, Messenger, Tweetpeek, Ning, LinkedIn e muitos outros.

Pense no poder da Internet.

Para armazenar todo o conteúdo consumido na web em 24 horas, seriam necessários 168 milhões de DVDs. Enviamos 294 bilhões de

---

10 Andrew Gavin Marshall, "America's Strategic Repression of the 'Arab Awakening' Part 2", globalresearch.ca, 9 de favereiro de 2011.

e-mails. Publicamos 2 milhões de posts em blogs (volume suficiente para encher as páginas da Time por 770 milhões de anos). Visitam o Facebook 172 milhões de pessoas; Twitter: 40 milhões; LinkedIn: 22 milhões; Google+: 20 milhões; Pinterest: 17 milhões. Passamos 4,7 bilhões de minutos no Facebook. Carregamos 250 milhões de fotos. Assistimos ao equivalente a 22 milhões de horas de TV e filmes na Netflix. Carregamos 864 mil horas de vídeos no YouTube. Baixamos mais de 35 milhões de aplicativos e a venda de iPhones ultrapassa o número de nascidos.[11] Tudo isso em um período de 24 horas.

Quer saber como fazer o mundo acreditar em algo? Use o controle dos meios de comunicação. Veicule qualquer coisa na televisão e na Internet e ela se tornará realidade. Transmita qualquer coisa através das mídias sociais e o poder de repetição também a transformará em realidade. As pessoas logo começarão a tentar mudar o mundo para torná-lo parecido com as imagens do aparelho de TV e com as fofocas das mídias sociais.

Basta dar uma olhada nas estatísticas:

Dos norte-americanos, 42% assistem à TV enquanto usam seus laptops, smartphones ou tablets. Nas mídias sociais, 31% das pessoas com mais de cinqüenta anos; 27%, entre 25 e 35 anos e 12% em idade igual ou inferior a dezoito anos estão conversando a respeito de algo veiculado na TV. Dos usuários das redes sociais, 77% enviam mensagens pelo Twitter para contar aos amigos o que estão assistindo.[12] Todos os meses, internautas passam o equivalente a 4 milhões de anos conectados. Não estamos falando de meros números. São números que representam pessoas. E as pessoas representam o acesso a uma quantidade inacreditável de informações sobre suas vidas, gostos, preferências, preconceitos e tendências, que são catalogados, analisados, adaptados às necessidades da elite e apresentados em formatos prontos para consumo, de maneira a projetar o ponto de vista da elite. É desse modo que nos fazem lavagem cerebral, a cada minuto, todos os dias: através do controle onipresente de todos os canais disponíveis dos meios de comunicação.

---

11 http://thesocialskinny.com/100-social-media-mobile-and-internet-statistics-for–2012/.

12 Ibid.

Esse é o verdadeiro significado de "público de massa". O conceito por trás disso é o mesmo que fora abordado por Freud, em *Psicologia das massas:*

> os indivíduos que participam do fenômeno de massa são suscetíveis ao sugestionamento, à perda de sua consciência moral, tornando-se subjugados pela experiência de massa.

Pode-se induzir o indivíduo a transferir sua identidade para o grupo, onde se submeterá às formas mais intensas de sugestionamento. Contanto que se destrua o juízo interno sobre sua verdadeira identidade, é possível manipulá-lo como a uma criança. Em *The Impact of Science on Society* [O impacto da ciência na sociedade], publicado em 1951, Bertrand Russell prevê:

> Os psicólogos sociais do futuro contarão com diversas classes de crianças em idade escolar, nas quais experimentarão diferentes métodos com o intuito de gerar uma convicção inabalável de que a neve é negra.[13]

Hoje, o experimento está mais fácil do que nunca, se considerarmos que quase 70% da população adulta são usuários de mídias sociais. Destes, quatro em cada cinco usam smartphones para se conectar às mídias sociais. Até o ano de 2015, o número de smartphones em uso atingirá um bilhão de aparelhos.

Esse bilhão será dominado pela Apple, pelo Google e pela Microsoft, que abocanharão 90% da participação no mercado com suas respectivas plataformas. Essas empresas são administradas pela elite Bilderberg. Um bilhão de smartphones conectados ao mundo do "felizes para sempre". Essa experiência libertadora, todavia, tem um preço. Chama-se "vigilância". Sim, você está sendo vigiado, escutado, analisado e catalogado 24 horas por dia, sem direito à folga.[14]

Uma família feliz

O telefone celular, na verdade, é uma das três inovações mais importantes ocorridas no setor da vigilância. As outras são o GPS e a capacidade

---

[13] Bertrand Russell, *The Impact of Science on Society*, reprint edition, Routledge, 1985, ISBN: 978-0415109062.

[14] http://thesocialskinny.com/99-new-social-media-stats-for-2012/.

de nos vigiar. O telefone celular passou a ser uma extensão de nossos corpos, 24 horas por dia, o que significa que seu paradeiro é conhecido a todo momento. Além disso, há o Skyhook, "o sistema de localização mais rápido, preciso, confiável e flexível atualmente no mercado".[15]

Pessoas com smartphones equipados com GPS e funcionários do Google que se deslocam por toda parte, montados em veículos especiais, estão gravando as coordenadas de todos os dispositivos de wi-fi. Cada roteador e sua localização estão sendo gravados!

Mas essa é apenas a ponta do proverbial iceberg. Novas ferramentas de busca e índices de pesquisa, inclusive traduções, tecnologia de reconhecimento de voz e reconhecimento de texto em vídeos, são algumas das inovações mais recentes que mudaram as regras do jogo — câmeras inteligentes, com reconhecimento em bloco de números, letras e rostos, ligadas a bancos de dados massivos de alta velocidade, colocam todos na rede.

A principal mudança: nada é removido, nada é apagado e nada é esquecido. Tudo o que você já fez; cada foto estúpida que postou; cada artigo desagradável que publicou em seu blog num dia ruim; uma única piada de mau gosto... tudo fica guardado para sempre. Para todo o sempre!

Nada é apenas armazenado, mas também indexado, vinculado e relacionado ao seu nome para sempre. Cria-se um perfil seu em um banco de dados acessível ao governo e à comunidade de inteligência. E você nem fez nada!

A questão central, no entanto, não é essa. É que sua privacidade foi para sempre violada em nome de qualquer "-ismo" que esteja em voga no momento. Se não estiver em voga, não se preocupe, pois logo estará, assim que o governo conferir-lhe legitimidade e promovê-lo na web e nas redes sociais, usando seus agentes de mudança como um aríete contra qualquer um que ouse contestar.

Rede de vigilância total

Há dez anos, a espinha dorsal da rede de vigilância total era uma atividade denominada "mineração de dados" ou descoberta do conheci-

---

15 http://www.skyhookwireless.com/location-technology/.

mento, que é a extração automatizada de informações preditivas ocultas oriundas de bancos de dados, que consistia na compilação massiva de informações sobre a vida das pessoas provenientes de inúmeras fontes: uma atordoante pletora de tecnologia de ponta e softwares de compilação de dados personalizados, constituída de microchips RFID, biometria, chips de DNA, chips de GPS implantáveis, programas de busca de palavras-chave que filtram grandes bancos de dados de documentos e mensagens de texto ao procurar palavras-chave e frases com base em complexos critérios algorítmicos. Os programas de reconhecimento de voz convertem conversas, por meio da detecção do padrão de voz do indivíduo, em mensagens de texto para análise posterior. Isso foi há dez anos, uma eternidade em termos de computação.

Compare essa tecnologia com a proposta apresentada no início de dezembro de 2012 pelos membros da União Internacional de Telecomunicações (UIT) das Nações Unidas, que fizeram um acordo segundo o qual trabalhariam na implementação de um padrão para a Internet que permitisse a bisbilhotice em escala mundial.

> Em uma conferência organizada em Dubai esta semana, os membros da UIT decidiram adotar o padrão Y.2770 para a inspeção profunda de datagramas, uma proposta altamente confidencial, sob coordenação da China, que permitirá às empresas de telecomunicações em todo o mundo extrair mais facilmente os dados que trafegam pela rede.[16]

Hoje, não existe privacidade. Não existe vergonha. Sem querer ou deliberadamente, pessoas em todo o mundo publicam tudo sobre si na Internet por meio do Facebook, MySpace, Twitter, etc. Nome, endereço, número de telefone, faculdade que freqüentou, local de trabalho, nomes de amigos, atitudes em relação a um infindável rol de questões políticas e sociais, o que fizeram na noite passada, na semana passada ou no ano passado, e assim por diante.

Uma infinidade de informações sobre nós — todas disponíveis na web — transforma em realidade o sonho mais picante da Stasi. E tudo de graça. Por que agimos assim? Porque estamos convencidos de que nossas fotos no Instagram e nossas tiradas inteligentes no Twitter são

[16] "The UN asks for control over the world's internet", RT, 5 de dezembro de 2012.

pura genialidade; que nosso estilo é exclusivo, espirituoso e repleto de criatividade quando, na verdade, são maçantes, em grande parte previsíveis e não raro divagações ignorantes de cérebros apagados.

Na realidade, as mídias sociais conferiram status à "celebridade" que poucos mortais conseguem ser. O que, afinal, é uma "celebridade" senão o derradeiro evento midiático humano, deliberadamente fabricado para satisfazer nossas expectativas exageradas de grandeza humana? Trata-se da mais moderna e atualizada história de sucesso do século XXI e de sua busca pela ilusão. Foi fabricado um novo molde que viabilizaria a produção em massa de modelos humanos comercializáveis — os "heróis" modernos —, voltados à satisfação de um mercado — e tudo isso sem nenhum obstáculo. As qualidades que hoje não raro tornam homens e mulheres uma marca "propagandeada em âmbito nacional" são, de fato, uma categoria inédita do vazio humano.

De alguma maneira, o mundo que temos observado está além do bem e do mal. É um mundo de sentimentalismos, de disfarces, de pessoas dispostas a derramar lágrimas perante todo o universo.

Em vez de dizer coisas indefensáveis, confiando que o público as amará de qualquer maneira, elas justificam suas dificuldades e defendem seu ponto de vista na frente de todos, algo de uma irracionalidade incomensurável. Quando já acho perturbador ver pessoas permitindo-se usar como lenços descartáveis, todos, em nossa cultura de lixo, passam a se apropriar de conceitos profundos para usá-los em superficialidades. O triunfalismo do início cedeu lugar ao derrotismo ressentido — eis a psique humana atual, quando observada através dos binóculos prismáticos de uma alastrada moralidade globalizada, "terapeutizada" e "cocacolizada".

Twitter — o pássaro azul da felicidade

Em um artigo perspicaz intitulado *Symbolic Literacy* [Alfabetização simbólica, em tradução livre], o autor Michael Tsarion observa que sofremos de "analfabetismo simbólico crônico" e que estamos sujeitos à persuasão subliminar e implícita, a qual constitui o que ele denomina "ditadura psíquica". Essa ditadura, afirma Tsarion, "envolve a manipulação deliberada e subversiva e a saturação do público com palavras, imagens, números, cores, ritmos e símbolos que são posteriormente direcionados, via oráculos midiáticos onipresentes, às áreas límbicas do cérebro humano, a qual" — continua o autor — "produz uma linguagem críptica elaborada e insidiosa, especialmente projetada para estimular o conflito entre fantasia e realidade".

Os símbolos são formas oraculares, "padrões misteriosos que criam vórtices nas substâncias do mundo invisível. São centros de uma força poderosa, figuras repletas de um terrível poder, que, quando devidamente moldadas, soltam redemoinhos flamejantes sobre a Terra".[17] Quantos se perguntam qual é a definição para "Ponto zero" no dicionário? Por que o Google é chamado de "Google" e o que a palavra significa, se é que significa algo? Por que o Twitter recebeu esse nome e qual o significado do passarinho azul, imagem que a empresa usa para ser reconhecida no mundo?

A Terra da Memória sempre foi o principal objetivo das operações de controle mental e contra-insurgência. Há uma expressão não muito usada hoje em dia: "o pássaro azul da felicidade".

O que muitos não lembram é que o termo teve sua origem em *O pássaro azul* (1909), uma das obras mais célebres de Maurice Maeterlinck, autor e dramaturgo belga, vencedor do Prêmio Nobel. Na peça, duas crianças partem à procura do "Pássaro azul da felicidade". Sua procura os conduz a inúmeras aventuras, uma espécie de busca iniciática pelo Santo Graal. Muitas das idéias principais contidas na peça de Maeterlinck são repetidas pela CIA em sua busca pelo aperfeiçoamento do controle da mente, um estudo que teve início com o Projeto Bluebird.

A Terra da Memória, claro, foi o alvo do Projeto Bluebird: entrar naquele mundo, na mente de outra pessoa, invadir gavetas, mudar a posição dos móveis e sair sem ser percebido. Após o início da Guerra da Coréia, ocasião em que prisioneiros de guerra americanos começaram a fazer declarações pró-comunistas bizarras seguidas à misteriosa estada na Manchúria, o mundo foi apresentado ao conceito de "lavagem cerebral", e o Bluebird assumiu enorme importância.

---

[17] Manly P. Hall, *Lectures on Ancient Philosophy*.

Se era possível aos comunistas alterar a consciência dos soldados americanos, a "guerra" acabara de assumir uma natureza de todo inédita: tornara-se uma guerra de cultura contra cultura, de ateísmo contra religião, de raça contra raça, das trevas contra a luz. Não se tratava mais de uma guerra a ser travada a bala. As operações que envolviam guerra psicológica recrudesciam ao mesmo tempo em que o Bluebird era colocado em plena atividade. Havia começado o que William Sargant chamaria, em 1957, de "A batalha pela mente".

Servindo-se de um conto infantil "inocente", os lavadores de cérebros e agentes secretos da contra-insurgência embarcaram na busca "sagrada" que os conduziria aos segredos mais recônditos da humanidade. Esperavam, ao mergulhar nos segredos macrocósmicos universais da mente humana, descobrir os segredos específicos e microcósmicos de seus inimigos.

Esses indivíduos fizeram uso de seus conhecimentos sobre métodos psiquiátricos para elaborar e executar um plano de ação baseado em tais crenças. Uma vez delimitado o mapa neurótico de cada indivíduo, o governo conseguia configurar um mecanismo de "filtragem" — formas distintas de lavagem cerebral —, que selecionava diversos tipos neuróticos e os inseria nas configurações que lhes eram apropriadas.

Eis o núcleo psicopático da visão de longo prazo desses indivíduos:

> converter o mundo do indivíduo automatizado em um ambiente controlado.[18]

De um lado, aplica-se a técnica ao mundo da inteligência. Do outro, os mestres da arte da lavagem cerebral lhe antevêem uma serventia muito mais repulsiva.

Um dos fundadores da Tavistock Clinic, centro mundial dedicado a atividades de lavagem cerebral em massa e de engenharia social, Dr. John Rawlings Rees, foi o expoente entre os bárbaros praticantes dessa nova psicologia industrial.

Rees descobriu que um reino irreal poderia ser criado: o grupo social. É possível induzir um indivíduo a transferir sua identidade

---

[18] "Rockefeller's Fascism with a Democratic Face", *The Campaigner*, vol. VIII, #1–2, novembro–dezembro de 1974, p. 56.

para o grupo, esfera em que se submeterá às formas mais intensas de sugestionamento. Contanto que o juízo interno sobre sua verdadeira identidade seja destruído, é possível manipulá-lo como a uma criança.

Eis o objetivo das redes sociais. Bem-vindo ao mundo macabro do Twitter.

Para completar, poucos fazem idéia de que o Twitter passou a ser armazenado na Biblioteca do Congresso dos Estados Unidos. Repito: cada *tuíte* é transferido para a biblioteca do congresso norte-americano. Você chegou a achar que seus *tuítes* desapareciam? Não! Todos os *tuítes* que você um dia enviou são armazenados para sempre na Biblioteca do Congresso Norte-Americano.

Nada do que você lança na web, posta no Twitter, em blogs ou em mensagens de texto pode ser mudado... nem mesmo algo que você tenha removido de uma página quinze segundos após sua publicação. Absolutamente nada. Assim que é lançado na rede, o conteúdo é absorvido pelo sistema, que, por sua vez, transfere-o a um sistema próprio, indexa-o e o vincula ao nome de quem o publicou, estando pronto para a leitura ou uso de qualquer um. Essa é a mineração de dados, versão 2013: atua de pessoa em pessoa, de modo instantâneo e onipresente.

Além disso, cada mensagem no Twitter é constantemente monitorada por especialistas em marketing, detetives particulares, agências de inteligência, governos, especialistas em antiterrorismo, cientistas sociais, pelo Google, Microsoft, Amazon, etc., não importa se você se chama Santa Maria Goretti, Papa Francisco I ou Ivan Ivanovitch Ivanov.

Em junho de 2013 o Twitter contava com mais de 500 milhões de usuários ativos, que diariamente enviavam 500 milhões de mensagens sobre todos os assuntos imagináveis. O volume de informações disponibilizadas por cada *tuíte* que você envia é de deixar qualquer um zonzo, tornando também confusa a construção do seu perfil, a sua catalogação e a de cada pessoa com quem você mantém contato. O processo é ininterrupto. Ocorre a cada minuto, diariamente.

A maioria de nós acha que o Twitter suporta apenas 140 caracteres, quando, na verdade, cada *tuíte* é uma mina de informações. Ele fornece o seu endereço de IP, localização, quando você abriu sua conta no Twitter. Em outras palavras, há de 34 a 37 unidades de dados em cada mensagem do Twitter.

O canal *Russia Today* informou:

> Os pedidos por acesso a dados de usuários realizados pelo governo dos EUA no segundo semestre de 2012 equivalem a pouco mais de 80% de todas as consultas. Vinte por cento de todos os pedidos dos EUA foram "sigilosos", o que significa que os usuários não receberam notificação de que seus dados seriam acessados.[19]

Como se não bastasse, o Twitter interage com o Facebook, atuando como um grande invasor de privacidade que se funde com a vida privada para, juntos, partirem em uma megainvasão de sua privacidade. Todavia, não é incomum o fato de estarmos tuitando a cada minuto, atualizando nossa conta no Facebook e enviando constantemente mensagens de texto, hábitos considerados perfeitamente normais na sociedade atual.

As conversas no Twitter são uma mina de ouro de informações, sob a forma de declarações em tempo real de milhões de pessoas a cada instante. De que forma o humor do mundo muda ao longo do dia por conta de um evento específico ou de uma série de mudanças, orquestradas ou não? Com o Twitter e demais mídias sociais conseguimos compreender sistemas. Essas ferramentas nos possibilitam a captação de conversas em escala social, sua ampla visualização e análise em perspectiva a partir de um patamar muito mais elevado, algo até então impossível.

Pensamento de grupo

O marketing social costumava ser chamado de "pensamento de grupo", o que significa, resumidamente, que você gosta do que seus amigos gostam e vota no que seus amigos votam. Você é o que seus amigos são. É por isso que o Facebook vale muito dinheiro.

O Facebook conta com mais de um bilhão de usuários, um sétimo da população mundial. Com sua imagem e reputação probas, o Facebook nos transmite a idéia de que por trás de seu logotipo encontraremos

19 "Data Privacy Day 2013: Twitter reveals US government makes 80% of info requests", *RT News*, 29 de janeiro de 2013.

jovens idealistas e empreendedores quando, na verdade, aqueles que realmente detêm as rédeas do Facebook são a elite.

Em 2005, Mark Zuckerberg declarava:

> O Facebook desenvolve tecnologias que facilitam o compartilhamento de informações através do gráfico social. É a "troca de canal" das conexões sociais reais dos usuários no mundo digital.

Uau!

O gráfico social mencionado acima nada mais é além de puro controle do pensamento. É isso o que o Facebook é? Peter Thiel e Jim Breyer são membros do conselho de administração do Facebook. Em 2004, Thiel realizou um aporte de 500 mil dólares para que Zuckerberg lançasse o Facebook. Quem é Peter Thiel? Membro do Comitê Diretor do Grupo Bilderberg. Thiel fundou a Stanford Review em 1987 e foi co-fundador do PayPal em 1998.

Outro conselheiro do Facebook, Jim Breyer, também é membro do conselho do Anglo-American Accel Partners, um fundo de capital de risco. Em 2005 o Accel investiu 12,7 milhões de dólares para que Zuckerberg desenvolvesse um site onde:

> as pessoas encontrassem outras com gostos parecidos, além de informações pertinentes a suas vidas: seus interesses, informações sobre sua formação, familiares, fotos, curtidas e amigos.

Por que uma financeira extremamente especulativa estaria interessada em controlar um site de rede social?

Outro personagem muito envolvido com o Facebook é Bill Gates. Em setembro de 2006, um mês após firmar a parceria estratégica, o Facebook lançou o Minifeed e o Newsfeed, dois aplicativos voltados ao monitoramento e comunicação da atividade em tempo real de cada usuário da rede, mesmo quando o usuário não estivesse conectado.

Em novembro de 2007, Gates investiu 240 milhões de dólares para conceder a doze supercorporações acesso a toda a rede de monitoramento. Entre as doze estão a Coca-Cola e a rede de locadoras de filmes Blockbuster.

Como esse sistema funciona? Por exemplo: quando João aluga um filme em uma locadora Blockbuster, todas as informações são imediatamente enviadas ao Facebook e, em seguida, tornam-se parte do Newsfeed. Quando algum indivíduo do círculo de amigos de João vai para sua página no Facebook, imediatamente todos os seus movimentos são observados, além dos de João e de qualquer outro membro de sua rede.

O pior é que essas informações são parte do retrato falado de João, que as supercorporações, em seguida, armazenam em um repositório virtual ilimitado, para uso posterior. O objetivo não é apenas conhecer o perfil do usuário, mas também conhecer seu modo de pensar e agir. Isso acontece o tempo todo, enquanto falamos com cada um dos bilhões de usuários do Facebook.

O Facebook, no entanto, não está sozinho. A Amazon nos sugere livros com base em nosso perfil, filmes que queremos ver, produtos que gostaríamos de comprar para nossos entes queridos. O mesmo acontece com o Facebook, o MySpace e um sem-número de outros sites.

Em palestra na Universidade de Stanford, em 2004, Thiel discorreu sobre acelerar mudanças e cooptar pessoas para o mundo virtual o mais rápido possível. Nas palavras inesquecíveis de Thiel:

> controlar informações é o mesmo que controlar a mente humana.

Podemos não perceber o que acontece, mas a elite certamente percebe.

Lembre-se de que tudo o que acontece, tudo o que você faz, não importa o que, é fotografado, filmado, postado, debatido, enviado pelo Twitter e submetido ao escrutínio das redes sociais.

E o MySpace? Ele absorve um volume abissal de informações: nome, data de nascimento, cidade, escolas, locais de trabalho, música — que, a propósito, diz muito sobre você; quais livros você lê — o que também diz muito sobre você; seus amigos — o que revela às pessoas quase tudo o que elas precisam saber a seu respeito; onde você mora, seus hobbies, seus filhos, seus pais, seus irmãos e irmãs, laços familiares e fotos... fotos e mais fotos, estas consideradas pelos investigadores a pedra fundamental. Outra pedra fundamental: a sua localização permanente.

A pergunta de um milhão de dólares no que diz respeito às redes sociais é: "Quem são seus amigos?" Se — volto a afirmar — souberem quem são seus amigos, eles saberão tudo a seu respeito. Eis a quintessência do Facebook.

Mais de um bilhão de pessoas usam o Facebook, o que corresponde a 20% de todos os usuários da Internet no mundo. Cerca de 43% dos americanos usam o Facebook — uma penetração esmagadora! O que o Facebook está fazendo? Segundo a revista *Wired:* "a colonização da web".

Qual é a diferença fundamental entre o Facebook e o Google? O Google indexa toda a Internet, enquanto os usuários do Facebook indexam o Facebook. Ambas as corporações miram em cada um de nós, individualmente, com a precisão de um raio laser. Querem saber o que você lê, o que você faz, onde você faz, quem são seus amigos, sua idade, seu gênero, sua religião, sua orientação — tudo. Você está sendo indexado, catalogado.

O Facebook Connect e o Open Stream são ótimos modelos de negócio que permitem a essas megacorporações descobrirem tudo sobre você.

Quantos já se deram o trabalho de ler o contrato de licenciamento do Facebook? Zero por cento. Leia-o. Você ficará horrorizado ao saber o que assinou. O Facebook simplesmente engole tudo o que de alguma forma revela informações sobre você. O Facebook comprou o FriendFeed. Eles interagem com o Twitter e, atualmente, o Facebook anda comprando sites de viagens, porque, assim que descobrirem os seus destinos, vão querer estar em condições de oferecer recursos turísticos.

Desnecessário dizer que todos os principais executivos do Facebook participaram de pelo menos um dos encontros do Grupo Bilderberg. Pode-se dizer o mesmo dos principais executivos da Microsoft, da Apple e do Google.

Em 2012, o grupo debateu o tema "Como os Estados soberanos colaboram no espaço cibernético". Em 2011, uma das principais pautas da agenda abordava a "Conectividade e a difusão do poder". O debate centrou-se exclusivamente na necessidade de controlar a Internet, vista como um dos principais mecanismos de controle geral da sociedade.

Em 2010, os membros dedicaram-se com entusiasmo ao tema "Redes sociais: da campanha de Obama à Revolução Iraniana". As formas de uso das mídias sociais como agentes de mudança de regimes em todo o mundo foram o cerne do debate.

Na conferência de 2009 do Grupo Bilderberg, sediada na Grécia, e na conferência de 2008, em Chantilly, Virgínia, os participantes debruçaram-se sobre o "Terrorismo cibernético: estratégia e política". A política lidava com o mapeamento de dados de todos, fazendo uso da World Wide Web.

E temos, ainda, a Microsoft. Quantos de nós sabemos o que é "Cassandra"? Cassandra é um programa que absorve cada gota de informação a seu respeito no Facebook. Já que precisavam nos analisar e dissecar, os desenvolvedores da Microsoft criaram seu próprio programa para invadir nossa privacidade.

Dê uma olhada no "Open Graph", que conecta sua conta do Facebook e suas atividades dentro do Facebook com coisas fora do Facebook. A Amazon contém seu histórico de buscas e o histórico de todas as suas compras, o que faz dos seus interesses, sua saúde e suas opiniões políticas um livro aberto. Nunca se esqueça de que toda atividade on-line cai em um banco de dados — e jamais desaparece.

eBay, PayPal e Skype — quantos de nós sabemos que se tratam de uma única empresa? eBay: uma empresa que sabe tudo a nosso respeito e, o mais importante: sabe seus dados financeiros; tem sua conta bancária, seu cartão de crédito e seu endereço de entrega em domicílio. Estamos falando, ainda, da mineração de dados, versão 2013 — mais poderosa, mais precisa e muito mais rápida do que jamais fora.

O assustador mundo do Google

Para início de conversa: o Google não é uma empresa bonitinha, benevolente e com um nome engraçado, mas uma corporação feroz, agressiva e predatória. A palavra "googol" foi inventada em 1938 por Milton Sirotta, à época com nove anos, sobrinho de Edward Kasner, famoso matemático americano. O googol é um número infinito, o numeral 1 seguido de 100 zeros. Se o infinito não tem limites, tampouco os tem o Google, ou você acha mesmo que os donos da empresa simplesmente sacaram o nome de uma cartola qualquer? Não se esqueça de como soletramos aquela palavrinha que traduz coisas "ilimitadas": c-o-n-t-r-o-l-e.

A corporação existe e visa ao lucro. O Google também é parte integrante do aparato de segurança dos Estados Unidos. A empresa coleta e integra tudo sobre nós que já existe no ecossistema Google: nossas mensagens, calendários de atividades, dados de localização, preferências de pesquisa, contatos e hábitos pessoais com base em conversas pelo Gmail e consultas de pesquisa. As informações são processadas, analisadas e armazenadas para uso posterior. Googol = infinito = controle.

Em janeiro de 2012, o Google anunciou seus planos de integrar as informações dos usuários contidas no Gmail, YouTube, Google Search e em outros 57 serviços como o Google Chat, GTalk, Google News, Google Maps, Google Music, Google Finance, Google Checkout (concorrente do PayPal), Google Video, entre outros. Isso foi há um ano.

Outro dos brinquedinhos mais recentes do Google é o Google Goggles, um aplicativo de realidade aumentada. O produto permite ao usuário fotografar uma foto e informa tudo o que ele precisa saber sobre ela. Todos vão querer saber o que seu celular vê. Por isso, vão encorajá-lo a usar o aparelho para leitura de códigos de barras, verificação de pessoas, lugares e para a identificação unilateral de diferentes imagens (coisas e atividades) — uma realidade aumentada e com adição de notas.

Como conseguem tudo isso? Porque possuem o Picasa, um visualizador de imagens que organiza e edita fotos digitais. Junte tudo isso à tecnologia de reconhecimento facial e o Google, empresa influenciada pelo Grupo Bilderberg, detém a tecnologia para reconhecer, identificar, processar e catalogar instantaneamente todos os que estão nessas fotos!

Quantos — repito — leram os termos de serviço do Google Mobile? Ninguém! Você, o consumidor, dá a essas empresas o direito de manter um registro permanente, armazenar, arquivar e revender sua localização. E como o GPS e o Skyhook encontram-se agora instalados na maioria dos celulares, elas sempre sabem sua localização — à distância de 3 metros!

Outro produto revolucionário é o Google TV. Quantos de nós sabemos que atualmente o Google trabalha em parceria com a Logitech, a Sony e a Dish Network na criação de uma série inédita de aplicativos?

Por que isso é importante? Porque essas corporações são coligadas ao Grupo Bilderberg. O Google saberá quando você dorme, quando acorda, quando assiste a pornografia ou o que vê enquanto está em frente à TV.

O que você assiste diz muito sobre você. Quanto tempo passa assistindo à TV diz muito sobre você. O horário em que chega em casa diz muito sobre você.

Em março de 2012, o Google protocolou pedido de autorização para:

> fazer propaganda com base em condições ambientais, fazendo uso da temperatura, umidade, luz e composição do ar.

Melhor dizendo: o Google está planejando usar o ruído de fundo do ambiente em que você vive para criar um perfil psicológico de toda a sua vida, abrindo uma caixa de Pandora repleta de oportunidades de vigiar você.

No final de dezembro de 2012, eis o novo serviço do Google:

> Informações de consumidores desconectados mescladas com inteligência on-line, permitindo aos anunciantes a segmentação de usuários com base no que fazem no teclado e no shopping. Sem muito alarde, o Google anunciou um novo projeto publicitário, a API de Conversões, por meio da qual as empresas poderão criar amplos perfis de usuários baseados não apenas nas buscas que realizam na web, mas no que compram fora de casa.[20]

Por que precisam saber tanto sobre você? Controle e poder. Quanto mais controlam a população, mais poderosos são. O Google não é mais uma empresa nem mesmo uma megacorporação. O Google tornou-se, para todos os efeitos, um olho que tudo vê; o que os teóricos da conspiração gostam de chamar de "Nova Ordem Mundial". Não é bem assim, mas... é quase isso.

O Google, no entanto, não é o único. A Verizon depositou recentemente um pedido de patente para:

> a tecnologia de reconhecimento de gestos.

---

20 Jason Lee, "Google starts watching what you do on the Internet too", Reuters, 20 de dezembro de 2012.

Isso significa que você seria espionado por seu aparelho de TV 24 horas por dia.

> A tecnologia da Verizon funcionaria nos mesmos moldes com que o Google segmenta os usuários do Gmail, baseando-se no conteúdo de seus e-mails: apenas transpondo esse princípio para o interior dos lares, por meio de varredura das conversas dos espectadores que estejam dentro de uma "zona de detecção" próxima ao aparelho de TV, inclusive as conversas telefônicas.[21]

O ex-diretor da CIA David Petraeus teceu elogios a esse avanço, chamando-o de *transformacional*, "pois abriria um mundo de novas oportunidades para a 'espionagem clandestina' ou, dito de outra forma, tornaria mais fácil para as agências de inteligência e para os governos espionar você".[22]

> Era uma vez, espiões que deviam instalar um aparelho de escuta em seu lustre para ouvir suas conversas. Com o advento da "casa inteligente", você estaria enviando dados monitorados e geolocalizados, que qualquer agência de espionagem poderia interceptar em tempo real, sempre que você usasse o aplicativo de iluminação do celular para ajustar a atmosfera da sua sala de estar,

informa a revista *Wired*.

> Elementos de interesse serão localizados, identificados, monitorados e controlados remotamente, por meio de tecnologias, como a identificação por radiofreqüência, redes de sensores, minúsculos servidores embutidos e dispositivos coletores de energia — todos conectados à Internet de próxima geração e explorando um sem-número de recursos de baixo custo aliados à computação de alta potência. Esta última salta para a computação em nuvem — em muitas áreas, uma supercomputação cada vez mais poderosa — para, finalmente, alcançar a computação quântica

anunciou Petraeus aos participantes de uma reunião dedicada à In-Q-Tel, braço da CIA, sob a forma de entidade de capital de risco sem fins lucrativos.

---

21 "Verizon Files Patent for Creepy Device To Watch You While You Watch TV", Ryan Gallagher, Slate magazine, 5 de maio de 2012.

22 Paul Joseph Watson, "You Read It Here First: Google's 'Ambient Background' Spy Tech, 'Internet of things' also a surveillance tool for authorities", PrisonPlanet.com, 23 de março de 2012.

Relacionamentos obscuros

Em 2006 veio a público que a AT&T concedera à NSA, Agência de Segurança dos Estados Unidos, total acesso aos dados sobre o tráfego de seus clientes na Internet. Em um *backdoor* da NSA, foi instalado o NARUS STA6400, aparato de mineração de dados desenvolvido pela Narus, subsidiária integral da The Boeing Company, cujos sócios contaram com o financiamento da In-Q-Tel.

No entanto, por mais alarmante que seja esse monitoramento do qual nada escapa, e por mais perturbador o interesse do Google em tecnologias de mineração de dados, o braço de capital de risco da CIA está interessado em algo mais além de apenas monitorar o tráfego na web e as fotos que você tirou durante as férias.

A In-Q-Tel foi constituída pela CIA em 1999 e tinha como missão:

> fornecer tecnologia à comunidade de inteligência dos Estados Unidos. A In-Q-Tel promove-se diante do público como a forma inovadora de alavancar o poder da iniciativa privada, através da identificação das tecnologias emergentes essenciais e do financiamento de empresas que aportem essas tecnologias para o mercado. No entanto, o fato é que a In-Q-Tel representa uma perigosa indefinição dos limites entre as iniciativas pública e privada, de forma que torna difícil dizer onde a comunidade de inteligência norte-americana termina e a indústria de TI começa.[23]

Quem, então, está por trás da empresa de fachada da CIA? O fundador e CEO da In-Q-Tel é Gilman Louie, membro da Markle Foundation Task Force on National Security in the Information Age, outra empresa de fachada da CIA. Segundo a Markle Foundation, sua missão estratégica é:

> desenvolver tecnologia revolucionária para o maior repositório do mundo a fim de criar um banco de dados centralizado virtual.

Parceiro de negócios de longa data de Louie, Jim Breyer divide o Conselho da Accel-KKR com os fundadores da KKR (Kohlberg, Kravis,

[23] Sibel Edmonds, "Google, Facebook, the IT Sector and the CIA", boilingfrogspost.com, 5 de outubro de 2011.

and Roberts), um fundo de capital de risco que, na década de 1980, rendera-lhes fama por realizar aquisições alavancadas responsáveis por assolar a economia. A KKR é uma das mais importantes corporações do Grupo Bilderberg, de cujas reuniões seu sócio principal, Henry Kravis, participa anualmente.

> Breyer e Louie também trabalham em conjunto com Anita Jones, diretora da DARPA (Agência Americana de Projetos de Pesquisa Avançada em Defesa), que foi membro do conselho da In-Q-Tel com Louie. A DARPA não está apenas capitaneando os esforços em prol da criação de ciborgues humanos para as guerras perpétuas de Dick Cheney, mas também foi, em 2002, a criadora do Information Awareness Office (IAO). Segundo a própria ficha técnica da DARPA, usando, naturalmente, o 11 de setembro como pretexto: "a mais grave ameaça assimétrica já enfrentada pelos EUA é o terrorismo. Essa ameaça caracteriza-se por grupos, cuja organização imprecisa em redes sombrias os torna difíceis de identificar e definir. Essas redes devem ser detectadas, identificadas e rastreadas".[24]

Todos esses desafios encontram-se explícitos no relatório Strategic Trends para o período 2007–2036:

> A crescente penetração da Tecnologia de Informação e Comunicação (TIC) exigirá o uso orquestrado e abrangente de todos os instrumentos e agências do poder estatal aliado à cooperação de todas as autoridades competentes e organizações envolvidas no apaziguamento de crises ou na resolução de conflitos.[25]

O que vem a ser esse "uso orquestrado e abrangente de todos os instrumentos e agências do poder estatal"? A versão atualizada, limpa, renovada e remodelada do programa Total Information Awareness [algo como Conhecimento de Toda Informação] do Pentágono, disfarçada de aplicativos de fácil utilização pelo usuário.

Por exemplo:

> Resultante de informações extraídas do monitoramento de banda larga, o rastreamento em tempo real de telefones celulares é praticamente

---

[24] Nich Walsh, "Facebook: A Tombstone with a picture attached", em *EIR*, 7 dezembro de 2007.

[25] DCDC Strategic Trends Report, p. 63.

uma prática padrão. É possível registrar, na íntegra, cada chamada e analisá-la em tempo real. Ao captar cada número, o sistema preenche as informações pessoais, oferecendo uma visão semelhante à dos movimentos de celulares pelo Google Earth, a maioria permitindo o acionamento remoto para espionagem. Mais uma vez, essa rede admite referência cruzada com outras redes de informação.

As rádios conseguem revelar qual freqüência está sendo captada. Assim, ao traçar as tabelas de freqüência de uma emissora de números, por exemplo, uma rede de satélites poderá localizar um ouvinte a poucos metros. Da mesma forma, se você ouvir uma estação de rádio que seja simpatizante de um grupo específico, sua localização poderá ser sinalizada e cruzada com informações sobre os atuais ocupantes das faixas de radiofreqüência.

Os seres humanos emitem ondas de rádio na freqüência ELF. Os serviços de segurança não precisam instalar um aparelho de escuta em nós para nos perseguir, saber o que falamos, o que vemos ou até mesmo o que pensamos. O vazamento de todas essas informações por nossos próprios corpos ocorre todos os dias, de forma ininterrupta, no ambiente em que vivemos. Tudo o que é preciso é o equipamento adequado para converter esses sinais em informação, um procedimento não mais complexo do que ouvir uma central telefônica emitir ondas de rádio e retransmitir os dados em forma de voz ou dados.[26]

Aparelhos móveis com sistema operacional Android fazem capturas de tela. Refiro-me ao próprio sistema Android capturando as imagens da tela sem sua permissão, não à captura em que você opera o aparelho para registrar telas de suas fotos pessoais. As capturas de tela habituais de tudo o que você faz usando o seu celular são armazenadas na memória. Repito: eles não pedem a sua permissão; simplesmente fazem. Ficou chateado com essa invasão de privacidade? Não deveria. Você concedeu-lhes o direito de espionar você. Não acredita em mim? Leia os termos de serviço. Eles têm o direito de espionar você e não há nada que você possa fazer para detê-los, pois você não quer viver sem o seu smartphone, mesmo que ele viole todos os seus direitos *inalienáveis*.

iPhone — A Apple é uma corporação fundamental para o Grupo Bilderberg. Lembre-se de que todas essas entidades não são admi-

26 "The NSA — Behind the Curtain", *Deep Thought*, 15 de janeiro de 2012.

nistradas de forma independente, especialmente após a morte de Steve Jobs. As empresas coligadas ao Grupo Bilderberg fazem parte de mecanismos que se regeneram; um sistema dinâmico e mutável, que absorve e cria novos órgãos enquanto excreta o que sobrou dos órgãos em decomposição. Membros vêm e vão, mas o sistema em si permanece. É um sistema que se autoperpetua, uma teia de aranha virtual de interesses financeiros, políticos, econômicos e industriais entrelaçados, baseados no velho modelo *Fondi* ultramontano veneziano centralizado. *Fondi*, em italiano, significa também "lago". Estamos falando de um sistema em que o financiamento compartilhado conduz a objetivos compartilhados.

A Veneza da atualidade é a pátria supranacional de uma gangue da nova era das trevas, o símbolo unificador dos utópicos mais radicais e do fanatismo ideológico mais extremo, irradiando de inúmeras fundações, *think tanks*, organizações privadas e semiprivadas que atuam como agentes de um projeto de despovoamento e desindustrialização. Os nomes mudam, mas o modelo de negócios e os objetivos permanecem.

Embora tudo nos leve a crer que concorram pelas mesmas almas que seus clientes, a Apple e o Google são, decerto, pedaços de um espectro que se sucedem, em estreita colaboração com a elite. Através de interligações entre suas diretorias e de investimentos em projetos comuns, essas corporações trabalham em conjunto com poderosos do mundo inteiro e com *think tanks* norte-americanos, a saber: RAND Corporation, Instituição Hoover, Instituto Hudson, Instituto Brookings, Instituto Empresarial Americano, Fundação Ford, Instituto Carnegie Endowment, Fundação Rockefeller, Instituto Aspen, Clube de Roma, Sociedade Pilgrim, Conselho Atlântico, Instituto de Recursos Mundiais, Conselho das Américas, Fundação Gorbachev, a National Endowment for Democracy e, literalmente, milhares de outros em todo o planeta.

A Apple extrai, com a maioria das empresas, todas as informações disponíveis. Você é o foco. Seus hábitos são o foco. Você é a cobaia. Eles sabem tudo a seu respeito. Tudo.

Embora pareça que sabemos mais sobre o Google, o Yahoo! tem quase o mesmo número de contas de e-mail que o Gmail. A empresa tem o Yahoo Groups, My Yahoo, Web Hosting, E-Commerce e está bem posicionada na Europa e na Ásia. Somos logo advertidos sobre a perda de nosso anonimato quando nos cadastramos no Yahoo! e usamos seus serviços. Pense no que isso significa.

Seu navegador com os *plug-ins*, suas atividades, *cookies*, o rastro que você deixa enquanto navega são, sem nenhuma dúvida, exclusivos. Seu navegador atua como um identificador digital de sua pessoa. E tem mais: Muitas coisas que identificam você ficam armazenadas no servidor, e não em seu computador. Coloque tudo em perspectiva, especialmente agora que o Google (Google Fiber) tornou-se um verdadeiro provedor de Internet.

Não nos deixemos confundir! a verdade é que todas as comunicações que acontecem no planeta neste exato momento podem ser monitoradas quase em tempo real.

Por que fazem tudo isso — controlar, emburrecer, fazer lavagem cerebral, influenciar, prever seu comportamento futuro, transformá-lo em um adulto sentimentalóide com tendências infantis? *Para evitar que você, ao pensar por si, acabe se colocando no caminho de pessoas importantes*. Pense nisso, se ainda souber como!

Isso é sério.

Mais de 85% dos indivíduos obtêm todas as informações da televisão e das redes de mídia social. A única "verdade" que a maioria conhece é a que conta a televisão ou a que é disseminada em redes de mídia social. Há atualmente toda uma geração que não conhece nada, salvo o que sai dos aparelhos de TV.

Esse meio de comunicação tornou-se o Evangelho, o Apocalipse; tem o poder de eleger ou derrubar presidentes e primeiros-ministros. A TV é a força mais funesta que existe neste maldito mundo. O que aconteceria, no entanto, se ela caísse nas mãos das pessoas erradas? E quando a maior empresa do mundo controla o mais impressionante agente de propaganda em todo o universo, quem sabe que porcaria será divulgada como se fosse verdade?

Vamos colocar desta forma: "o advento e a disseminação em massa da tecnologia televisiva tornaram obsoleto o modelo nazista da sociedade fascista. A TV permitiu meios de controle social melhores, imperceptíveis e mais poderosos que o terror organizado do estado nazista",[27] além de ajudar no sutil avanço da causa em prol do governo mundial, sem sequer explicitar que esse governo mundial — ou a One World Company — é o objetivo.

Os lavadores de cérebros o denominam "agressividade humana institucional", o que, segundo indivíduos como Freud, comprova que as pessoas — nós — são animais com tendências para a destruição. De acordo com Freud, esses agressivos impulsos voltados à destruição fazem "parte da natureza animal do homem". O objetivo da sociedade, segundo Freud, é:

> regular e controlar, mediante diversas formas de coerção, as explosões dessa bestialidade inata contra a qual a mente humana é impotente.

O principal argumento de Freud consistia em que:

> é possível organizar as massas mediante o apelo às emoções, sendo o de maior força o apelo ao inconsciente, que tem o poder de dominar e apartar a razão.

Portanto, a chave para a lavagem cerebral em massa é criar um ambiente organizado e controlado, no qual:

> se possam aplicar o estresse e a tensão para a eliminação do juízo que se inspira na moralidade, tornando um indivíduo, dessa forma, mais sugestionável.[28]

E isso antecedera o advento das mídias sociais, que tornariam obsoletos todos os sistemas mencionados aqui. Lembre-se: gigantes multinacionais de mídia controlam não apenas as redes de televisão e seus jornais e estações de rádio locais, mas também todas as principais redes de mídia social do planeta.

Monopólio mundial dos meios de comunicação

O conglomerado AOL-Time Warner controla 292 empresas e subsidiárias distintas.

---

[27] Lonnie Wolfe, "Turn off your TV", *New Federalist*, p. 5, 1997.

[28] Ibid, p. 9, 1997.

> Dessas, 22 formam *joint ventures* com outras grandes corporações envolvidas com operações de mídia em patamares diversos. Entre os sócios figuram a 3Com, o eBay, a Hewlett-Packard, o Citigroup, a Ticketmaster, a American Express, a Homestore, a Sony, a Viva, a Bertelsmann, a Polygram e a Amazon.com. Algumas das mais conhecidas empresas, das quais a Time Warner é proprietária integral, compreendem o Book-of-the-Month Club, a editora Little Brown, as revistas *Time*, *Life* e *People*, além da DC Comics; a HBO, com seus sete canais; a CNN, com sete canais especializados e de língua estrangeira; a Road Runner; a Warner Brothers Studios, assim como a New Line e a Fine Line Features, dedicadas ao entretenimento cinematográfico; mais de quarenta selos musicais, incluindo a Warner Bros, a Atlantic e a Elektra; Weight Watchers; Popular Science, além de 52 gravadoras diferentes.[29]

A Viacom é controlada por Sumner Redstone, participante permanente dos encontros Bilderberg. Esse conglomerado controla a CBS, a MTV, a MTV2, a UPN, a VH1, a Showtime, a Nickelodeon, a Comedy Central, a TNT, a CMT, a BET, a Paramount Pictures, a Nickelodeon Movies, a MTV Films e a Blockbuster Videos, além de 1.800 salas de projeção da cadeia Famous Players.

> A Disney possui oito estúdios de produção cinematográfica e distribuidoras: Walt Disney Pictures, Touchstone Pictures, Miramax, Buena Vista Home Video, Buena Vista Home Entertainment, Buena Vista International, Hollywood Pictures e Caravan Pictures. A Walt Disney Company controla os selos de oito editoras através da Walt Disney Company Book Publishing e da ABC Publishing Group; dezesste revistas; a ABC Television Network, com dez emissoras próprias e afiliadas, que participam dos cinco principais mercados; trinta emissoras de rádio, com presença em todos os principais mercados; onze canais de TV a cabo, entre os quais Disney, ESPN (controle comum), A&E e History Channel; treze canais de transmissão internacional, que abarcam da Austrália ao Brasil; sete unidades de produção e esportivas ao redor do mundo e dezessete sites na Internet, inclusive o grupo ABC, ESPN.sportszone, NFL.com, NBAZ.com e NASCAR.com.

29 Ben Bagdikan, *The New Media Monopoly*.

> A Vivendi Universal detém 27% do volume de negócios da indústria fonográfica norte-americana; entre os selos figuram Interscope, Geffen, A&M, Island, Def Jam, MCA, Mercury, Motown e Universal; Universal Studios, Studio Canal, Polygram Films, Canal +, inúmeras provedoras de Internet e operadoras de telefonia celular, sem mencionarmos os contratos com artistas como Lady Gaga, Black Eyed Peas, Lil Wayne, Rihanna, Mariah Carey e Jay-Z.
>
> A Sony é proprietária da Columbia Pictures, Screen Gems e Sony Pictures Classics; detém 15% do volume de vendas do mercado fonográfico norte-americano, com selos como Columbia, Epic, Sony, Arista, Jive e RCA Records, e mantém contratos com artistas, como Beyoncé, Shakira, Michael Jackson, Alicia Keys e Christina Aguilera.

Com seus pontos de vista e idéias aparentemente diferentes, essas celebridades internacionais influenciam diretamente o grande público. O arranjo ainda possibilita que uma única mensagem — sempre apresentada sob diferentes pontos de vista — sature com facilidade todos os meios de comunicação com o intuito de gerar consentimento (como por exemplo, "os árabes são terroristas").

A Thomson Corporation, com sede em Toronto, Canadá, é proprietária de 105 jornais diários e 26 semanais nos Estados Unidos, a maioria presente em mercados menores, não dominados pela grande imprensa.

O Pearson Group, um império de 3 bilhões de dólares, administrado de Londres, é um dos grupos midiáticos mais influentes não somente do Império Britânico, mas do mundo. Proprietário de diversos jornais, tem como carro-chefe o *Financial Times*, o mais importante periódico londrino, além de ser detentor de metade da participação da revista *The Economist*.

A Fox News, integrante do conglomerado News Corporation, com seu discurso conservador diário destinado a "televiciados", pertence a Rupert Murdoch, detentor de boa parte da mídia internacional e de seu principal veículo, o *Wall Street Journal*, além do estúdio cinematográfico 20th Century Fox. O império midiático de Murdoch tem sido o principal meio de propaganda da guerra infinita dos neoconservadores e asseclas nazistas.

A Reuters News Media opera a maior agência de notícias do mundo, com a mais ampla rede internacional privada de comunicações via satélite e a cabo do planeta. Suas agências transmitem notícias em dezenove idiomas e abastecem com seus *feeds* quase a totalidade dos principais veículos de imprensa internacionais. A Reuters fornece, ainda, pacotes de cobertura para centenas de milhares de meios de comunicação em todo o mundo, com recursos e materiais voltados a temas que são notícia. A Reuters Television, maior agência internacional de notícias televisivas do mundo, alcança 500 milhões de lares, com 650 emissoras em mais de oitenta países.

Nos Estados Unidos, o *The New York Times* e o *The Washington Post* são os veículos de comunicação mais importantes da poderosa elite ligada ao Grupo Bilderberg. Fundado por Eugene Meyer, o *The Washington Post*, a voz do governo de Washington, sempre foi símbolo de uma presidência fraca e, em última análise, de um *Federal Reserve* — uma corporação de bancos privados — forte.

O *The New York Times* conta com o sistema mais robusto de captação de notícias do mundo, sendo duas vezes maior que seu concorrente mais próximo; é também proprietário do *International Herald Tribune*, vendido em 164 países, com tiragem diária de vários milhões de exemplares. O *Times* sempre foi um canal de propaganda do Grupo Bilderberg e da Coroa Britânica, desde os primeiros encontros do grupo, em meados da década de 1950.

Historicamente, com autoconfiança de todo injustificada, o *The New York Times* arvorou-se juiz de "todas as notícias que merecem ser publicadas". O periódico, em nome de um relacionamento de longa data com os Rockefeller, serviu aos interesses da família. O atual presidente do *The New York Times*, Arthur Sulzberger Jr., membro do Conselho de Relações Internacionais de Nova York, é filho de Arthur Ochs Sulzberger e neto de Arthur Hays Sulzberger, que foi membro do conselho de administração da Fundação Rockefeller. Ethan Bronner, vice-editor de relações internacionais do *The New York Times*, assim como Thomas Friedman, colunista, entre muitos outros, são membros do Grupo Bilderberg e do Conselho de Relações Exteriores. Esses pesos-pesados da mídia não só analisam e interpretam a política internacional para os Estados Unidos; eles ajudam a fazê-la. Em vez de se posicionar com imparcialidade diante das atitudes dos políticos, os meios de comunicação *pró-establishment* atuam como voz da elite dominante, induzindo o público a aceitar, e até mesmo a adotar, os planos de sua agenda interna — os quais, do contrário, não teriam viabilidade política.

Outro colosso midiático é o *The Economist* londrino.

Porta-voz da cidade de Londres, o *The Economist* foi lançado no auge da Companhia Britânica das Índias Orientais, em 1843. Seu editor-chefe, John Micklethwait, participou de oito das dez últimas conferências do Grupo Bilderberg. Adrian Wooldridge, editor de gestão do jornal, é freqüentador assíduo das conferências anuais do Grupo Bilderberg. Nesse prestigiado periódico a serviço do *establishment*, no entanto, não encontramos sequer uma palavra a respeito do Grupo Bilderberg.

O *The Economist* é de propriedade conjunta das instituições bancárias da família Rothschild, da Grã-Bretanha, e do grupo Lazard Frères, ambos íntimos da família real britânica. O grupo Lazard é o mais valioso ativo franco-britânico da aliança anglo-holandesa, centrada na Royal Dutch Shell, por sua vez representada pelas famílias reais holandesa e britânica e na organização bancária dos Rothschild. Esse é o fenômeno hoje denominado Grupo Bilderberg.

Fundador do Banque Worms — uma criação do grupo Lazard —, Hyppolyte Worms foi um magnata da indústria de transportes marítimos, cujo negócio expandira-se a partir de seus contratos para transporte do petróleo da Royal Dutch Shell.[30] Ele foi também um dos doze membros fundadores do Movimento Sinárquico do Império, organização secreta por trás da entrega da França a Hitler e aos nazistas. Lazard Fréres era o banco de investimentos francês da Shell, função pela qual o grupo Lazard tornou-se útil na criação do braço bancário do grupo Worms: o Banque Worms et Cie.

Mesmo na era da Internet, das blogosferas e de outros artefatos da nova geração de disseminação em massa da informação, a mídia de massa ainda dá o tom a boa parte das notícias, definindo pautas e estabelecendo os limites da opinião "respeitável". O jornalismo em si

[30] Gabrielle Peut, "The Howard Family: Stooges for the Synarchy", *The New Citizen*, julho-agosto de 2006.

não existe mais; cedeu lugar a campanhas promocionais negociadas por empresas de relações públicas, que veiculam campanhas publicitárias disfarçadas de notícias.

A maior e mais antiga agência de notícias do planeta, a Associated Press (AP), produz para o mundo em um único dia cerca de 20 milhões de palavras e milhares de imagens. Oferece, ainda, conteúdos selecionáveis, uma série de serviços de texto, áudio e informações; além de manter, via satélite, uma agência nacional de notícias por radiodifusão dedicada ao atendimento de várias centenas de estações de rádio, o que faz dela uma das maiores redes de radiodifusão dos Estados Unidos. A rede nacional da AP conta com 143 agências e mais de 6 mil estações de rádio, além de outros milhares de meios de comunicação no exterior abastecidos por seu *feed* de notícias internacionais.

Temos, ainda, a Corporation for Public Broadcasting, a PBS, supostamente uma instituição pública. "Com acesso a 99% dos lares americanos com aparelhos de TV, a PBS atende a cerca de 90 milhões de pessoas por semana".[31]

Todos os grupos e empresas de mídia mencionados são membros do Grupo Bilderberg, uma informação da qual jamais tomaríamos conhecimento, pois nunca é revelada ao público. Os meios de comunicação de massa atuam como agentes de mudança, mas daquela que se dedica a tornar estéril a nossa compreensão do mundo que nos cerca.

O conceito fascista do homem

> O estado nazista surgiu dos mesmos interesses financeiros e políticos oligárquicos que hoje controlam o que chamamos de meios de comunicação de massa e televisão. A raiz desse experimento incubava o desejo de criar uma Nova Ordem Mundial baseada na inversão de uma premissa fundamental da civilização cristã ocidental: a de que o homem é uma espécie superior e distinta dos animais, criada à imagem do Deus vivo e que, pela graça divina, havia recebido a centelha da razão.[32]

---

31 www.pbs.org.

32 Lonnie Wolfe, "Turn off your TV", *New Federalist*, p. 5, 1997.

O que torna o homem humano é o poder da razão. A única coisa maior que a vida: o poder da mente humana. Essa é a medida da humanidade. O que nos distingue dos demais animais é a nossa capacidade de descobrir princípios físicos universais. Essa capacidade nos permite inovar, o que promove melhorias nas vidas dos indivíduos. A evolução da humanidade, o desenvolvimento do poder do indivíduo e da nação depende de avanços científicos, da busca e da descoberta da verdade enquanto nossa meta mais elevada, aperfeiçoando assim a nossa existência. A verdade assenta-se em uma ordem superior de processos. A verdadeira soberania não reside na opinião popular, mas nos poderes criativos da mente humana individual.

Trata-se de um problema moral e de destino: toda geração deve sobressair-se à geração anterior. E a esperança de que isso aconteça é o que deve passar pela mente de um idoso às portas da morte: "Minha vida significou algo por haver estabelecido a base para uma vida melhor do que a que conheci?".O embate fundamental de ideais encontra-se neste ponto: aqueles que têm uma visão renascentista do homem contra aqueles que se vêem, por direito de nascença, acima dos demais — que vêem a humanidade como animais, cujos impulsos mais torpes devem ser reprimidos pelo Estado. Essa é a visão do movimento iluminista e, em sua forma extrema, do Estado fascista, que, para cumprir um trabalho de lavagem cerebral em massa, *deve antes atacar* a visão renascentista do homem, pois ninguém que busque a verdade e seja especialmente dotado de forte bússola moral poderá sofrer lavagem cerebral.

CAPÍTULO IV

Exploração espacial

"Vivemos em um mundo infinito. Esta parece uma constatação sem nenhuma conseqüência prática. Imaginemos, então, o contrário: que ele tenha fim. De imediato, seremos forçados a admitir que os recursos disponíveis são igualmente finitos, assim como o território que temos de compartilhar".[1] O impacto no meio ambiente provocado pelo crescimento populacional e a conseqüente colonização de terras, o consumo de recursos e o descarte de toneladas de resíduos nos oceanos e na atmosfera está cada vez maior.

Agora, com base nessa existência finita, vamos projetar uma imagem do futuro, do próprio fim, daqui a uma ou duas gerações. Imaginemos os destroços antes de tentarmos fazer a reconstituição de tudo. Que diabos nos aconteceu?

Nossa civilização foi a mais notável da história; tão avançada e poderosa que ofuscou tudo o que a precedera. Porém, assim como outras sociedades extraordinárias, sucumbiu. Ter existido e depois morrer não é o mesmo que estar ausente, mas tornar-se ausente; ser alguém e depois partir, deixando vestígios. Como pôde a civilização que dominou o planeta de repente sucumbir?

Voltemos ao ano de 2015. A decadência, desprovida de freios, é inevitável. Empresas estão falindo, e as que permanecem de pé enfrentam

---

1 Rudolph Biérent, "Exploring Space: The Optimism of an Infinite Universe", em *EIR*, 23 de março de 2012.

desabastecimentos e atrasos. As pessoas, como se fossem vítimas de uma maldição, reagem com um sentimento de desamparo. Uma ansiedade asfixiante evidencia a patente impotência ante uma força demasiado imponente e aterradora para se combater ou mesmo compreender. Propagam a desesperança e o desânimo.

Grandes cidades restam abandonadas; incríveis obras de engenharia estão fadadas à ruína. Uma derrocada que causou o maior desastre da história humana: nossa própria extinção.

Ao tentarmos montar todas as peças desse quebra-cabeça para entendermos a natureza da força desencadeadora dos eventos: o colapso civilizacional, que parece haver sido provocado com a precisão de um bisturi — a massacrante destruição da demanda, projetada para reduzir a população mundial e preservar para a elite os cada vez mais escassos recursos naturais —, revela-se como a única peça que lança luz sobre todo o resto e dá sentido à dinâmica oculta.

Sabemos como é um colapso: ruas de paralelepípedos de Budapeste — uma zona de guerra. Câmeras registram manifestantes armados com blocos de gelo, que destroem o Ministério das Finanças da Hungria. Milhares de pessoas tentam invadir a assembléia legislativa.

A cena é real. Em 2015, o colapso econômico atinge em cheio todos os países industrializados. Em todo o mundo, os mercados financeiros emergentes estão implodindo à velocidade da luz. O desastre tomou impulso na Europa em decorrência do gás natural russo, em falta há três semanas.

Combinado ao sofrimento de ter de suportar temperaturas próximas de zero grau sem calefação, o colapso econômico suscitou tumultos da Letônia, ao norte, à Sofia, ao sul. Em todo o mundo, da China à Europa, passando pela Índia, as nações industrializadas se inquietam, preparando-se para uma sublevação civil. Não é ficção; não é *A revolta de Atlas*. Tem a ver com o presente e afeta toda a humanidade.

Outra imagem: pessoas comuns, enfurecidas pela austeridade nos cortes de gastos e pela deflação salarial draconiana, que reduzem seu dinheiro suado a nada por força da desvalorização monetária determinada pelo governo, lutam pela própria sobrevivência. Antes em segundo plano, a prioridade da sublevação civil torna-se máxima. Líderes políticos e grupos de oposição de países distantes, como a Coréia do Sul e a Turquia, Filipinas, Hungria, Alemanha, Áustria, França, México e Canadá, estão exigindo a dissolução dos congressos nacionais.

É loucura, mas é real. Basta olharmos em volta e está tudo aí. Diariamente, assistimos a essas ocorrências na TV, lemos nos jornais e as vemos com os próprios olhos.

A União Monetária Européia deixou metade da Europa atolada em uma depressão. Os mercados de títulos de dívida na região do Mediterrâneo estão em baixa permanente. A S&P rebaixou a dívida grega para obrigações especulativas que apresentam elevada probabilidade de não-cumprimento (as *junk bonds*) e o tecido social do país já está se desfazendo ante a dor ainda incipiente.

Os governos espanhol, português, italiano e irlandês recusam-se a pagar suas dívidas de curto prazo, colocando em risco a solvência do sistema financeiro mundial. Os bancos do Chipre estão em regime de resgate, enquanto cipriotas são proibidos de sacar suas economias, num esforço desesperado da União Européia em protelar a ruína.

Um grande cinturão de estados-membros da UE, que se estende da Europa Oriental, pelo *Mare Nostrum*, até a margem das nações celtas, ou já vivencia uma depressão aos moldes de 1930 ou não tardará a vivenciá-la. Colocados em uma cilada, cada estado-membro é vítima de políticas econômicas imprudentes que lhes foram impostas pelas elites — que já fazem parte da União Monetária Européia ou que estão prestes a aderir — comprometidas com o projeto monetário europeu.

A economia, no entanto, é somente um dos aspectos da situação, ao qual somam-se a geografia e a política. Uma nova ordem está sendo gestada, na qual a geografia e o dinheiro provam ser os maiores trunfos: a geografia torna-se o fator determinante para as decisões econômicas.

A geografia está nos apresentando nossa primeira grande falha tectônica política. A nova fronteira da iminente efervescência parte do sul do Báltico à Turquia, passando pela Grécia, e estende-se pelo Oriente Médio.

Uma cobra que se alimenta do próprio rabo. É assim que o dinheiro funciona... por ora.

Nas atuais circunstâncias, há alguma chance de os governos unirem forças para salvar o mundo do esquecimento? Nem a mais remota! A extensão da crise, conforme se nos apresenta, simplesmente escapa à nossa compreensão. Nossa impotência coletiva em abordar todo um conjunto conceitual inédito de problemas que ameaçam uma nação corre o risco de ser vista pelo que é: a tentativa de consertar o que não tem conserto.

Quanto tempo nos resta? Três, seis meses, um ano, no máximo. E depois? Já estamos cercados pelo que quer que venha em nossa direção. Talvez não possamos nos dar o luxo de uma retirada organizada, pois o sistema, além de não funcionar, não admite conserto, ao mesmo tempo em que uma hecatombe econômica sem precedentes, controlada por uma elite, coloca abaixo cada muro existente entre a humanidade e o impensável.

O mal se aproxima a passos largos enquanto chegamos a um ponto sem volta. Se essa situação perdurar, não tardará até que saibamos se o mundo — os Estados Unidos, inclusive — sobreviverá ou sucumbirá. Ademais, a sociedade civilizada se revelará uma opção ou um sonho insustentável. Se não for opção, os bárbaros, com seu apetite avassalador, derrubarão nossas porteiras.

Primeira etapa: uma quebradeira sistêmica assolará a economia mundial, que sofrerá uma freada brusca. Esgotam-se a previdência social, o seguro social, os benefícios dos sistemas de saúde, os vales-refeição para os pobres e o dinheiro para o pagamento de milhões de servidores públicos.

Em poucos dias, o pânico levaria os preços a níveis estratosféricos. E, como a oferta não mais atende à demanda, o mercado ficará paralisado por conta da alta vertiginosa dos preços, para a qual o motor do comércio e o dia-a-dia da população não têm forças. Caminhões deixarão de abastecer os pontos de venda de alimentos.

Racionamentos e incertezas desencadeariam a interrupção de serviços básicos, a violência e o caos. A polícia e as forças armadas manterão a ordem por pouco tempo, se conseguirem.

Dias seguidos de racionamentos e interrupções de serviços básicos não tardariam a provocar danos permanentes, que teriam início com a inadimplência generalizada de empresas e consumidores e o não comparecimento dos trabalhadores em seus locais de trabalho. Esse seria o segundo estágio.

Os pobres serão os primeiros a padecer, e os maiores sofredores. *Serão, também, os primeiros a morrer.* A morte de centenas de milhões seria o estágio final. É muito difícil e doloroso aceitar a realidade, mas a Mãe Natureza não tira férias.

O problema é que a humanidade não tem um plano B, e já está demasiado tarde para apresentar um plano C ou D. *O progresso é tudo o que extrai luz da escuridão, civilização da desordem e prosperidade da pobreza. Todos esses princípios básicos estão sofrendo questionamentos e ameaças.*

Guerras, fome, doenças, secas, comoção civil, esgotamento dos recursos naturais. Quantas vezes já perseguimos o sonho do progresso somente para vê-lo corrompido no final? A tecnologia nos dá força; a força nos torna seres dominantes e a dominância abre caminho para o abuso.

Os avanços tecnológicos não são o fim do mundo, apenas sementes para a mudança, da qual a dor é companheira. É da nossa natureza querer superar limites. Sempre que encontramos um obstáculo, fazemos uso da criatividade e do engenho para superá-lo. Não seria válido o esforço para a realização de um sonho?

A sociedade precisa de leis e regulamentos que a protejam. Assim, se a elite precisa trabalhar nas sombras, manipulando cordéis que nos permitam seguir com segurança, seria tão ruim assim apoiá-la?

Estamos na hora zero, *enfrentando o nosso fim enquanto humanidade.* Como é a morte vista do outro lado? Pessoas morrem ao menos duas vezes. Uma, fisicamente; outra, conceitualmente, quando o coração pára e o esquecimento começa. Os afortunados, os notáveis, são aqueles cuja segunda morte é adiada com decência, talvez indefinidamente.

A morte revela que não houve vida, apenas um sonho de vida. Será que o *novo Homem*, aquele que surgir após o desaparecimento de nossa sociedade, se lembrará de nós como éramos ou nos imaginará como vítimas do acaso?

Tempo e espaço — a pilha de escombros que chamamos de História — também representam nossos êxitos. E nós os tivemos. Será que se perpetuarão ou desaparecerão com o tempo?

Uma delicada pérola da luz desvanecida do luar mergulha nas ondas furiosas de um oceano tempestuoso e sombrio; os borrifos brancos são capturados pela escuridão do firmamento, que soçobra na rocha esculpida pela força do vento da noite. Voltamos à hora zero do ano de 2015. O esgotamento dos recursos naturais e o aumento contínuo da população tornaram urgente a missão de descobrirmos fontes alternativas de energia.

A portas fechadas, nas sombras, a elite e suas concubinas estão tramando, conspirando e se debruçando sobre planos secretos em prol da própria sobrevivência aos dias que se aproximam. Os recursos naturais são a pedra angular de seus planos. O planeta Terra esgotou-se, foi saqueado e devorado pela ganância do homem. Mas e se a maior descoberta de recursos naturais não ocorresse na Terra? E, se não na Terra, onde mais?

Quase destruímos nosso planeta. O próximo desafio, antes que seja demasiado tarde, é a exploração espacial. Quem vai chegar primeiro: nós, o povo, ou eles, a elite mundial?

> O imperativo extraterrestre é o próximo passo de nossa evolução. Estamos diante de uma possível extinção, seja por uma guerra termonuclear ou por uma idade das trevas, provocada pela desintegração do sistema financeiro. A questão é: podemos mudar e optar pela colonização do espaço?[2]

Com a explosão da base populacional mundial, a maior esperança de sobrevivermos reside na existência de uma fonte alternativa de energia, possivelmente encontrada no espaço sideral. Sem isso, estamos condenados.

> Krafft Ehricke, responsável pelo desenvolvimento dos foguetes Centaur e Atlas no programa Apollo, já definia há décadas a industrialização da Lua e a colonização de Marte como meta, por incorporarem praticamente todas as inovações necessárias no âmbito da ciência e

[2] Helga Zepp LaRouche, "The Next Jump in Evolution: The End of Monetarism", PAC-TV.

> da cultura que precisamos dominar se quisermos que a civilização continue existindo.[3]

Primeira parada, o satélite da Terra: a Lua. O grupo de pesquisa do Instituto de Tecnologia de Fusão da Universidade de Wisconsin está elaborando os detalhes de um plano que dará início à mineração lunar de hélio–3

> para empregá-lo não apenas na instalação de indústrias lunares e na alimentação de reatores terrestres, mas em sistemas avançados de propulsão por fusão, visando descortinar o restante do sistema solar à exploração do homem.[4]

É um sonho utópico? Como a humanidade chegará à Lua e, em seguida, a Marte? Bem, não faremos tudo de uma vez. Para alcançarmos Marte, partindo da órbita da Terra, precisaremos antes chegar à Lua. Quando isso acontecer, a primeira coisa que precisaremos fazer é:

> Construir, na Lua, uma fábrica que utilizará as matérias-primas do próprio satélite para desenvolver materiais e dispositivos que serão despachados para outros destinos, como Marte.[5]

E, uma vez construída a fábrica:

> O lançamento de componentes gigantescos e pesados da superfície da Lua é muito mais fácil do que o seria da Terra, devido à menor gravidade e à ausência de ar do satélite (foi necessário o *Saturn V*, um enorme foguete repleto de combustível, para chegarmos à Lua, mas apenas o minúsculo módulo de ascensão da Apollo para a decolagem de retorno do solo lunar). É muito mais fácil e econômico construirmos veículos e outras estruturas espaciais na Lua do que seria fazê-lo aqui na Terra. De lá, a viagem ao restante do sistema solar é fácil.[6]

---

3 Ibid.

4 "Mining Helium–3 on the Moon for unlimited energy", em *EIR*, vol XIV, n. 30, 31 de julho de 1987.

5 "The End of The Obama Administration", LaRouche webcast, em *EIR*, 5 de fevereiro de 2010.

6 Phil Plait, "Will we ever...live on the Moon", BBC, 14 de junho de 2012.

A Lua tem enormes recursos — como o titânio, o alumínio e o ferro — que podemos utilizar na Terra. A água dos asteróides pode fomentar uma economia espacial.

Em uma conferência sobre ciências lunares em setembro de 1986, o Dr. Gerald Kulcinski declarava:

> [...[Há uma vantagem decisiva que a Lua apresenta em relação à Terra quando se trata da purificação desses metais, sempre encontrados em minerais brutos com elevado teor de oxigênio. Na Terra, o metal fundido precisa ser colocado no vácuo para extrairmos o oxigênio e obtermos as melhores qualidades mecânicas e anticorrosivas possíveis. Mas criar esse vácuo é muito caro.
>
> Como a Lua não tem atmosfera, o vácuo é grátis e de uma qualidade infinitamente melhor do que qualquer coisa que tenhamos conseguido criar na Terra. Com o titânio lunar purificado de modo perfeito, poderíamos construir pontes na Terra que durariam uma eternidade. Tudo isso só será possível se conseguirmos purificar o metal na Lua.
>
> Além disso, a Lua abriga importantes reservas de hélio–3, elemento muito raro na Terra e ideal para realizar a fusão nuclear.[7]

A mesma fonte de energia é abundante na Lua e em grande parte do nosso sistema solar. Aliás,

> [...] há combustível suficiente na Lua para atender às atuais necessidades energéticas de toda a Terra por aproximadamente 2 mil anos.

O hélio–3, decorrente do decaimento radioativo do trítio, é o elemento mais eficaz para a produção de armas termonucleares.

> E a energia obtida da fusão termonuclear é muito mais poderosa que qualquer energia nuclear, o que se pode interpretar como um salto quantitativo na energia disponível, *per capita* e por quilômetro quadrado, para o território terráqueo, lunar e assim por diante.[8]
>
> O processamento de materiais industriais na Lua empregará tecnologias completamente distintas das convencionais de nosso planeta, que exigem grandes volumes de água, produtos químicos e outros

---

7 Rudolph Biérent, "Exploring Space: The Optimism Of an Infinite Universe", em *EIR*, 23 de março de 2012.

8 "The End of The Obama Administration", LaRouche webcast, em *EIR*, 5 de fevereiro de 2010.

> elementos voláteis inexistentes no ambiente lunar. A fusão oferece enormes vantagens, mesmo em relação à fissão nuclear, ao processamento de materiais e às demais indústrias, pois requer uma pequena quantidade de combustível, cuja maior parte já se encontra na Lua; não produz resíduos que exijam reciclagem; não requer praticamente nenhuma proteção contra radiação e admite tecnologias de conversão direta, como a magneto-hidrodinâmica (MHD), a qual dispensa a turbina a vapor. Na prática, o tratamento direto por plasma, com o emprego de partículas carregadas à temperatura elevada, produzidas pela própria reação de fusão, tem o poder de aumentar várias vezes a produtividade das atuais tecnologias de processamento químico ou até mesmo elétrico.
>
> Uma quantidade muito pequena de matéria poderá, desse modo, gerar uma fonte incrivelmente abundante de energia, além de não-poluente. Podemos imaginar inúmeras outras aplicações na Lua, como a utilização, sem custos, do fenômeno da supercondutividade, cuja disponibilidade deve-se às condições frias que predominam no satélite da Terra.[9]

É possível salvar a Terra ou a elite já desistiu do nosso planeta enquanto secretamente planeja um êxodo em massa? Surpreso com a pergunta? Não deveria.

Enquanto lêem este livro, a Agência Espacial Européia e a Rússia elaboram planos para uma missão conjunta rumo a Marte. Corporações financiadas pela iniciativa privada como a Planetary Resources e a Golden Spike Company estão trabalhando contra o relógio em uma missão de desembarque na Lua e em projetos essenciais voltados à mineração de asteróides.

Conduzido pela Holanda, o "Mars One", projeto privado de colonização espacial, planeja até 2023 uma viagem de ida para quatro astronautas a uma colônia experimental em Marte.

O ultra-secreto relatório Strategic Trends, elaborado pelo governo britânico, deixa muito claras as intenções da elite. Até 2050:

[9] Rudolph Biérent, "Exploring Space: The Optimism of an Infinite Universe", em *EIR*, 23 de março de 2012.

Enviaremos um grande número de naves repletas de pessoas a Marte.

É isso mesmo: a elite está planejando, no mínimo, um pequeno êxodo do planeta Terra. Por quê? O que eles sabem que nós não sabemos? Guerras nucleares? Guerras nanotecnológicas? Guerras bacteriológicas? Só eles sabem; e são organizados o bastante para agir à revelia da sociedade.

O que se tem acesso, de acordo com um relatório de vinte anos da NASA, agora disponível ao público, é o seguinte.

Fase I: Extração de hélio–3

Até 2020, uma estação espacial tripulada contará com pequenos veículos estacionados externamente, que poderão ir e voltar da Lua. O propósito deles? Extração de hélio–3. De onde se originará o hélio–3 para os reatores de fusão da elite?

> Sondas espaciais constataram que o vento solar, que constantemente expele partículas de elevada carga energética e radiação provenientes do Sol por todo o sistema solar, contém cerca de vinte partes por milhão de partículas de hélio–3. Essas partículas, no entanto, não resistem ao impacto com a atmosfera terrestre, e por isso não são encontradas na superfície de nosso planeta.
>
> Como a Lua não tem atmosfera, o hélio–3 com o qual o vento solar a bombardeia tem se acumulado por lá há bilhões de anos. Amostras do solo lunar coletadas pelos astronautas da Apollo e análises da sonda soviética não tripuladas *Luna* indicam que o solo do nosso satélite contém cerca de 1 milhão de toneladas de hélio–3.
>
> O hélio da Lua, em si, não será uma fonte ilimitada de energia, mas durante um século poderia servir de ponte para a obtenção praticamente ilimitada do hélio–3 disponível nos planetas do espaço sideral. Esse elemento abrirá os próximos milênios, fornecendo à humanidade a primeira energia biologicamente benigna, não-poluente, eficiente e econômica da história. A abundância de uma energia dessa qualidade tornará o feito possível, sendo, em si, pré-requisito para a colonização do espaço e a revolução necessária a toda atividade econômica da Terra. A Lua poderá abrir a era da fusão.[10]

10 "Mining Helium–3 on the Moon for unlimited energy", em *EIR*, vol. XIV, n. 30, 31 de julho de 1987.

> Teoricamente, ao usarmos o hélio–3 como combustível, estaremos próximos de um possível fator de aceleração — a aceleração da aceleração — do impulso que precisamos em nossa viagem até Marte, cujo tempo de duração os cientistas estimam ser de três dias, da órbita lunar a Marte. Sem essa fonte de energia, podemos até enviar coisas para Marte agora, mas somente se estivermos dispostos a esperar trezentos dias ou mais para concluirmos o trajeto da Lua a Marte. Mas se quisermos enviar alguém, não é recomendável à sua saúde passar trezentos dias confinado em uma espaçonave daqui a Marte. Aconteceria algo como o desaparecimento de seus ossos e, caso sobrevivesse, seu corpo poderia adquirir um aspecto amorfo e, provavelmente, teria alguma dificuldade em fazer a viagem de volta, se isso fosse possível! Esses problemas, todavia, têm solução.
>
> Assim, com o acesso à fusão termonuclear como fonte energética para explorarmos o universo, não há limite visível para o que a humanidade é capaz de fazer.[11]

Mas outro aspecto da exploração espacial merece análise. Um novo paradigma para a descoberta de recursos. As expedições humanas à Lua, financiadas pela iniciativa privada, agora são viáveis, basicamente com o auxílio dos sistemas espaciais já disponíveis ou daqueles em desenvolvimento, na tentativa de trazer o sistema solar à área de influência da humanidade.

> A Golden Spike Company está trabalhando para implementar e operar um sistema de transporte espacial humano a preços comercialmente viáveis.[12]

Entre Marte e Júpiter, orbitando ao redor do Sol, há um sem-número de asteróides e pedaços de rochas cujas dimensões variam de bolas de futebol ao gigantesco Ceres, com mil quilômetros de extensão.

> A distância até mais de 1.500 deles, que descrevem órbitas parecidas com a da Terra, é fácil de perfazer, assim como o é até a Lua. Os asteróides estão repletos de recursos preciosos, que vão da água à platina.[13]

---

11 "The End of The Obama Administration", LaRouche webcast, em *EIR*, 5 de fevereiro de 2010.

12 http://goldenspikecompany.com.

13 http://www.planetaryresources.com/mission.

> Muitos dos asteróides descrevem órbitas que também os aproximam da Terra, o que os torna alvos muito mais fáceis para missões espaciais, exigindo menos combustível e tempo para visitá-los.[14]

A água é essencial à vida e existe em abundância nos asteróides. O acesso à água e outros materiais voláteis que dão suporte à vida no espaço promove a hidratação, o ar respirável, a proteção contra radiação e até mesmo os recursos industriais. Elementos que compõem a água, o hidrogênio e o oxigênio também podem ser usados na formulação de combustível para foguetes. Usar os recursos do espaço para pesquisá-lo nos permitirá a exploração espacial em grande escala.

> O aproveitamento de minerais valiosos de uma fonte praticamente infinita tornará a Terra mais estável, a humanidade mais próspera e ajudará a estabelecer o homem no espaço e consolidar ali a sua presença.[15]
>
> Com um projeto dessa natureza, a NASA usaria seu novo grande foguete para transportar os astronautas a um ponto de Lagrange 2, localizado entre a Terra e a Lua, no qual as forças gravitacionais de ambos os corpos celestes se anulam e garantem a permanência de uma nave espacial no lugar, sem consumo de combustível. Desse ponto, uma equipe poderia manter contato permanente com o controle da missão na Terra, a 64 mil quilômetros acima do lado oposto da Lua, uma área jamais explorada pela Apollo. Talvez já na próxima década, três tripulantes da espaçonave Orion, da NASA, possam visitar o ponto L2. Lá, deparariam com o lar sideral dos destroços deixados pela Estação Espacial Internacional, atual objeto de planejamento pela NASA.[16]
>
> O objetivo da NASA é desenvolver pesquisas que permitam aos humanos habitar o espaço de modo seguro e produtivo, além de fazer uso do ambiente espacial como laboratório de teste para os princípios fundamentais da biologia, da física e da química. A longo prazo, os seres humanos se aventurarão além da baixa órbita terrestre, visando, a princípio, à exploração de Marte, antes de se lançarem em um caminho iluminado por sistemas robóticos.[17]

---

14 http://www.bbc.com/future/story/20120613-will-we-ever-live-on-themoon.

15 http://www.planetaryresources.com/mission/.

16 http://www.wired.com/wiredscience/2012/11/telerobotic-exploration/all.

17 Dr. Kathie L. Olsen, Ph.D. "FY 2002 Biological and Physical Research Enterprise White Paper", NASA HQ, 9 de abril de 2001.

Tecnologia e espaço

Já vimos o tipo de melhoria decorrente desse crescimento exponencial da tecnologia da informação. A missão *Curiosity* de viagem a Marte equipou seu veículo explorador com robôs, lasers, produtos químicos — enfim, a melhor tecnologia que existe.

As tecnologias de comunicação são trilhões de vezes mais poderosas do que há cem anos, quando transmitíamos Código Morse por rádio AM. Se seguirmos a inevitável trajetória do progresso contínuo em ritmo exponencial, chegaremos a um ponto em que nos fundiremos com essa tecnologia e expandiremos enormemente nossa própria inteligência.

Se podemos aplicar esses avanços tecnológicos em Marte, também podemos aplicá-los à economia civil do nosso planeta. E como vimos no projeto Apollo, a revolução tecnológica relacionada às missões espaciais gera grandes benefícios: o teflon, os chips de computador, os veículos robóticos de navegação autônoma, que fazem varreduras tridimensionais instantâneas de seus arredores a partir de um sensor laser LIDAR, e a tele-robótica.

Os cirurgiões modernos, por exemplo, já podem operar um paciente do outro lado da sala, enquanto oficiais do Pentágono ordenam que um drone ataque do outro lado do mundo.

O avanço tecnológico para a humanidade é uma parte muito importante da exploração espacial. Inventam-se tecnologias para tornar nossas vidas mais fáceis, não nossas escolhas. O problema surge quando esquecemos disso.

> A principal diferença entre a tele-robótica e a exploração robótica atual, como a que executam o jipe-robô *Curiosity* e outros veículos exploradores, é que ela coloca a cognição humana exatamente onde a ação está. O *mock-up*, um diminuto robô construído com peças de Lego, é a primeira fase de um projeto ambicioso, conduzido pela Agência Espacial Européia, chamado METERON (sigla do inglês para Projeto Multiuso de Rede de Operação Robótica de Ponta a Ponta), que submeterá a testes comunicações sofisticadas e a tecnologia de interface homem-máquina para exploração futura. Até 2014, cientistas da Agência Espacial Européia planejam enviar à Estação Espacial Internacional um astronauta cujos braços seriam equipados com um exoesqueleto, que forneceria *feedback* tátil a um robô no solo.

> Esse exoesqueleto poderia, um dia, auxiliar astronautas em projetos detalhados de construção, na conexão ou desconexão de componentes, na Lua ou em Marte. Essa versão da exploração espacial se parece muito mais com o filme *Avatar* que com *Jornada nas estrelas*. Além de ser econômica, mantém os seres humanos fora de perigo.[18]

A DARPA, divisão de ciências do Pentágono, concorda. Por quase cinqüenta anos, a Agência de Projetos de Pesquisa Avançada de Defesa:

> [...] projetou avanços tecnológicos, da Internet a aviões furtivos. Mas no início da década de 1990, quando estrategistas militares começaram a se preocupar com a defesa contra armas biológicas, a agência passou a se interessar por biologia.[19]

A agência já está pesquisando maneiras de suas tropas usarem a mente para controlar, à distância, andróides que tomarão o lugar de soldados humanos no campo de batalha. Essas são as conseqüências diretas da tecnologia da era espacial. De acordo com o orçamento de 2013 da DARPA:

> O programa Avatar desenvolverá interfaces e algoritmos que permitirão a um soldado formar uma eficaz parceria com uma máquina bípede semi-autônoma, que poderá atuar como sua substituta.
>
> A ascensão das máquinas já é uma realidade. Estamos diante de um momento em que o período de evolução inconsciente, já quase findo, dá lugar a um novo, no qual o controle da evolução humana pode e vai acontecer. O progresso tecnológico se concentrará na fabricação de um novo organismo para o ser humano.
>
> O plano é transferir gradativamente a mente humana para veículos mais incorpóreos e futuristas: a princípio, um robô humanóide totalmente controlado por um cérebro humano via interface cérebro-máquina; posteriormente, um cérebro humano consciente transplantado em um robô humanóide; em seguida, a consciência será carregada em um computador e, finalmente, um holograma conterá uma mente humana consciente.[20]

---

18 "Almost Being There: Why the Future of Space Exploration Is Not What You Think" http://www.wired.com/wiredscience/2012/11/telerobotic-exploration/all.

19 http://www.avacore.com/story/be-more-than-you-can-be.

20 http://www.azorobotics.com/News.aspx?newsID=3224.

Super-soldado

A DARPA está financiando dezenas de projetos dedicados ao aprimoramento humano em todo o mundo, visando melhorar radicalmente o desempenho, a capacidade mental e a resistência dos soldados. Esses projetos vão da exploração do potencial de suas mentes inconscientes à cognição aumentada e à criação de veículos de combate não-tripulados, por meio dos quais as forças armadas esperam, em um futuro próximo, que seus soldados pilotem sozinhos esquadrilhas inteiras de aeronaves robóticas. Todos esses projetos são o resultado direto das tecnologias de exploração da era espacial.

Um controlador poderia monitorar o cérebro de um piloto com o auxílio da espectroscopia funcional de infravermelho próximo. Outro projeto que está sendo financiado dedica-se à redução do sono. Nesse projeto, psicólogos usam a estimulação magnética transcraniana para combater a fadiga. Outros projetos incluem exoesqueletos mais fortes e organismos mais resistentes.

> Toda a sorte de novas técnicas, de produtos farmacêuticos a exoesqueletos robóticos, tornam esse sonho realidade. Vale a pena ressaltar que esse relatório afirma, de forma categórica, que o aprimoramento cibernético do desempenho humano é inevitável.[21]

Por exemplo:

> O HULC é um exoesqueleto antropomórfico que imita a forma humana, oferece suporte extra e permite que o operador carregue mais peso do que normalmente seria capaz. As tecnologias usadas nos exoesqueletos pertencem ao campo da robótica. Pense neles como robôs *prêt-à-porter*. Eles percebem o que o usuário deseja fazer, aonde o usuário quer ir, e fazem o movimento. O exoesqueleto é composto principalmente de peças em titânio, que são leves e fornecem a força necessária para transportar a carga. Um microprocessador faz a leitura de toda a estrutura e calcula para onde o usuário quer se mover. Em seguida, envia um comando ao sistema hidráulico para que acione as articulações responsáveis pelo movimento.

21 Noah Shachtman, "Be more than you can be", *Wired* magazine, março de 2007.

> Essa tecnologia confere um verdadeiro diferencial às forças armadas. Imagine seu soldado, em uma operação nas montanhas afegãs, a 3 mil metros de altura, ser obrigado a carregar uma mochila de oitenta quilos naquele ar rarefeito. Qual seria seu nível de exaustão quando chegasse ao destino? Um exoesqueleto tornaria possível perfazer a mesma distância com o mesmo peso e, ainda, poupar a energia necessária ao cumprimento da missão.
>
> O melhor em se trabalhar com essa tecnologia é que ela dá às forças armadas um vislumbre da arte do possível.[22]

Até onde tudo isso conduz a nova geração de forças armadas? No que se transformarão nossos soldados? Serão mais ou menos humanos? Onde há tecnologia, há força. É difícil resistir à tentação do uso indevido. Nossos soldados serão fortes o bastante para permanecerem humanos? Silêncio. Silêncio sepulcral.

A mariposa biônica

No entanto, os projetos de vanguarda da DARPA não se baseiam apenas em suas pesquisas sobre super-soldados, mas trabalham com afinco para criar uma variedade de insetos cibernéticos. A Agência de Projetos de Pesquisa Avançada de Defesa está implantando chips de computador em mariposas, ainda em sua fase de pupa, para uso na área de vigilância. A mariposa cresce ao redor do chip, o que permite controlar o seu sistema nervoso à distância.

O programa, denominado Sistemas Micro-Eletromecânicos de Insetos Híbridos (HI-MEMS, na sigla para o termo em inglês), que é parte integrante do programa de Sistemas Biológicos e Biomiméticos Controlados, busca:

> [...] combinar microtecnologias mecânicas com insetos vivos, criando um amálgama de inseto e máquina.[23]

O projeto também visa a equipar outros insetos com minúsculos sensores, câmeras e um transmissor sem fio *conectado ao seu próprio sistema nervoso, que podem ser controlados remotamente*, como se

22 Ibid.

23 Terrence Aym, "DARPA creating super bionic insects", Helium.com, 12 de maio de 2012.

fossem aviões teleguiados, e que enviariam dados de lugares inacessíveis a seres humanos.

> Os microssistemas, que a DARPA chama de *payloads* (ogivas), extrairão a energia parasitária dos insetos, trabalharão seus nervos ou músculos e os controlarão.[24]

Segundo informa a *Fox News*,

> Espera-se que, um dia, um inseto acionado por sensores com alcance de cem metros possa ser posicionado a cinco metros de um alvo, por meio de controle remoto eletrônico e, possivelmente, de tecnologias de rastreamento pelo Sistema de Posicionamento Global. Em última análise, a mariposa será capaz de pousar em acampamentos inimigos montados em áreas remotas, sem ser observada, e transmitir vídeos e outras informações através do que seus desenvolvedores chamam de "interface tecido-máquina segura".
>
> Esse avanço mais recente permitirá às mariposas biônicas espionarem os insurgentes inimigos, sendo a tecnologia robótica mais avançada já idealizada pela DARPA.[25]

As mariposas teleguiadas são apenas parte de toda uma pesquisa sobre sistemas micro-eletromecânicos, uma das diversas tecnologias cuja implantação em zonas de combate não tardará.

> O Departamento de Defesa dos Estados Unidos declarou sua intenção de que, até 2015, um terço de todas as missões não sejam tripuladas. Não havendo dúvidas de que seus artefatos se converterão em armas, surge a pergunta: eles devem receber autorização para estabelecer os alvos?
>
> A bioengenharia já é realidade. Mais de cem mil indivíduos já portam implantes cocleares com conexão neural direta, enquanto retinas estão recebendo chips que combatem a degeneração macular.[26]

Outro projeto envolvendo robôs inteligentes está sendo desenvolvido pelas forças armadas norte-americanas como parte integrante do programa Future Combat Systems:

---

24 Ibid.

25 Jonathan Richards, "Military Working on Cyborg Spy Moth", *Fox News*, 30 de maio de 2007.

26 Ibid.

> Trata-se de um pequeno veículo não-tripulado, denominado SUGV — basicamente a próxima geração do PackBot —, que se poderia enviar antes das tropas para avaliar a ameaça em ambientes urbanos. O dispositivo de 45 quilos, que resiste a uma queda de trinta metros contra uma superfície de concreto, tem uma pequena cabeça dotada de câmeras infravermelhas comuns, que enviam informações a uma unidade de comando, além de um sensor de áudio, o "Red Owl", capaz de determinar o ponto de partida do fogo inimigo.[27]

Encaremos o fato. Estamos presenciando uma explosão sem precedentes no conhecimento científico.

> Graças à sinergia e à mútua colaboração entre três grandes revoluções: a quântica, a computacional e a biotecnológica, aprendemos mais nos últimos cinqüenta anos do que em toda a história da humanidade. As maravilhas da ciência, como a internet, os satélites de telecomunicações, o raio laser, o rádio, a televisão, o microondas, até mesmo a estrutura de uma molécula de DNA e a biotecnologia advêm, em última análise, da teoria quântica.
>
> Um dos produtos da revolução quântica é o teletransporte, cujos primeiros resultados foram alcançados há dez anos na Áustria, no Instituto de Física Experimental, quando seu principal físico, o professor Anton Zeilinger, teletransportou partículas individuais de luz de um prisma a outro. É o chamado emaranhamento quântico, que consiste na ligação misteriosa entre um par de fótons. Quando alteramos um deles, o outro muda instantaneamente. Na verdade, não há teletransporte do fóton em si, apenas das informações nele contidas, que são teletransportadas para outro sistema. Esse assume as informações, tornando-se idêntico ao original. O original perde propriedades e o novo ganha. O surpreendente é que as informações originais dos fótons se perdem, o que poderia ter enormes implicações ao teletransporte de qualquer coisa em maior escala.
>
> Outro excelente exemplo dessa sinergia é o projeto genoma humano. Atualmente usamos raios laser para escanear centenas de genes em determinado momento. Em seguida, usamos supercomputadores para processar esse imenso volume de informações genéticas.

---

27 Ibid.

> Graças à genética, à robótica, à tecnologia da informação e à nanotecnologia, dispomos dos meios para controlar a matéria, a energia e a própria vida. Jamais algo assim foi visto, o que levanta questões profundas sobre o que significa ser humano. A intensa polinização cruzada entre as revoluções computacional, biotecnológica e quântica nos concederá um poder sem precedentes no século XXI.[28]

A líder incontestável dessa mudança é a nano-revolução.

Nanotecnologia

> A nanotecnologia é uma nova e poderosa tecnologia de desmontagem e reconstrução da natureza em níveis atômico e molecular. Pense nos computadores, na química e na ciência dos materiais. Os computadores nos levaram à nano-eletrônica, com bilhões de nanocomponentes à escala de décimos de nanômetros. A ciência dos materiais nos trouxe estruturas em escala nanométrica. A química nos apresentou estruturas moleculares cada vez mais avançadas e atomicamente precisas.

"Nano" é a medida do espaço entre um átomo e cerca de quatrocentos átomos. É um espaço no qual o comportamento quântico começa a substituir a física newtoniana. Nele cabem bilhões de pequenas moléculas. Moléculas são entidades químicas definidas com precisão; já as nanopartículas quase sempre diferem, apresentando-se em diversos tamanhos. A textura detalhada de suas superfícies são diferentes e suas composições variam; não são entidades distintas, mas parte de uma seqüência contínua. Além disso, a exposição ambiental modifica sua superfície.

No organismo, as proteínas aderem a elas. Na natureza, podem sofrer diversas modificações químicas.

Quais são as possibilidades em termos de leis da física? Em qualquer direção, se for longe o suficiente, você acabará esbarrando nos limites estabelecidos pelas leis da física: a mecânica quântica, a velocidade da luz, as forças gravitacionais, etc.

Agora, pense na Terra em uma nova escala, um bilionésimo de metro. A distância entre a Lua e a Terra é de um bilhão de metros, um dia de

28 Michio Kaku, "Visions of the Future 3/3, The Quantum Revolution", BBC 4.

viagem. A distância entre um metro e um bilionésimo de metro é aproximadamente o mesmo abismo, mas percorrê-la leva alguns segundos.

Estamos nos aprofundando no mundo da nanociência, até a dimensão de um átomo. Para contextualizarmos, imaginemos que um filamento de DNA tem 2,5 nm de largura; uma molécula de proteína, 5 nm; e um glóbulo vermelho, 7 mil nm.

Em comparação com o fio de cabelo humano, um nanômetro é 100 mil vezes menor. Em escala nanométrica, materiais comuns começam a apresentar comportamentos inimagináveis, que poderão variar se o seu tamanho tornar-se muito inferior a uma maior quantidade desse mesmo material.

A combinação dessas tecnologias nos contemplará com nano-sistemas atomicamente precisos, em pequena escala pelos padrões microscópicos, mas em larga escala pelos padrões anteriores de sistemas atomicamente precisos.

Atualmente, essas nanotecnologias têm ampla aplicação industrial. A medicina faz uso delas na introdução de estruturas funcionais no organismo, em que parte delas visa à célula cancerosa, enquanto a outra contribui para sua destruição.

> A nanotecnologia encarna o sonho de que os cientistas podem reconstruir o mundo a partir do átomo, usando a manipulação em nível atômico para transformar e construir uma ampla gama de novos materiais, dispositivos, organismos vivos e sistemas tecnológicos.[29]

As conseqüências econômicas, militares e em nossas atividades diárias seriam imensas. Para começar, perceberíamos a crescente miniaturização de componentes pela indústria eletrônica ou nano-eletrônica; o armazenamento de dados em espaços diminutos, com capacidade de processamento muito maior que a atual, assim como o uso de aplicações biomédicas capazes de criar retinas artificiais, substituir ouvidos disfuncionais e fazer cabos moleculares que, como nervos, poderiam gerar toda a sorte de impulsos que seriam decodificados pelo cérebro.

Com o advento da nova ciência e tecnologia relacionadas à revolução genética, poderemos literalmente reescrever nossa constituição. No

[29] Georgia Miller, "Nanotechnology — a new threat to food", globalresearch.ca, 30 de outubro de 2008.

lapso de uma geração, passamos de plantas geneticamente modificadas para animais geneticamente modificados. Será a próxima etapa a de seres humanos geneticamente modificados?

Na realidade, a engenharia genética e as aplicações nanotecnológicas militares deflagarão a próxima corrida armamentista.

Metamateriais

Nosso domínio sobre as propriedades da matéria está ampliando significativamente nossos horizontes. Por exemplo:

> Os materiais fotônicos nano-estruturados representam uma mudança de paradigma na tecnologia e o começo de uma nova revolução fotônica. A Revolução Industrial mudou o tecido da sociedade com a luz óptica. Uma fibra óptica transportadora de luz criou redes globais de informação. Os metamateriais fotônicos nos trarão a próxima revolução, fornecendo soluções mais inteligentes para todos os setores que fazem uso da luz, das telecomunicações e armazenamento de dados à segurança militar.[30]

Em 2010, cientistas criaram um material que não deveria existir na natureza. Quando a luz atinge um objeto, é a estrutura atômica desse objeto que determina o que vemos.

Quer se trate de mármore translúcido, água límpida ou folhas verdes. Tudo depende de como a luz interage com os átomos. Se pudermos manipular esses átomos, poderemos controlar a aparência do mundo. Como? Criando materiais artificiais: os metamateriais.

> Essas novas estruturas não apenas superam a natureza de maneiras surpreendentes, mas o fazem em escalas incrivelmente pequenas. Os metamateriais nanofotônicos permitem o controle da luz de uma maneira até pouco tempo atrás inimaginável.[31]

As primeiras aplicações são, evidentemente, para fins de ocultação militar. Uma conseqüência imediata do metamaterial, até poucos anos inimaginável para nós, é o manto da invisibilidade, algo que não existe na natureza.

---

30 http://www.alienscientist.com/metamat.html.

31 Ibid.

A tecnologia de projeção retro-refletiva para o manto de invisibilidade foi desenvolvida por uma equipe japonesa da Universidade de Keio, em 2003.

> O que torna essa tecnologia exclusiva é o tecido feito de contas de cristais de apenas 50 mícrons de largura, capaz de refletir a luz diretamente de volta à fonte, de modo muito parecido com a tela cinematográfica. O material pode ser aplicado a quase tudo. O objetivo é criar uma realidade aumentada, que permitirá a qualquer pessoa visualizar com facilidade as informações sobre objetos do mundo real.[32]

Em aplicações militares, o manto da invisibilidade,[33] uma lâmina de pixels hexagonais chamada AdaptiV, faz com que veículos militares se confundam com o entorno e evitem os mísseis que buscam o calor, uma vez que a luz é desviada pelo metamaterial, que a faz fluir em torno do objeto oculto sem causar distorção perceptível.

> A luz que vemos com nossos olhos é apenas uma pequena faixa de freqüências contida em um espectro muito mais amplo chamado espectro eletromagnético. Por exemplo: para nós o cristal é transparente, pois permite à luz da faixa de freqüências visíveis atravessá-lo. Se subirmos a um ponto mais elevado do espectro, até o da luz ultravioleta, não nos será mais possível ver através do cristal. Os raios-x são outro exemplo do fenômeno. Em sua freqüência, nossos corpos são transparentes como cristal, enquanto nossos ossos não o são por apresentarem uma estrutura diferente de nossa pele e órgãos. Quando a luz interage com a matéria, alguns fenômenos distintos podem ocorrer: a reflexão, por exemplo, onde a luz incide numa superfície e retorna por completo ao mesmo local de onde veio; a refração, em que a luz entra no material e o atravessa; ou a combinação dos dois fenômenos.[34]

E há, ainda, os nanotubos de carbono, feitos de um material mais rígido e mais leve que o aço.

> Os nanotubos de carbono são um milagre da natureza, compostos de átomos de carbono individuais distribuídos em um cilindro oco. A

32 "Invisibility Breakthrough for Japanese researchers", NTDTV, uploaded to YouTube, 25 de julho de 2009.

33 Invisibility (US patent 7256751 Metafractal Cloaking Bands).

34 http://www.alienscientist.com/metamat.html.

superfície do cilindro tem apenas um átomo de espessura e cinqüenta átomos de diâmetro, podendo chegar a bilhões de átomos de comprimento. Seus átomos se entrelaçam com a resistência dos diamantes, enquanto sua flexibilidade é a mesma das fibras. No futuro, poderemos aplicar nanotubos de carbono em placas indestrutíveis, construções antidesmoronamentos, aviões a jato ultraleves e rodovias espaciais.[35]

Segundo informa Katherine Bourzac, no MIT *Technology Review*:

> Caso fosse atingido por feixes de radar, um avião revestido de nanotubos nada refletiria, fazendo-se passar por inexistente. A nanotinta tornaria o avião invisível ao radar. O calor que desprende da lâmina de nanotubos afeta as propriedades ópticas da água ao seu redor, criando uma invisibilidade ilusória. Segue-se que, ao contrário de outros metamateriais mais específicos a determinado espectro, os nanotubos podem ocultar um objeto não apenas da luz visível, mas também de radares, provando ser uma alternativa muito mais barata que a compra de um avião furtivo, além de gerar recursos muito mais econômicos para frotas inteiras.[36]

Guerras, grandes ou pequenas, são uma grande oportunidade para ganhar dinheiro de um lado e reduzir a população de outro. Vendemos armas que matam pessoas e, ao matarmos pessoas, reduzimos seu número. A redução populacional é uma proposta em que o ganho das elites participantes é garantido.

Quanto mais pessoas existirem no mundo, maior é a probabilidade de que venham a causar problemas e exigir uma parcela maior dos meios de sobrevivência. Os autores do relatório Strategic Trends para o período 2007–2036 dedicam muitas de suas páginas às pandemias mundiais. Segundo o relatório:

> Um novo vírus, causador de uma enfermidade grave e incurável, de rápida propagação entre a população, representaria uma grande ameaça às sociedades, cada vez mais concentradas em assentamentos urbanos e também conectadas por sistemas modernos de transporte

35 Michio Kaku, “Visions of the Future 3/3, The Quantum Revolution”, BBC 4.

36 Katherine Bourzac, “Nano Paint Could Make Airplanes Invisible to Radar”, MIT *Technology Review*, 5 de dezembro de 2011.

> de massa. Uma enfermidade dessa natureza, cuja contenção seria extremamente difícil, provocaria, além dos efeitos imediatos à saúde, outros impactos catastróficos, incluindo o possível colapso de uma economia mundial altamente integrada, com suas redes complexas de relações interdependentes. A rápida propagação de enfermidades entre animais ou produtos agrícolas teria efeitos parecidos.[37]

Exagero? A In-Q-Tel, entidade de capital de risco sem fins lucrativos da CIA, por exemplo, está investindo parte de seu dinheiro em duas áreas da biotecnologia: a nanoconvergência biológica e a inteligência fisiológica. A empresa está interessada na:

> ... genética humana e na reação bioquímica diante das enfermidades ou da exposição ambiental a substâncias químicas ou organismos.

Outra empresa interessada em genética humana e reação bioquímica é a Bioffad Laboratories, sediada na Califórnia, onde se fabricam um dos mais perigosos compostos químicos, biológicos e nucleares já conhecidos — algo que provocaria sonhos eróticos em Hitler. A seletividade do composto é tamanha que, se combinado ao material genético apropriado, tornaria possível a eliminação de segmentos inteiros da humanidade, pois é específico para cada raça.

A In-Q-Tel e a Bioffad Laboratories mantêm estreita relação com o serviço de inteligência dos EUA. Alguém, em perfeito juízo, acredita mesmo que isso seja coincidência? Esses vírus sequer precisam ser vírus biológicos; podem ser nanovírus, muito mais fatais.

Nano-inteligência e armas nanotecnológicas

Os *nanobots* foram criados para se parecer com a própria vida — para serem capazes de se reproduzir e atender às nossas necessidades. A inteligência nanotecnológica não estará em um único *nanobot*. Será uma inteligência coletiva, com trilhões de *nanobots* cooperando entre si e compartilhando seus recursos mentais.

John Alexander, assessor de operações especiais dos Estados Unidos, afirmou:

---

37 DCDC Global Strategic Trends Program 2007–2036, p. 77.

> Você pode programar *nanobots* para atacar apenas pessoas com determinadas características.

Os *nanobots* podem ser enviados com a missão de eliminar pessoas nos locais considerados mais seguros. Uma vez programados, nada os deteria. Podemos, no entanto, controlá-los? O principal temor é que sua reprodução exija material orgânico, que é encontrado facilmente, o que indica poder de reprodução e a possibilidade de que se voltem contra o ambiente ao redor à medida que se multipliquem e comecem a conquistar vida própria.

Essas nano-armas atacam um alvo em nível molecular e, em seguida, usam as moléculas desse alvo como matéria-prima para se replicarem. Dessa forma, pequenas quantidades desses replicadores poderiam destruir alvos de grande porte com impressionante rapidez; conseguiriam devorar plantas, animais e, finalmente, pessoas. É assim que as guerras poderão ser travadas no futuro. Esse pode ser o nosso futuro? Um mundo transformado... pelo bem ou pelo mal?

Você se lembra do que eu disse no começo deste capítulo? A nossa civilização foi a mais notável da história; tão avançada e poderosa que ofuscou tudo o que a precedera. Porém, assim como outras sociedades extraordinárias, sucumbiu. Grandes cidades jazem abandonadas; incríveis obras de engenharia estão fadadas à ruína. Uma derrocada que causou o maior desastre da história humana: nossa própria extinção. Poderia a nanotecnologia ser aproveitada com esse propósito?

Armamento nanotecnológico — modus operandi

A produção molecular aumenta a possibilidade de armas assustadoramente eficazes. A título de exemplo, o menor inseto mede aproximadamente 200 mícrons — trata-se de um tamanho aproximado plausível para uma arma exterminadora nanotecnológica, capaz de caçar humanos desprotegidos e injetar-lhes toxinas. A dose letal da toxina do botulismo para os seres humanos é de cerca de cem nanogramas ou aproximadamente 1/100 do volume da arma. Cerca de 50 bilhões de dispositivos portadores de toxinas — teoricamente suficientes para matar todos os humanos — poderiam ser colocados em uma única mala.[38]

[38] "Dangers of Molecular Manufacturing", CRN, sem título, sem data.

De tão pequenos, esses *nanobots* podem ser inalados, entrar em seu corpo através da pele e nele circular, transpor a barreira hematoencefálica,

> ser disseminados por meio dos alimentos e da água e projetados para exterminar etnias específicas. Eis a pior tarefa para a qual é possível programar os *nanobots*. Se a nanotecnologia está tão avançada a ponto de os *nanobots* serem capazes de voar e navegar pelo corpo humano, então é lógico que também possam voar e detectar robôs hostis. Não esqueça disso quando lhe parecerem indefesos os alvos dessas armas.[39]

Em um artigo muito bem redigido sobre armas nanotecnológicas, Kevin Robert Baker informa que

> um *nanobot* projetado para ferir o hospedeiro pode ser jogado na comida de alguém. Bastam 100 nanogramas de botulismo para matar um ser humano. O *nanobot* espera até chegar ao cérebro do hospedeiro para implantar sua ogiva. Os resultados seriam perfeitos e devastadores.
>
> Em operações secretas, o *nanobot* pode provocar derrames ou qualquer outro distúrbio físico. Um *nanobot* que destrói uma artéria cerebral pode ser confundido com um aneurisma. Não se esqueça das possíveis nanobombas, nada saudáveis para o seu cérebro ou pulmões.
>
> Um *nanobot* pode introduzir-se no olho do inimigo até atingir uma estrutura fundamental, como o nervo óptico. Uma vez lá, o *nanobot* poderá danificar o nervo. Ainda que o inimigo ficasse temporariamente cego, a nanotecnologia estaria tão avançada que reconstituiria o seu nervo óptico. Esses *nanobots* também podem incapacitar qualquer nervo, como os raquidianos, além de destruir os receptores de dor, algo que fará os soldados se sentirem invencíveis.
>
> Imagine pequenos *nanobots* implantados com o único propósito de se infiltrarem em um computador e monitorar as freqüências da memória RAM. Imagine se também roubarem informações do disco rígido. O Pentágono já se preocupa com dispositivos que possam ser construídos para monitorar a tela do seu computador apenas através das freqüências emitidas pelo monitor.
>
> Como isso seria possível? Esse *nanobot* específico poderia liberar transmissores de sinais enquanto viaja em direção ao computador

---

39 Kevin Robert Baker, "Nanotechnology weapons", 3 de agosto de 2012, http://appreviews4u.com.

que deseja controlar. Uma vez lá, emitiria as freqüências aos outros *nanobots* que finalmente alcançassem seu controlador. As informações poderiam, enfim, ser reconstruídas de modo a revelar os dados sensíveis. Conquanto os computadores fossem facilmente hackeados, os *nanobots* forneceriam acesso a redes que não estivessem conectadas à Internet.

Poderiam ser instaladas nanocâmeras em um sem-número de moscas e animais para que espionassem o inimigo. Seria possível, ainda, embutir câmeras em adesivos e outros dispositivos eletrônicos. Aparelhos telefônicos e câmeras receberiam nanovírus que transmitiriam todas as informações dos dispositivos.

Os *nanobots* ofereceriam recursos básicos de lavagem cerebral, como a destruição de sua memória e o surgimento de uma sensação de bem-estar ou mal-estar, caso determinado pensamento o domine. Chame de "reforço positivo", se desejar. O agressor poderia implantar este *nanobot* no inimigo, reprogramar a vítima durante um bate-papo. Em uma situação de batalha, os *nanobots* seriam usados contra o inimigo para fazê-los sentirem-se letárgicos e afetuosos. Um inimigo letárgico e afetuoso não é propriamente um inimigo.[40]

Há mais, muito mais, nessa nova tecnologia que muda as regras do jogo.

As armas, quaisquer que fossem seus tamanhos, seriam muito mais potentes e seus projéteis autoguiados. Equipamentos aeroespaciais seriam muito mais leves, teriam melhor desempenho e seriam construídos com pouquíssimo ou nenhum metal, o que dificultaria ainda mais a sua detecção por radar. Computadores embutidos permitiriam o acionamento de qualquer arma à distância, e a manipulação mais compacta conferiria à robótica uma sensível melhoria. Essas idéias apenas arranham a superfície do que é possível.

Uma questão fundamental é se as armas nanotecnológicas trariam estabilidade ou instabilidade. As armas nucleares, por exemplo, talvez sejam consideradas desde a sua invenção responsáveis pela prevenção de grandes guerras. No entanto, as armas nanotecnológicas não são muito semelhantes às armas nucleares.[41]

---

40 Ibid.

41 "Dangers of Molecular Manufacturing", CRN, sem título, sem data.

O Almirante David E. Jeremiah, Vice-Presidente (aposentado) do Estado-Maior Conjunto dos Estados Unidos, em discurso na Conferência sobre Prospecção em Nanotecnologia Molecular de 1995, anunciou:

> As aplicações militares da produção molecular oferecem mais possibilidades que as armas nucleares quando se trata da mudança radical no equilíbrio de poder.

Com efeito, as nanopartículas tornariam as armas nucleares tão inúteis quanto o arco e a flecha diante das armas de fogo. Em última análise, o poder intimidador das armas nanotecnológicas poderia aumentar a possibilidade de aniquilação total da população de um estado, além de, como o relatório Strategic Trends para o período 2007–2036 vergonhosamente esclarece,

> permitir que muitas nações sejam destrutivas e eliminar a capacidade de policiamento da arena internacional por nações poderosas. Ao tornar pequenos grupos auto-suficientes, tal poder incentivaria o desmembramento das nações existentes.

As previsões geopolíticas dos Strategic Trends não são menos aterrorizantes: "o crescimento exponencial da MNT (sigla do inglês para nanotecnologia molecular) destruiria a economia, os mercados de trabalho e muito mais. O mercado negro prosperaria e países violariam tratados sob o novo domínio da MNT.

A ONU também deixaria de ter controle sobre os problemas internacionais. Todas essas transformações ocorreriam no compasso de espera pela criação de um cenário apocalíptico pelas nanomáquinas. Esse cenário é conhecido como ecofagia (o consumo de um ecossistema). Imagine um mundo onde nano-robôs auto-replicantes consomem toda a matéria na Terra enquanto duplicam-se exponencialmente.[42]

A elite está brincando com fogo? Isso seria parte de um plano de longo prazo para eliminar a demanda, visando à destruição da economia mundial de propósito? Se for, é melhor que tenham cuidado com o que desejam.

Você se lembra de como a "bisbilhotice" começou? A alta tecnologia passou do lixo revirado ao grampo no aparelho telefônico para, em

42 Kevin Robert Baker, "Nanotech Weaponry", 3 de agosto de 2012.

seguida, expandir-se no programa Total Information Awareness e na mineração de dados, antes de realmente alcançar a alta tecnologia com o software PROMIS, a nanotecnologia e os enormes avanços da era espacial.

Conhecimento de toda informação

Pouco tempo depois do 11 de setembro de 2001, o Departamento de Defesa dos Estados Unidos propôs um programa chamado Total Information Awareness — TIA [Conhecimento de Toda Informação], que teria envolvido a criação de um enorme banco de dados contendo um acervo significativo de informações sigilosas sobre cada cidadão americano — tudo com o objetivo de capturar "terroristas" antes que cometessem o crime.

Assim como em *Minority report,* de Spielberg, a ficção imita a realidade.

Os dados procederiam de todos os rastros eletrônicos que deixaríamos para trás relativos a finanças, educação, viagens, médicos, veterinários, transporte e comunicação. Na ocasião, houve um protesto retumbante e imediato nos Estados Unidos contra o programa e sua violação das liberdades civis.

Lançando mão da tática de linguagem do duplo discurso descrita por Orwell, o Pentágono alterou ligeiramente o nome do programa para Terrorism Information Awareness [Conhecimento de Informações sobre Terrorismo]. Contudo, sob pressão de grupos libertários americanos, o Congresso dos Estados Unidos tomou medidas que proibiam o financiamento da TIA, culminando com a renúncia do homem que capitaneava o projeto — um criminoso condenado e envolvido no escândalo Irã-Contras da era Reagan e no contrabando de armas —, o Almirante John Poindexter.

A nova versão atualizada, revisada, renovada e modernizada do desacreditado Conhecimento de Toda Informação do Pentágono é a boa e velha mineração de dados elevada à enésima potência: a gradual dissolução de nossas liberdades individuais em prol de um gigantesco sistema de espionagem que representa toda uma tendência em andamento nos Estados Unidos e na Europa: o desvio, ao que parece, inexorável, rumo a uma sociedade de vigilância.

Em outras palavras, com a tecnologia atual, cada pessoa e cada um de seus atos serão visíveis na rede mundial 24 horas por dia. No entanto, com o desgaste dos direitos constitucionais, não se ouvirá um gemido da população derrotada, desmoralizada e subjugada.

O Departamento de Defesa do Reino Unido define a situação como:

> ... a existência do controle total das ações de todos, em todos os momentos.

Mas essa é apenas a ponta do proverbial iceberg.

PROMIS

O que você faria se tivesse um software com capacidade de pensar, entender todos os idiomas do mundo, bisbilhotar os recônditos mais secretos dos computadores alheios, inserir dados em computadores sem que seus usuários o percebessem, invadir via *backdoors* contas bancárias e sacar o dinheiro sem deixar rastro? Que tivesse o poder de preencher os vazios da lógica humana, prevendo o que as pessoas fariam muito antes de fazê-lo, com uma margem de erro de 1%? Você provavelmente o usaria, certo?

Bem-vindo ao mundo do Prosecutor's Management Information System, ou PROMIS!

O PROMIS é muita coisa para muita gente. Pense num quadro. Para o cientista, um floco de neve é um floco de neve; para um artista, pode ser um padrão intrincado ou um conjunto de diminutas superfícies curvas. À primeira vista, o PROMIS é um produto. Mas também é algo mais importante e mais pessoal, ou seja, a atitude do artista perante o mundo invisível em geral; uma questão de atitude mental.

Foi originalmente projetado para rastrear processos dos poderes legislativo, judicial e executivo, integrando os computadores de dezenas de procuradorias em todos os Estados Unidos. Quanto mais dados forem lançados no sistema, mais precisa será a sua análise, conseguindo prever o resultado dos processos.

Todas as informações sobre um indivíduo são inseridas no software — formação, serviço militar, ficha criminal, experiência profissional, pontuação de crédito, praticamente qualquer coisa a que você tenha acesso. Em seguida, o software encarrega-se de fazer uma avaliação e, finalmente, chega a alguma conclusão com base nos dados disponíveis. Quanto mais informações houver, mais precisa será a previsão realizada pelo software.

O PROMIS pode literalmente prever o comportamento humano com base em informações sobre as pessoas. O governo e os espiões não tardaram a reconhecer sua utilidade financeira e militar, em especial a Agência de Segurança dos Estados Unidos, em cujas instalações entravam, todos os dias, milhões de bits de dados, que contavam somente com uma antiquada Rede de Supercomputadores Cray para registrá-los e analisá-los.

Em outras palavras, quem quer que possuísse o PROMIS e o combinasse à inteligência artificial poderia prever, com precisão, o mercado de contratos futuros de *commodities*, o mercado imobiliário ou mesmo a movimentação de exércitos inteiros em um campo de batalha, sem mencionar os hábitos de compra, hábitos de consumo de drogas, estereótipos e tendências psicológicas de qualquer país, em tempo real — tudo com base nas informações que ele guarda.

O programa cruzou o limiar evolutivo da programação de computadores —um salto quântico, se preferir. Pense na teoria da investigação social por modelagem de blocos. Ela descreve a mesma posição privilegiada de pontos de vista hipotético e real. Selecione, por exemplo, um ponto físico real no espaço. Agora, mentalmente, afaste-o para o ponto mais distante que você conseguir. As gerações do PROMIS tornaram possível situar satélites a uma distância inalcançável no espaço, em uma perspectiva a mais abrangente possível.

Há outra vantagem: a geomática. O termo aplica-se a um conjunto de ciências inter-relacionadas — todas envolvendo imagens de satélite —, utilizadas no desenvolvimento de sistemas de informações geográficas, sistemas de posicionamento global e sensoriamento remoto a partir do espaço, cujas imagens permitem determinar a localização de recursos naturais como petróleo, metais preciosos e outras matérias-primas.

Com o fornecimento de um software baseado no PROMIS às nações-clientes, seria então possível compilar um banco de dados mundial de todos os recursos naturais comercializáveis, sem ser necessário, para isso, sequer tocar nos recursos, pois os mercados de *commodities* e de futuros existem para todos eles. Um programa baseado no PROMIS e aprimorado com a I.A. poderia então ser a estrutura perfeita para angariar lucros de bilhões de dólares por meio da observação e manipulação da atmosfera política mundial.

Pesquisas posteriores revelaram que uma posição hipotética dessa natureza poderia eliminar a aleatoriedade de toda atividade humana. Tudo seria visível em termos de padrões mensuráveis e previsíveis — mais uma vez, a perspectiva mais abrangente possível.

Outro dado digno de lembrança é que onde a matemática comprovou a conexão de todos os seres humanos entre si, separados por apenas seis graus, reduziu-se o número para aproximadamente três tratando-se de operações secretas. No caso do PROMIS, não raro cai para dois.

No entanto, o PROMIS não é um vírus. Ele precisa ser instalado como um programa nos sistemas de computador nos quais você deseja penetrar. É aí que entra o microchip de memória *flash* da Elbit Systems.

O PROMIS pode ser equipado com um chip de memória *flash* da Elbit, que conecta o computador quando o desligamos. Isso é possível porque os chips da Elbit funcionam com a eletricidade-ambiente de um computador. Quando combinado com outro chip recém-desenvolvido, o Petrie, que é capaz de armazenar até seis meses de toques de tecla, é possível transmitir toda a atividade de um computador no meio da noite a um receptor nas proximidades — digamos, a um caminhão de passagem ou mesmo a um satélite rasante para captação de sinais. E tem mais: o *trapdoor*. O *trapdoor* permite o acesso às informações armazenadas em qualquer banco de dados por qualquer pessoa que saiba o código de acesso correto. Pode-se ter acesso irrestrito à inteligência e aos registros bancários da nação soberana através de *trapdoors,* o que ajuda a garantir a manutenção da hegemonia dos EUA no exterior e em casa.

Depois da venda do software PROMIS assistido por I.A. a outros países, o governo dos Estados Unidos poderia acessá-lo sem o conhecimento do outro governo, ou seja, na surdina.

Um dos objetivos seria penetrar em todos os sistemas bancários do mundo. A elite poderia então usar o PROMIS para prever a movimentação dos mercados financeiros mundiais e influenciá-los.

No entanto, para capturar cada mercado é necessário controlar, comandar ou influenciar a Inteligência, as Forças Armadas e o sistema bancário de cada país.

Mas por que alguém se daria ao trabalho de monitorar todas as operações de inteligência e militares de outro país, quando há uma maneira mais fácil de conseguir o intento? Instale uma versão do PROMIS alterada com um cavalo de Tróia *backdoor* em todos os computadores vendidos ao Canadá, à Europa e à Ásia, tanto para civis quanto para a máquina pública, visando ao monitoramento de suas operações militares, bancárias e de inteligência.

Isso coloca todos os dados em risco constante de exposição. O que torna a coisa toda espetacular é que muitos países não sabem em que encrenca se meteram e, mesmo que soubessem, não há quase nada que possam fazer a respeito no atual estágio. Esses sistemas essenciais requerem anos de desenvolvimento; não é algo que se construa em qualquer esquina. Seria fácil obrigar todas as nações a cooperar com quem quer que tivesse o sistema, assim que se disponibilizasse o PROMIS on-line, pois o software "controlaria" bancos nacionais, agências de inteligência e forças armadas.

Após encurralar bancos, inteligência e forças armadas por meio do acesso ilimitado, basta ameaçar fazer uso da força. Uma arma só é boa se alguém souber do que ela é capaz. Antes do seu lançamento, a bomba atômica não tinha a menor relevância.

Governos receberam o software PROMIS adulterado e, por sua vez, adulteraram-no ou pensaram ter adulterado, para eliminar o *trapdoor*. Mas o que eles não sabiam era que os chips da Elbit System instalados nos sistemas contornavam os *trapdoors* e permitiam a transmissão de dados quando todos pensavam que os computadores estavam desligados e seguros. É assim que tolhemos todas as ações do Canadá, da Europa e da Ásia que nos desagradam.

Entendam de uma vez, por favor, que já se foram os bons e velhos tempos em que funcionários do governo reviravam seu lixo à procura de pistas sobre o seu comportamento.

Hoje, a fronteira final é o espaço.

Por exemplo, o veículo aéreo não-tripulado de vigilância Global Hawk, desenvolvido pela Northrop Grumman Corporation para a NASA, voa a até 20 mil metros e fornece a mais longa observação contínua do desenvolvimento de um ciclone tropical já registrado por uma aeronave. As imagens são capturadas pela câmera HDvis do Ames Research Center. A missão de vigilância de furacões faz parte do Genesis and Rapid Intensification Process (GRIP), um experimento de campo em ciências da Terra realizado pela NASA para melhor entender como as tempestades tropicais se formam e se transformam em imensos furacões.

Os instrumentos científicos do Global Hawk podem observar através dos topos das nuvens e medir a estrutura interna de uma tempestade. As missões dedicadas ao estudo dos furacões nos ajudarão a entender melhor as questões fundamentais que cercam a sua gênese e intensificação.[43]

No entanto é bom lembrarmos que, embora o Global Hawk seja específico para cada missão, qualquer uma delas pode sofrer alterações e ajustes para atender às forças armadas, dependendo das necessidades da NASA e, por extensão, do governo dos Estados Unidos. E isso não é tudo.

A Boeing lançou a próxima geração do Sistema de Posicionamento Global (GPS) IIF–1, a espaçonave inaugural de uma constelação de doze satélites que a empresa está construindo para a Força Aérea dos Estados Unidos.

> O GPS é a maior constelação de satélites do Departamento de Defesa dos Estados Unidos, com trinta espaçonaves em órbita. Os satélites GPS IIF fornecerão sinais mais precisos e potentes, terão maior vida útil e muitos outros benefícios para quase 1 bilhão de usuários civis e militares em todo o mundo.[44]

A Raytheon está desenvolvendo o segmento de controle avançado (OCX), que terá enorme impacto nos recursos de comando, controle e missão do GPS, e facilitará a execução do atual GPS II e de todos os futuros satélites GPS pela equipe de operações.

A Raytheon tem mais de quarenta anos de experiência em sistemas de comando e controle para satélites. Também são parceiros no projeto

43 "NASA's unmanned Global Hawk aircraft soars through hurricane surveillance missions", *World Military Forum*, 22 de setembro de 2010, http://www.armybase.us/2010/09/nasas-unmanned-global-hawk-aircraft-soars-through-hurricane-surveillance-missions.

44 "The next generation Global Positioning System (GPS) IIF–1 satellite sends 1st signals from space", *World Military Forum*, 28 de maio de 2010.

a The Boeing Company, a ITT, a Braxton Technologies, a Infinity Systems Engineering, o Jet Propulsion Laboratory e a DARPA.

O Jet Propulsion Laboratory (JPL), sediado na Califórnia, gerencia todos os programas planetários da Administração Nacional da Aeronáutica e Espaço (NASA), inclusive formas de utilizar a tecnologia a laser para se comunicar com espaçonaves a milhares de quilômetros de distância.

Um parceiro fundamental em todos esses projetos militares tecnológicos é a Agência de Projetos de Pesquisa Avançada de Defesa (DARPA). Então, o que é a DARPA?

Segundo a própria página do órgão, sua missão é:

> manter a superioridade tecnológica das forças armadas norte-americanas e impedir que a surpresa tecnológica prejudique nossa segurança nacional, patrocinando pesquisas revolucionárias e de elevado retorno, fazendo a ponte entre as descobertas fundamentais e seu uso militar.[45]

No entanto, ao investigarmos a fundo, encontraremos a DARPA envolvida no desenvolvimento de uma tecnologia assustadora, cujas implicações são terríveis. Em 5 de agosto de 2003, o jornal *The Boston Globe* publicava a seguinte matéria, intitulada "Departamento de Defesa financia a interação entre máquina e cérebro". Nela, o autor afirma que:

> Não é preciso muita imaginação para ver nisso os elementos de uma distopia *cyberpunk* parecida com *Matrix*: chips que impõem falsas memórias, máquinas que escaneiam pensamentos rebeldes, forças de segurança do governo cognitivamente aumentadas que impõem uma ordem implacável a uma população desobediente.

De volta à década de 1950:

> A DARPA foi o principal patrocinador da pesquisa relacionada a computadores. Projetos conduzidos pela Guerra Fria, como o SAGE — Semi Automatic Ground Environment (Ambiente Terrestre Semi-Automático), uma rede de defesa aérea automatizada com aviões a jato não tripulados, despertaram um crescente interesse nos estudos sobre jogos de guerra e sistemas de comando.[46]

Psicólogos comportamentais, como J.C.R. Licklider, alimentavam a esperança de que:

---

45 http://www.darpa.mil/mission.html.

46 Oyang Teng, "Video Games and the Wars of the Future", em *EIR*, 10 de agosto de 2007.

> em poucos anos, os cérebros humanos e as máquinas computacionais estarão firmemente conectados, e a associação resultante raciocinará como jamais raciocinou um cérebro humano e processará dados de uma forma totalmente distinta à das máquinas de processamento de informações que conhecemos hoje.

"Essa esperança tomaria forma em projetos posteriores, como o de Cognição Aumentada (Aug-Cog), desenvolvido pela DARPA, voltado à criação de díades soldado-computador, e o do movimento por um 'Renascimento Pós-Humano', onde não haveria demarcações entre a existência corporal e a simulação por computador, entre mecanismo cibernético e organismo biológico".[47] Isso se converteria no Santo Graal da investigação inicial que gerou não apenas tecnologias futuras para uso em campos de batalha, mas também grande parte da atual indústria de *videogames*".[48]

Um artigo de 2007 intitulado *Video Games and the Wars of the Future* [*Videogames* e as guerras do futuro] explica o fenômeno em termos inequívocos:

> Um relatório de 1997, intitulado *Modeling and Simulation: Linking Entertainment and Defense* [Modelagem e simulação: conexão entre entretenimento e defesa), fazia um resumo dos acontecimentos em uma conferência do Conselho Nacional de Pesquisa dos Estados Unidos, que reunira representantes das forças armadas e do mundo do entretenimento, que pretendiam estabelecer uma relação de trabalho em que as mesmas investigações sobre simulações e realidade virtual de ponta, utilizadas em programas aprimorados de treinamento militar, poderiam ser usadas em *videogames* desenvolvidos comercialmente. Essa seria a missão do Instituto para Tecnologias Criativas (do inglês, Institute for Creative Technologies — ICT).
>
> O objetivo abertamente declarado por alguns dos criadores do ICT era o de construir o *holodeck* de Star Trek (o simulador holográfico usado no programa de TV), cuja pesquisa compreende o papel do *videogame* no desempenho em ambientes simulados: segundo estudos neurobiológicos recentes, as experiências emocionais estimulam mecanismos que favorecem a criação de memórias a longo prazo.

47 Tim Lenoir, "All But War Is Simulation: The Military-Entertainment Complex", *Configurations*, vol. VIII, n. 3, Fall 2000, pp. 289–335.

48 Oyang Teng, "Video Games and the Wars of the Future", em *EIR*, 10 de agosto de 2007.

> Cenários de treinamento mais eficazes podem, portanto, ser projetados com a incorporação de indícios de emoções-chave. Criar memórias é exatamente do que trata a pesquisa sobre simulação, segundo Michael Macedonia, formado pela Academia Militar de West Point, diretor científico e diretor técnico da PEO STRI, que ajudou a criar o ICT.
>
> As técnicas de treinamento projetadas pelos atuais visionários das tecnologias virtuais e de inteligência artificial baseiam-se, na realidade, em nada mais que a crença reducionista de que a mente humana é um sistema programável, que não difere em sua essência de um animal ou máquina.[49]

A era dos ciborgues, segundo a DARPA e o ICT, é iminente.

Combinado ao programa AWARE (sigla para Advanced Wide FOV Architectures for Image Reconstruction and Exploitation — Arquiteturas Avançadas de Campo de Visão Amplo para Reconstrução e Exploração de Imagens) da DARPA, o sistema, vital para quase todas as operações militares, oferece a capacidade de enxergar mais longe, com maior clareza e através da escuridão.

> O principal motivador desse projeto é a necessidade de equipar soldados a pé, tropas de infantaria e plataformas de apoio próximo ao solo com as melhores ferramentas de geração de imagens disponíveis, em prol de sua eficácia no combate.
>
> O programa AWARE permitirá a geração de imagens com campo de visão (FOV) amplo, resolução mais elevada e múltiplas bandas, que aumentarão a capacidade de diferenciação do alvo e de busca em todas as condições climatológicas, à luz do dia ou à noite, e a capacidade operacional (a observação de cenas panorâmicas com múltipla localização de alvos) e proporcionarão capacidade espectrométrica mediante o uso de sensores de banda larga. O programa AWARE resolverá as limitações fundamentais de dimensionamento dos sistemas de geração de imagens atuais e se tornará exemplo de uma metodologia de projeto voltada à elaboração de sistemas compactos capazes de formar imagens no campo de visão instantâneo — ou próximo a ele —, limitado pela difração total (iFOV) que se obtém com um campo de visão amplo.[50]

---

49 Ibid.

50 "Advanced Wide FOV Architectures for Image Reconstruction and Exploitation", http://

Esse método representa um tremendo avanço a respeito da situação atual da tecnologia e permite ao governo o controle de praticamente todos os objetos em movimento sobre a face da Terra. O governo dos Estados Unidos chama isso de *Full Spectrum Dominance* ("domínio do espectro total"). Pare um minuto e pense sobre as implicações.

Além disso, a DARPA recentemente testou com sucesso a câmera com 1,4 e 0,96 gigapixels, permitindo fotos de altíssima resolução com menor volume do sistema e menos distorção.[51]

Esses programas secretos, do desenvolvimento de técnicas à superação das limitações básicas quanto ao dimensionamento das câmeras atuais, ao campo de visão (FOV), aos pixels e comprimentos de onda, seguem avançando na geração de imagens militares na faixa infravermelha do espectro. Segundo comunicado de imprensa da DARPA:

> As soluções para essas limitações farão surgir tecnologias para câmeras multifuncionais de alta resolução, com campo de visão amplo, bandas múltiplas e banda larga, que permitirão a detecção, o reconhecimento e a identificação de alvos a distâncias maiores e melhor consciência situacional.[52]

Em novembro de 2012, a DARPA revelou seu moderno e avançado Telescópio de Vigilância Espacial (o SST, na sigla do termo em inglês), projetado para supostamente "rastrear e catalogar destroços espaciais",[53] com capacidade para examinar, em segundos, uma área no espaço do tamanho dos Estados Unidos. O SST:

> é capaz de detectar uma pequena ponteira a laser no topo do Empire State Building de Nova York a uma distância equivalente à de Miami, na Flórida.[54]

Os dados do SST serão introduzidos na Rede de Vigilância Espacial (a SSN), um programa da Força Aérea dos EUA encarregado de catalo-

---

www.darpa.mil/Our_Work/MTO/Programs/Advanced_Wide_FOV_Architectures_for_Image_Reconstruction_and_Exploitation_%28AWARE%29.aspx.

51 "DARPA Successfully Tests Gigapixel-class Camera", DARPA, 5 de julho de 2012.

52 "Advanced Infrared Capabilities Enable Today's Warfighter", DARPA, 21 de fevereiro de 2012, http://www.darpa.mil/NewsEvents/Releases/2012/02/21.aspx.

53 "DARPA's Advanced Space Surveillance Telescope Could Be Looking Up From Down Under", DARPA, 14 de novembro de 2012.

54 Ibid.

gar e observar objetos espaciais. A SSN é uma rede mundial composta de 29 sensores de vigilância espacial, incluindo radares e telescópios ópticos, militares e civis.

Essas informações serão usadas com uma tecnologia nova e revolucionária, cujas implicações militares e civis são consideráveis: a realidade aumentada.

Realidade aumentada

Realidade aumentada é o derretimento do mundo real com imagens geradas por computador. Em outras palavras, são elementos aumentados por informações sensoriais, geradas por computador, que enriquecem a percepção do usuário sobre o mundo real.

O Departamento de Defesa dos EUA encomendou lentes de contato especiais de realidade aumentada que criam uma visualização virtual sobreposta ao campo de visão normal. A Agência de Projetos de Pesquisa Avançada de Defesa (DARPA) encarregou a Innovega de produzir as lentes, que funcionam com cristais especiais que permitem ao portador colocar em foco objetos distantes e próximos ao mesmo tempo. "O olho humano só pode focalizar a uma distância de cada vez".[55]

A BBC informa:

> As lentes de contato permitem ao seu portador se concentrar em duas coisas a um só tempo — a informação projetada nas lentes dos óculos e a imagem mais distante que se pode visualizar através delas —, resultando numa visão sobre-humana. Para tanto, contam com dois filtros diferentes. A parte central de cada lente envia luz do monitor HUD para o centro da pupila, enquanto a parte externa envia luz do ambiente do entorno para a borda da pupila.[56]

O sistema funciona com o auxílio de óculos que projetam uma imagem ou informação nas lentes ou em uma tela. Para a DARPA, esse projeto tem aplicações militares as mais diversas, desde a visualização por soldados em terra de imagens geradas por drones ou satélites a sistemas complexos de consciência situacional, que contam com recursos

55 Kate Freeman, "These Contact Lenses Give You Superhuman Vision", 13 de abril de 2012.

56 LJ Rich, "Dual-focus contact lens prototypes ordered by Pentagon", 12 de abril de 2012, BBC http://www.bbc.co.uk/news/technology-17692256.

como identificação de amigos/inimigos, múltiplas interfaces sensoriais, inteligência de localização e suporte médico interativo no campo de batalha, semelhante ao que o personagem de Arnold Schwarzenegger usava no filme *O exterminador do futuro*.

É possível a convergência dessas tecnologias no campo de batalha? Que tal uma rede de comunicação que conecte cada um dos soldados e forme uma rede de malha, para um fim específico e auto-recuperável? Cada soldado dispõe de uma velocidade de transmissão de dados sem fio de 1–2 megabits por segundo, e de uma velocidade máxima de transmissão de um sexto de megabit por segundo. E como se trata de uma rede para um fim específico e auto-recuperável, significa que todos os pacotes de informação visual de vídeos, vozes ou mapas de movimento saltarão de um soldado a outro e se propagarão por uma área de 18 quilômetros, feita sob medida para a guerra urbana em megalópoles.

Cada vez que soldados entrassem em combate, seus pacotes de dados saltariam de um para o outro. Os veículos dos soldados seriam equipados com amplificadores e antenas bidirecionais capazes de se comunicar com um posto de comando ou um centro operacional. Em outras palavras, os soldados no posto de comando do centro de operações táticas poderiam, pela primeira vez, ver e direcionar a guerra em tempo real e à distância — *quase como um jogador de videogame.*

Tecnologia futurista

A convergência multitecnológica nos conduziu ao "telefone inteligente" e à adoção da visão computacional. A realidade aumentada tridimensional converteu-se na porta de entrada de um universo virtual. Ela nos permite ver os elementos que nos rodeiam, acrescentar uma quantidade ilimitada de detalhes ao que já sabemos sobre os objetos: o novo e rico ambiente do mundo virtual.

Com essa nova tecnologia, conseguimos observar uma cena e identificar os elementos nela contidos: pessoas, objetos, sua história pregressa e atual. Em escala simples, há grandes chances de o consumidor fazer uso dessa tecnologia no dia-a-dia, como para procurar hotéis e visualizar os quartos antes de fazer uma reserva.

O que o ANW (sigla do inglês para "ambiente de naturalidade articulada") está fazendo é quebrar a barreira que temos com o desktop convencional. A tecnologia atual nos proporciona apenas uns 20 a 30% da experiência digital real. Com o ANW, podemos obter 100% da experiência ao adotarmos esse mundo virtual. O ANW abre portas para o universo virtual, onde o único limitador que existe é nossa mente.

O que pode, então, ser feito com toda essa tecnologia?

Muito em breve, os programas VIRAT — Video and Image Retrieval and Analysis Tool [Ferramenta de recuperação e análise de vídeo e imagem] e PerSEAS — Persistent Stare Exploitation and Analysis System [Sistema de análise e exploração visual persistente), desenvolvidos pela DARPA, esperam tornar possível a melhoria da análise de enormes quantidades de dados, extraídos de combates em tempo real, gerados por diversos tipos de sensores.

Graças à capacidade do VIRAT de identificar e destacar movimentos relevantes e à capacidade do PerSEAS de "visualizar" combinações de movimentos considerados perigosos, os analistas poderão em breve concentrar-se em análises mais profundas e na compreensão dos dados.

O VIRAT concentra-se em imagens de vídeo em pleno movimento, a partir de plataformas como o Predator ou o Aerostats, permitindo aos analistas monitorar um *downlink* ao vivo de movimentos que sejam de seu interesse ou fazer buscas de ocorrências antigas em um arquivo existente. Pode-se conduzir essas buscas usando um pequeno segmento de vídeo como consulta de entrada.

O VIRAT detecta atividades de curta duração em pequenas áreas geográficas. Já o PerSEAS concentra-se na cobertura de áreas amplas, servindo-se de dados de sistemas de vigilância persistente, como o Constant Hawk, o Gorgon Stare, o ARGUS-IS, entre outros.

> O programa PerSEAS observa múltiplos movimentos de longa duração em grandes regiões geográficas que possam representar atividades complexas e ameaçadoras. Os algoritmos do VIRAT fornecem alguns dos recursos subjacentes do PerSEAS.[57]

---

57 http://www.darpa.mil/NewsEvents/Releases/2011/2011/06/23_DARPA_advances_video_analysis_tools.aspx.

Inúmeras tendências acarretam a difusão dessas tecnologias, como a economia cada vez mais globalizada, poderosas melhorias na capacidade de processamento, maior assimilação cultural e conscientização tecnológica e a contínua convergência das tecnologias de informação e comunicação (TICs). Na seqüência, o relatório Strategic Trends anuncia:

> As TICs serão, por si sós, um grande motor de crescimento para a economia global.[58]

Isso posto, o grande negócio do futuro é a onipresença controladora do Grande Irmão suscitada pelo crescente desconforto da população. O relatório concorda:

> É provável que a maioria da população mundial ache difícil "desconectar-se do mundo exterior".[59]

No entanto, a dissociação não passa de um dos efeitos da quebra de resistência e da alteração do paradigma estabelecido da sociedade. Vejamos o que Theodor Adorno, da Escola de Frankfurt, disse a respeito:

> Parece evidente ser impossível conseguirmos modificar a estrutura potencialmente fascista apenas com o uso de métodos psicológicos. A tarefa é comparável à de eliminar neuroses, a delinqüência ou o nacionalismo do mundo. Trata-se de produtos da organização total da sociedade, devendo ser mudados apenas quando essa sociedade é alterada.[60]

Mas o que aconteceria se alguém decidisse "desconectar-se do mundo exterior" e sair da rede? O mundo iria buscá-lo. O relatório Strategic Trends não mede palavras:

> É possível aperfeiçoar as técnicas para vencer a resistência e adaptá-las para uso em grupos e até para aplicação em grande escala.

Não esqueça que os dois principais objetivos da elite são o controle e a redução populacional.

---

58 DCDC Strategic Trends Report, p.58.

59 Ibid.

60 Theodor W. Adorno et al., *The Authoritarian Personality*, New York: Harper, 1950.

Gado humano

A metodologia de domar rebanhos cativos não mudou nos últimos quinhentos anos. Na época do Império Britânico, primeiro vieram as canhoneiras, seguidas dos mosquetes e da diplomacia ao estilo veneziano. Assim, subjugam-se pessoas mais ou menos da mesma forma que se conduzem animais selvagens a um curral.

Em seguida, há que se domesticar o rebanho cativo. O rigor na repressão ainda se faz obrigatório. Os cativos com tendências rebeldes devem ser detectados e eliminados ou reduzidos à condição moral de indivíduos desprezíveis. A criação do rebanho deve visar à reprodução de descendentes que forneçam leite e carne com a qualidade esperada e apresentem a docilidade desejada.

Dessa forma, a raça cativa é levada a um estado de autogoverno, na qual o estamento burocrático é de uma selvageria elitista maior que a da própria elite. Em um momento posterior do processo de emburrecimento, no qual sopram os ventos da mudança, pode-se confiar aos cativos o dever de acorrentarem-se à noite, ou seja qual for a sugestão do FMI, do Banco Mundial ou dos mercados financeiros.

Com o progresso tecnológico e o avanço geral em todas as áreas da ciência, a população mundial ultrapassou 7 bilhões de pessoas. A Internet nos deu acesso a um conhecimento que, há meio século, apenas os círculos mais elevados da elite podiam alcançar.

Uma população impaciente e em constante crescimento, a diminuição dos recursos naturais, o acesso instantâneo à informação, fazendo que os meios de comunicação controlados apresentem um desempenho cada vez mais pífio do seu papel, são uma grande preocupação para a elite.

Jamais pedimos isso. Mas aqui estamos.

A intensa polinização cruzada entre as revoluções computacional, biotecnológica e quântica trará à tona, no século XXI, um poder sem precedentes. Como será o mundo daqui a uma geração?

A ascensão das máquinas já é uma realidade irrefutável. Basta olharmos em volta e está tudo aí. Não podemos mais ignorar. A realidade aumentada como novo paradigma para as máquinas humanas será mais rápida e mais forte que nós, humanos. Certamente, durarão muito mais que nós.

Podemos pensar que sejam o futuro. Mas estamos equivocados. Se me dessem o direito a um desejo, eu desejaria ser humano, saber como é sentir, ter esperanças, desesperar, maravilhar-me e amar. Saber que sou único graças à minha divina centelha da razão. Em um futuro próximo, as máquinas humanas poderão alcançar a imortalidade por não se desgastarem. Já nós podemos alcançar a imortalidade fazendo simplesmente algo excepcional... para a humanidade.

CAPÍTULO V

Trans-humanismo

Trinta e um de dezembro de 1999: a noite anterior ao novo milênio. Momento de grandes expectativas, de grandes mudanças e grandes incertezas. Naquela noite, o então presidente Bill Clinton fez, da capital do país, um pronunciamento aos norte-americanos.

> Hoje celebramos a mudança de séculos, o alvorecer do novo milênio; celebramos o futuro. Por imaginarmos um século XXI ainda mais extraordinário, nós, americanos, não devemos temer a mudança; antes, vamos recebê-la, abraçá-la e gerá-la! Tamanho triunfo exigirá que envidemos todos os esforços para nos mantermos unidos contra a força do ódio, da intolerância, do terror e da destruição. A situação exigirá que façamos novos avanços em ciência e tecnologia que curem doenças temidas, sarem corpos feridos, desvendem segredos, do aquecimento global aos buracos negros do universo.[1]

Um dia, de repente, tudo mudou. O 11 de setembro tornou-se o divisor de águas na história da América e do mundo, a data em que a diplomacia teve seu fim e um conflito global aberto real e seus riscos ou atividades hostis secretas e sem fim, executadas para cansar o inimigo, foram lançadas no centro de atenção imediato e inevitável de um mundo que, em grande parte, optou por não entender o que está em jogo.

Não travaremos essa guerra com balas e bombas. Trata-se de uma guerra econômica; uma guerra de recursos humanos; uma guerra entre

1 Bill Clinton, Discurso de ano novo, 31 de dezembro de 1999.

nações e seus substitutos; uma guerra entre sociedades secretas e a humanidade. Nós contra eles. Sete bilhões de pessoas contra um punhado dos indivíduos mais poderosos e implacáveis do mundo.

A cadeia de eventos iniciada em 11 de setembro impõe aos Estados Unidos, Rússia, França, China, Alemanha, Grã-Bretanha, Índia, Israel e qualquer outro país que consiga defender-se a continuidade de uma série de confrontos militares mundiais voltados ao controle dos recursos naturais do planeta.

Com o derramamento do primeiro sangue, a queda da primeira bomba, a morte do primeiro filho e a morte do primeiro soldado, cruzamos a fronteira unidirecional para o Inferno. Como a população não pára de crescer, as guerras por comida e água passam do status de conspiração absurda a uma realidade assustadora.

No processo, nossa civilização realmente chega a um ponto onde não há retorno. Ao cruzar essa fronteira, as forças econômicas e políticas unem-se para formar a "tormenta perfeita", cuja devastação é atualmente visível até os últimos rincões do planeta.

Não há como voltar atrás. Gostaria de poder dizer o contrário, atenuar o impacto de alguma forma. A "Nova Ordem" que descrevo neste livro com tanta determinação e detalhe já se instalou. Não se trata, no entanto, de um monumento impenetrável, tampouco de um grupo de ricaços sentados em um quarto, na penumbra, decidindo nosso futuro planetário. É, literalmente, uma ordem em que o poder mundial se associa nas fronteiras geográfico-geológicas, obrigando *regiões* a voltarem-se umas contra as outras, passando por cima dos sentimentos nacionalistas de povos subjugados.

A maioria das pessoas ainda raciocina em termos de Estados-nação — um conceito virtuoso, administrado com cinismo por porta-vozes de governos patologicamente inoportunos e promíscuos, como se fosse uma dose diária de vitaminas ou antidepressivos. Eu raciocino em termos de dinheiro; da inovação e da tecnologia que o dinheiro pode comprar.

Dinheiro é um conceito físico, que não está ligado a um sentimento humano ou a uma identidade nacional. É por isso que todos os pontos que desenho neste livro unem-se para formar uma linha reta. Uma elite implacável e cada vez mais desesperada está transferindo a totalidade da riqueza do mundo a um número cada vez menor de mãos que ela mesma administra.

Uma crise de proporções inéditas nos anais da história da humanidade veio a reboque do colapso do sistema financeiro mundial já instaurado.

As linhas de combate já estão traçadas. A área de conflito é o planeta Terra. No século XX, a geografia e o dinheiro provaram ser os trunfos ideais, uma vez que a geografia regia a tomada de decisões econômicas. Afeganistão, Iraque; América do Sul e África, ricos em recursos; Oriente Médio, rico em petróleo; Sudeste Asiático, rico em trabalho escravo.

A humanidade, ao longo da história, enfrentou genocídios, atrocidades, pobreza e fome. Uma coisa, contudo, é certa: no final, o bem sempre triunfou. Até agora. Nessa nova era, como nunca antes, a tecnologia está destinada a desempenhar um papel decisivo.

Por trás desse realinhamento, enormes montantes de capital vêm sendo gastos e, mais importante, investidos nos bastidores. As pessoas que controlam esse dinheiro não percebem que seu controle se dissipa com o desaparecimento dos Estados-nação. O dinheiro estabelece suas próprias regras. Tem a ver com *controle*... de tudo no planeta.

Quem administra que país ocidental não mais importa. Os poderosos por trás da cortina (sociedades secretas, a elite, Londres, Wall Street e outros interesses financeiros) eliminarão qualquer um que não seja do seu agrado ou que se revelem ruins para os negócios. Negócios significam dinheiro e o dinheiro faz suas próprias regras.

O domínio total não é o único parâmetro do totalitarismo. O poder ilimitado também procede de um centro onipresente. No novo movimento totalitário, essa força diretiva onipresente comunica-se através *dos avanços tecnológicos e da mudança de paradigma* — os nós dominantes do sistema interligado.

A era das transições

No mundo pós 11 de setembro, nós, o povo, fomos convidados a fazer algumas mudanças importantes em nome da liberdade e da luta contra terroristas. A guerra contra o terrorismo havia começado e, com ela, nos encontramos vivendo no "terror" de um mundo pós-tragédia.

Enquanto o povo afixava adesivos vermelhos, brancos e azuis em seus carros, o governo norte-americano ocupava-se em organizar uma conferência relacionada a mudanças tão importantes que ameaçavam alterar a própria natureza humana. Tratavam dos objetivos do século XXI em preparação ao que viria a ser conhecido como "a era das transições".

Três de dezembro de 2001. No condado norte-americano de Arlington, Virgínia, há uma conferência secreta. Newt Gingrich cunhou o nome de "Era das Transições" em sua apresentação no *workshop* sobre a convergência tecnológica NBIC (nanotecnologias, biologia, tecnologias da informação e tecnologia cognitiva), patrocinado pela Fundação Nacional da Ciência e pelo Departamento de Comércio.

Esse *workshop* contava com diversos participantes, de instituições públicas e privadas dos setores industrial e acadêmico, vinculados à tecnologia nuclear e aeroespacial, à psicologia, à ciência da computação, à química, ao capital de risco, à medicina, à bioengenharia e às ciências sociais.

Especialistas da NASA, do MIT, da Carnegie Mellon University, do Departamento de Defesa dos Estados Unidos, da Hewlett Packard, do Instituto Empresarial Americano, da IBM, da Raytheon, da DARPA, do Instituto Nacional de Saúde Mental e de diversos outros escolhidos a dedo para a ocasião aproveitaram a oportunidade para expor e debater seus pontos de vista sobre o futuro. E os pontos de vista sobre o futuro, que foram alvos de debate, eram nada menos que prometéicos. O objetivo fundamental declarado era "aperfeiçoar o desempenho humano", o que resultaria em uma "estrutura social mais eficiente".

A convergência tecnológica foi dada como solução para todos os agora infames problemas globais. Um excerto do relatório anuncia:

> A convergência das ciências poderá dar início a um novo renascimento que encarne uma perspectiva holística da tecnologia baseada em ferramentas transformadoras, na matemática de sistemas complexos e no conhecimento unificado de causa e efeito do mundo físico, da escala nanométrica à planetária.[2]

---

2 NBIC, p. 10.

Os participantes da conferência secreta prometeram fomentar um novo renascimento do desenvolvimento humano. Com a queda vertiginosa da economia mundial, sobra cada vez menos tempo para que a elite tome a decisão correta. Ela não teme a liberdade, senão o caos que irrompe quando indivíduos não têm nada além de moralidade para constrangê-los. A liberdade absoluta não é melhor que o caos.

Segundo o relatório:

> A ciência e a tecnologia dominarão cada vez mais o mundo, à medida que cresçam a população, a exploração de recursos e a possibilidade de conflitos sociais.[3]

E, sem dúvida, crescerão.

Avanços tecnológicos não são o fim do mundo; apenas sementes para a mudança

> da qual a dor é companheira. É da nossa natureza querer superar limites. Pense nisso. Sentimos frio, dominamos o fogo. Éramos fracos, inventamos ferramentas. Sempre que encontramos um obstáculo, usamos a criatividade e a engenhosidade para superá-lo. O ciclo é inevitável, mas o resultado será sempre bom? Quantas vezes já perseguimos o sonho do progresso e o vimos corrompido no final?[4]

A elite — os homens que governam o mundo nos bastidores — sempre entendeu isso. A tecnologia nos dá força; a força nos faz dominantes e a dominância abre caminho para o abuso. Com ela, também nos arriscamos a dar a alguns homens o poder absoluto sobre os demais — independentemente do que esse poder vá custar para a vida humana.

No passado, tivemos de compensar nossa vulnerabilidade. Mas e se chegarmos a um ponto em que nunca mais precisemos nos sentir fracos ou fustigados por conflitos morais? E se os caminhos que os homens dos bastidores querem que sigamos permitem-lhes controlar todos os aspectos de nossas vidas?

Prometeu deu à humanidade o fogo, um presente que o titã havia roubado dos deuses. Ele representa a capacidade de a humanidade descobrir novas formas de tecnologia, novos princípios físicos universais e

3 NBIC, p. 12.

4 Sarif industries.

de, em seguida, incorporá-los à vida e às atividades da espécie humana, a fim de mudar o seu relacionamento com o universo como um todo.

O fogo foi a primeira tecnologia genuína. "100.000 a.C. — ferramentas de pedra; 4.000 a.C. — a roda; século IX d.C. — pólvora; século XV — a imprensa; século XIX — a lâmpada elétrica; século XX — o automóvel, a televisão, as armas nucleares, as naves espaciais, a Internet; século XXI — biotecnologia, nanotecnologia, fusão e fissão, viagens espaciais. Nos próximos cinqüenta anos, seremos capazes de criar indivíduos cibernéticos cuja distinção dos seres humanos será impossível".[5]

Pense nisso! Pense até onde chegamos desde os primeiros aparelhos de TV, há noventa anos, até nossos dias e à próxima geração do futuro! É simplesmente incompreensível.

2045: uma nova era para a humanidade

Com isso em mente, fundou-se um novo megamovimento: o *Rússia 2045*. Seu objetivo consiste em criar um novo caminho para a civilização, voltado ao desenvolvimento e à evolução do homem.

O Congresso Internacional Global Future 2045, realizado em fevereiro de 2012, em Moscou,

> expôs uma visão desoladora do futuro reservado à neo-humanidade, em que a inteligência artificial, a cibernética, a nanotecnologia e demais tecnologias emergentes substituiriam a humanidade: uma visão abertamente trans-humanista, agora dirigida pela elite, mas que emergira dos círculos darwinianos conduzidos pelas preferências de T.H. Huxley e seus netos Julian, que cunhou o termo *trans-humanismo*, e Aldous Huxley, autor de *Admirável mundo novo*. Segundo a conferência, a resistência a essa rápida mudança na sociedade é nada menos que um retorno à Idade Média.[6]

A elite tem grandes planos para o futuro: planos prometéicos.

O inconveniente é que nós, o povo, não fomos convidados para a festa.

---

5 *Prometheus*, filme.

6 Aaron Dykes, "United Nations Envisions Transhumanist Future Where Man is Obsolete", Infowars.com, 10 de junho de 2012.

Segundo o Congresso Internacional Global Future 2045:

> até 2015, teremos um sistema autônomo com aparelhos capazes de manter o cérebro vivo, permitindo, dessa forma, sua interação com o meio ambiente.[7]

Até 2020, poderemos transplantar o cérebro para o corpo de um avatar, o que proporcionará ao ser humano uma vida nova e mais duradoura.

> A nova geração de avatares transmitirá totalmente, até 2025, as sensações dos cinco órgãos sensoriais robóticos ao operador. Até 2030, já estarão em fase inicial os planos para a criação do "re-Brain", um projeto colossal que consiste em aplicar o conceito de engenharia reversa ao cérebro. A ciência mundial encontra-se muito perto de entender os princípios da consciência. Cientistas estão convencidos de que, até 2035, ocorrerá o primeiro êxito das tentativas de transferência da personalidade de uma pessoa a um portador alternativo. Será o início da época da imortalidade cibernética.
>
> Em uma única geração, corpos feitos de nano-robôs poderão adquirir qualquer forma ou conviver com corpos holográficos. Já em 2045, assistiremos a mudanças drásticas na estrutura social. A principal prioridade desses avanços é o auto-aperfeiçoamento espiritual. Nasce uma nova era. A era da neo-humanidade.[8]

Os trans-humanistas têm, de fato, grandes planos para a humanidade. Seu objetivo mais acalentado chama-se "Projeto Avatar", que inclui o desenvolvimento de robôs antropomórficos, controlados por uma interface cérebro-computador, que contam com o apoio e o financiamento do Departamento de Defesa dos Estados Unidos, através da DARPA e da NASA.

O mais fascinante é que *Avatar* — o filme futurista de David Cameron — é quase idêntico ao nosso mundo real. Os planos da elite e a trama do filme são muito parecidos para serem mera coincidência.

> *Avatar* ambienta-se no ano de 2154. A elite empresarial que ocupa os cargos mais elevados do governo mundial administra *Pandora*

7 *Russia 2045.*

8 *Russia 2045.*

> (não se trata de uma iniciativa de livre-mercado, mas de monopólio absoluto). A Terra fora alvo de exploração até seu esgotamento; seu mundo natural, destruído, algo que a elite dominante não hesitará em fazer em outros mundos. Para facilitar a exploração planificada de Pandora, uma elite científica trabalha sob a vigilância da força de ocupação militar, que, por sua vez, serve à mega-empresa financiadora da missão.
>
> Os imponentes Avatares azuis de três metros de altura são fruto da fusão do DNA de um ser humano com o DNA da raça humanóide de Pandora, chamada Na'vi. Após o término de seu desenvolvimento em um tanque, o organismo híbrido dos avatares poderá receber a consciência de um indivíduo, conservando toda a identidade da pessoa.[9]

Pode parecer futurista, mas segundo o megaprojeto *Russia 2045*, visam:

> traçar um novo caminho para a civilização, voltado ao futuro desenvolvimento e evolução do homem, mediante a integração de novas descobertas e o avanço das ciências, da física, da energética, da aeronáutica, da bioengenharia, da nanotecnologia, da neurologia, da cibernética e da ciência cognitiva.

O projeto deverá banir a humanidade:

> Do assassinato da natureza e morte física, ao reino da liberdade e do universo infinito do nosso mundo interior... a guerra e a violência são inaceitáveis. A prioridade do homem é o seu desenvolvimento enquanto aperfeiçoamento espiritual de si mesmo.

Onde já ouvimos isso antes? Como resolvemos esses problemas universais? Exercendo controle universal sobre toda a humanidade. Acaso um governo mundial?

O megaprojeto *Rússia 2045* está vinculado à *Era das Transições*, ao relatório sobre a Convergência Tecnológica NBIC (nanotecnologias, biologia, tecnologias da informação e tecnologia cognitiva) da Fundação Nacional da Ciência e ao Relatório Future Trends para o período 2007–2036, elaborado pelo governo do Reino Unido e, por

---

[9] *Avatar, A New Dawn*, Tal Brooke, http://www.scp-inc.org/publications/journals/J3402/index.php.

vários anos, alvo de debate anterior, na conferência de 2005 do Grupo Bilderberg, na Alemanha.

Henry Kissinger, David Rockefeller, Brzezinski, Instituto Hudson, Carnegie Endowment, MIT, Harvard, Stanford, Yale, Grupo Bilderberg, CFR, Comissão Trilateral: a polinização cruzada das mesmas pessoas e organizações que manipulam as cordas por detrás dos bastidores. Isso posto, como será o homem do futuro?

No ano de 2015 inicia-se a corrida pela imortalidade. Nos três anos seguintes, os trans-humanistas querem criar um avatar: um ser antropomórfico controlado por uma interface cérebro-computador.

Segundo o *Rússia 2045*:

> A rede social internacional 2045.com para inovação aberta está se expandindo, com projetos como o Avatar-A, uma cópia robótica do corpo humano controlada pela interface biologia-informática; ou um Avatar-B, no qual se transplanta um cérebro humano ao término da vida de alguém; ou um Avatar-C, em que, no fim da vida de um ser humano, sua personalidade é transferida a um cérebro artificial.
>
> O que esses cientistas desejam nada é além de transferir gradativamente a mente humana para veículos mais incorpóreos e — por falta de termo melhor — futuristas: a princípio, um robô humanóide sobre o qual um cérebro humano terá total controle por meio da interface cérebro-máquina, seguido de um cérebro humano consciente, transplantado em um robô humanóide. Posteriormente, haverá a transferência da consciência para um computador, e, finalmente, um holograma conterá a mente de um ser humano com sua consciência plena.[10]

Isso é possível? A pergunta mais importante é: quanto falta para a humanidade atingir tecnicamente esses grandiosos objetivos?

Há consenso entre os especialistas de que o elemento fundamental consiste na capacidade de aplicar o processo de engenharia reversa no cérebro humano, cuja chave encontra-se na decodificação e simulação do córtex cerebral — a sede da cognição. Futurologista e um dos visionários por trás do projeto *Rússia 2045*, Ray Kurzweil, afirma:

---

10 "Upload Your Brain Into A Hologram: Project Avatar 2045 — A New Era For Humanity Or Scientific Madness? 21 de julho de 2012.

> Seria o primeiro passo em direção à criação de máquinas mais potentes que o cérebro humano. Esses supercomputadores poderiam ser interligados e inseridos em uma arquitetura de computação em nuvem, de modo a amplificar seus recursos de processamento. Enquanto isso, os algoritmos que os possibilitam funcionar poderiam tornar-se mais inteligentes. Esses eventos combinados poderiam criar a máquina definitiva, capaz de nos ajudar a lidar com os desafios do futuro.

O relatório *Rússia 2045* também menciona que: "Até 2035 seria possível desenvolver a técnica que permitisse o implante de um chip de informações, conectado diretamente ao cérebro do usuário: a percepção sensorial sintética seria transmitida diretamente aos sentidos do usuário" e integrada a uma civilização global; trata-se da *mente-colméia*, o controle mental absoluto sem necessidade de cordas manipuláveis, caso você esteja se perguntando sobre o que estou falando. Voltaremos ao assunto mais adiante.

Conforme visto no relatório Strategic Trends, a desconexão da mente-colméia fará que a força militar de policiamento se apresente, num piscar de olhos, à porta de sua casa.

Dois dos convenientes participantes da conferência de 2012 do Grupo Bilderberg, em Chantilly, na Virgínia, foram: Anatoly Chubais, CEO da empresa de capital aberto RUSNANO (ex-Corporação Russa de Nanotecnologias) e um dos principais aliados da administração Clinton. Chubais também é ex-vice-premier do governo russo de Yeltsin.

Em meados da década de 1990, a Chubais atribuiu-se a "terapia de choque" da privatização e a criação dos oligarcas russos que, de um dia para o outro, deixaram 40% de seus compatriotas famintos e sem dinheiro.

O outro russo que participou da conferência de 2012 do grupo foi Igor Ivanov, membro associado da Academia Russa de Ciências e presidente do Conselho de Relações Internacionais da Rússia, uma subsidiária do poderoso Conselho de Relações Internacionais com sede nos Estados Unidos.

Trata-se do trans-humanismo clássico, enraizado em muitas ordens antigas e na filosofia eugenista.

> Em essência, o trans-humanismo representa uma busca esotérica pela divindade entre certos círculos da elite ligados à maçonaria,

ao ocultismo, à ciência e à tecnologia, onde seres supostamente em evolução e superiores substituem, "de maneira ética", seres humanos inferiores. Tal filosofia é retratada no filme *Prometheus*, um sucesso de bilheteria dirigido por *Sir* Ridley Scott.[11]

Prometheus, o filme — os planos da elite para o futuro

As idéias contidas em *Prometheus* constituíam a essência de muitas das civilizações antigas e, tal como se apresentam no filme, também fundamental às sociedades secretas ocidentais. Em todo o mundo vemos a obsessão das civilizações antigas com o que acreditavam ser influências do outro mundo.

Das linhas de Nazca, na América do Sul, às Pirâmides do Egito, vemos artefatos que atestam a obsessão dos primeiros homens por manipuladores de outros mundos. Todas as culturas antigas acreditavam que se comunicavam com homens do céu. Pode-se dizer que o filme *Prometheus* não é nada além da arte imitando a vida, e que adapta ao século XXI as crenças da tribo africana Dogon.

O que faz de *Prometheus* um filme tão poderoso é o fato de que as pessoas aceitam, sem questionamentos, a realidade apresentada. Sempre. A cultura popular, os filmes e a música carregam mensagens sobre como funciona a sociedade e como as pessoas devem se comportar. Programas televisivos, jogos de computador, revistas, *outdoors*, produtos e produções musicais contêm mensagens subliminares e são apenas uma das armas do arsenal das corporações psicopatas, cujo *modus operandi* tem como base o lucro e a desumanização.

> Tudo o que é verdadeiramente estético, tradicional, cultural ou essencial simplesmente se coloca no caminho de seus estratagemas monopolistas, seus esforços agressivos e incessantes de reduzir a raça humana a um grupo de "depressivos sorridentes", narcisistas, obcecados pelos sentidos, dessensibilizados, amorais, imorais ou delinqüentes.[12]

No entanto, poucos têm consciência do que estamos enfrentando.

---

11 Aaron Dykes, "United Nations Envisions Transhumanist Future Where Man is Obsolete", Infowars.com, 10 de junho de 2012.

12 Kent Bain.

> É um tipo de guerra secreta e insidiosa, cujo principal campo de batalha é a mente das pessoas e suas principais armas são propaganda e lavagem cerebral em massa, com o uso predominante de desinformação, enganos e mentiras.[13]

Esse é o verdadeiro significado de conteúdo ideológico. Apresenta a visão de mundo que influencia as pessoas que assistem à programação. Por meio de símbolos, Hollywood faz isso repetidamente, a fim de ocultar o verdadeiro significado da história.

> Símbolos são formas proféticas, padrões misteriosos que criam vórtices nas substâncias do mundo invisível; são figuras repletas de um terrível poder, que, quando devidamente moldadas no mundo do oculto, desencadeiam forças poderosas sobre a face da Terra. Os cínicos que continuam a duvidar do poder negativo e duradouro dos símbolos e imagens sobre a consciência deveriam trazer à lembrança e estudar o exemplo mais recente de controle de massa: o da Alemanha nazista. Os nazistas usavam abertamente a coreografia ritual, símbolos antigos e brados de convocação, poderosos logotipos e insígnias místicas, entre outros, para impor aos homens a mentalidade-colméia. A sacralidade dos números começa com a Grande Primeira Causa, a Número Um, e termina apenas com o zero, símbolo do universo infinito e ilimitado.
>
> A luz, a fonte inspirada da iluminação, é um símbolo fundamental das sociedades secretas ocidentais. Nos Estados Unidos, um desses símbolos é a Estátua da Liberdade. A Estátua da Liberdade, cujo nome original era "Liberdade iluminando o mundo", representa secretamente o Portador da Luz — Lúcifer, um dos símbolos fundamentais dos *Illuminati* —, um fato do qual o franco-maçom francês Frederic Bartholdi, seu criador, tinha plena ciência.

A tocha é um símbolo antigo. Na mitologia grega, o "portador da tocha" original era Prometeu, o titã que roubou dos deuses o fogo divino e fecundador para dá-lo aos mortais.

Na realidade, a história do cristianismo começa com uma grande luz ofuscante, da qual os homens saem cambaleantes, totalmente deslumbrados, em direção ao caminho da evolução espiritual, transformando assim o mais perfeito dos animais sobre a Terra em um deus em potencial.

---

[13] Servando Gonzalez, *Psychological Warfare and the New World Order*.

O que nos leva a uma pergunta óbvia: somos agora deuses? Com a exceção de que o "nós" não se refere a "nós, o povo", à humanidade em geral, mas a uma elite privilegiada. Noventa e nove por cento da humanidade permanece alheia às mudanças que ocorrem ao seu redor.

Seria dar um tiro no escuro prever um *futuro distópico para a humanidade, em que, após uma hecatombe financeira que transferisse a maior parte da riqueza mundial para as mãos da elite endinheirada, as massas pobres e infelizes se submeteriam à tirania tecnológica dos abastados?*

A elite tem um plano prometéico: mudar o mundo e transformar a própria essência da humanidade.

A conferência *Rússia 2045* não deixa dúvidas quanto a isso:

> Devemos decidir se nos precipitaremos em mais uma degradante e aflitiva Idade das Trevas ou se encontraremos um novo modelo para o desenvolvimento humano, sem nos limitarmos a criar uma nova civilização, mas uma nova humanidade. Não precisamos de uma nova revolução tecnológica, mas de um novo paradigma civilizacional. Uma nova filosofia e ideologia, uma nova ética, uma nova cultura, uma nova psicologia e uma nova metafísica. Precisamos redefinir nossos limites, ir além de nós mesmos, da Terra e do sistema solar. Surgirão uma nova realidade e o HOMEM do futuro.[14]

Os objetivos prometéicos da elite apresentam dois níveis: de um lado, o financiamento do progresso tecnológico pela elite em benefício próprio; do outro, a desindustrialização e o crescimento nulo tornam-se a receita econômica para o resto da humanidade.

Essa demarcação tornou-se evidente no relatório intitulado *The changing images of man* [As imagens mutantes do homem]. Aqui reproduzo excerto do relatório:

> Os conceitos de democracia e liberdade desapareceram, sendo substituídos por uma ditadura tecnológica baseada na vigilância, monitoramento e doutrinação através dos meios de comunicação de massa, opressão policial e a divisão radical das classes sociais.

---

[14] *Russia 2045.*

Esse relatório, que jamais veio a público e fora secretamente batizado de *The changing images of man* [As imagens mutantes do homem],[15] originara-se de um relatório sobre políticas elaborado pelo Stanford Research Institute Centre (SRI) para o estudo de políticas sociais.[16]

O relatório mimeografado de 319 páginas foi preparado por uma equipe de catorze pesquisadores e dirigido por um grupo de 23 controladores, entre os quais figuravam Margaret Mead, B.F. Skinner e Ervin Laszlo, das Nações Unidas, e *Sir* Geoffrey Vickers, do serviço de inteligência britânico. Todo o projeto foi supervisionado pelo professor Willis Harmon, um "futurologista", cuja especialidade era promover um paradigma social pós-industrial enquanto versão popular de como transformar os Estados Unidos no *Admirável mundo novo* de 91.

Em palestra no ano de 1961, Aldous Huxley descreveu um estado policial como:

> A "revolução final"; uma "ditadura sem lágrimas", na qual as pessoas "amam sua servidão. [...] O século XXI será a era dos Controladores Mundiais". Huxley afirmou que o objetivo era produzir "uma espécie de campo de concentração indolor para sociedades inteiras, de modo que as pessoas, de fato, sejam privadas de sua liberdade, [...] mas que, graças à propaganda ou à lavagem cerebral, reforçada com métodos farmacológicos, seriam demovidas de qualquer desejo de se rebelarem. Parece não haver nenhuma boa razão para que uma ditadura tipicamente científica seja derrubada".[17]

O objetivo do estudo de Stanford, afirmam os autores, consiste em transformar, na humanidade, o desejo do progresso industrial para o do "espiritualismo" *[a guerra mediante a confrontação não-violenta ou não-linear]*. O estudo declara que, em nossa sociedade atual, a "imagem do homem industrial e tecnológico" está obsoleta e deve ser "descartada".

---

15 Maio de 1974, Contract Number URH (489)–2150-Policy Research Report n. 414.74.

16 O SRI também estava profundamente envolvido no notório Programa MK-ULTRA. Harman fora presidente do Institute of Noetic Sciences por muito tempo, e também era amigo de Edgar Mitchell, do IONS, que, por sua vez, era amigo de longa data de George Bush Sr. (ambos tinham o grau 33 no Rito Escocês da maçonaria).

17 Aldous Huxley, *Brave New World Revisited*.

O estudo do SRI conclui, portanto, que devemos mudar rapidamente a imagem industrial-tecnológica do homem:

> A análise da natureza dos problemas sociais contemporâneos culmina na conclusão de que [...] as imagens do homem que prevaleceram nos dois últimos séculos serão inadequadas à era pós-industrial.

Na realidade, em 1954, durante sua reunião inaugural, a Comissão de Políticas do Grupo Bilderberg já debatera — vindo a colocar em prática, como doutrina oficial — essa poderosa iniciativa voltada ao uso da tecnologia de armas silenciosas.

Em seguida, fizeram uso do termo "Guerra Silenciosa" (a Terceira Guerra Mundial) para descrever a manifesta metodologia tática de dominação da raça humana. O documento, intitulado TOP SECRET: *Silent Weapons for Quiet Wars, An Introductory Programming Manual* [ULTRA-SECRETO: Armas silenciosas para guerras silenciosas — manual introdutório de programação], veio à luz por acidente, em 7 de julho de 1986, quando um funcionário da Boeing Aircraft Company, interessado nas peças de reposição de uma copiadora IBM de segunda mão, comprou-a em uma liquidação e descobriu, em seu interior, os detalhes de um plano elaborado nos primórdios da "Guerra Fria". Esse manual de estratégias preconizava o controle das massas através da manipulação da indústria, dos passatempos, da educação e das inclinações políticas. Pregava uma revolução silenciosa, colocando irmão contra irmão com o intuito de desviar a atenção do público do que realmente estaria acontecendo.

Reproduzirei aqui um trecho desse documento (TM-SW7905.1):

> É evidente a impossibilidade de falarmos sobre engenharia social ou automação de uma sociedade, ou seja, da elaboração de sistemas de automação social (armas silenciosas) em escala nacional ou mundial, sem que isso envolva objetivos sistemáticos de controle social e destruição da vida humana, ou seja, escravidão e genocídio. Esse manual é, em si, o mesmo que uma declaração de intenções, devendo-se impedir que seu teor venha a público. Caso contrário, poderiam considerá-lo uma declaração tecnicamente formal de guerra doméstica. Ademais, sempre que um indivíduo ou um grupo de pessoas em posição de grande poder faz uso, sem plena ciência e anuência do público, de

semelhante conhecimento e metodologia, visando ao sucesso de uma conquista econômica, deve-se considerar a existência de um estado de guerra interna entre esse indivíduo, ou grupo de pessoas, e o público. A solução dos problemas atuais requer uma abordagem inexoravelmente direta, sem inquietações em relação a valores religiosos, morais ou culturais. Selecionamos você para este projeto devido à sua capacidade de observar a sociedade humana com frieza e objetividade, além de analisar e debater suas observações e conclusões com outras pessoas de similar capacidade intelectual, sempre com ponderação e modéstia. Tais virtudes revertem-se em seu próprio benefício. Não se desvie delas.

O futuro somos nós

A esperança de três conferências — A era das transições, o Congresso Internacional Global Future 2045 e a conferência NBIC sobre convergência tecnológica — era integrar a raça humana à natureza a fim de salvar o planeta Terra da humanidade. Os pontos de vista apresentados compreendiam áreas como robótica, cibernética, inteligência artificial, aumento da expectativa de vida, aprimoramento do cérebro, interação "cérebro a cérebro", realidade virtual, engenharia genética, teletransporte, interfaces homem-máquina, engenharia neuromórfica e recursos humanos aprimorados com fins militares.

Uma coisa é óbvia: pela primeira vez na história a elite crê que tem a oportunidade de roubar o fogo dos deuses. Deixar, logo agora, de intentar um futuro em que tecnologia e biologia se fundem, com a perspectiva de alcançar uma "singularidade", significaria negar a própria essência.

A singularidade corresponde a uma era na qual a inteligência coletiva da humanidade se tornará cada vez menos "biológica e trilhões de vezes mais potente do que é atualmente; o alvorecer de uma nova civilização por meios tecnológicos",[18] que nos permitirá transcender nossas limitações biológicas e amplificar nossa criatividade. Mais adiante, neste mesmo capítulo, nos aprofundaremos na idéia da singularidade.

---

[18] Ray Kurzweil, *The Singularity is Near: When Humans Transcend Biology*, Viking Press.

Os membros da elite poderão, agora, converter-se nos deuses a que sempre aspiraram ser. É melhor que nós, a plebe, nos acostumemos à idéia.

Depois de tudo o que já vimos, de todos os combates e de todo o caos, o fato é que, no que depender da elite, a decisão sobre o futuro da humanidade não deverá ser deixada nas mãos da massa de mentes simplórias, influenciadas por necessidades básicas.

Somos capazes de reconhecer o apreço real da elite pelas massas na seguinte passagem de autoria de T. H. Huxley:

> A grande massa da humanidade não é aficionada por atividades literárias, científicas ou artísticas, falta-lhe aptidão para lidar com tais atividades e também não possuem, com efeito, excelência de qualquer espécie.

E de qualquer forma, segundo Huxley, a "grande massa" estava condenada à pobreza devido à superpopulação:

> De que se beneficiará o Prometeu humano, se o abutre do pauperismo rasga eternamente seus órgãos vitais?

É exatamente o mesmo sentimento que outra sociedade secreta, o Clube dos Coeficientes da Grã-Bretanha, manifestou em 1902. O Grupo Bilderberg, na verdade, é uma projeção natural desse clube. Alfred Milner, fundador do Grupo Round Table, falou sobre como via o futuro em uma reunião celebrada em 1903, no hotel de St. Ermin, mais de meio século antes da fundação do Grupo Bilderberg.

Milner foi enfático na seguinte observação:

> Devemos ter uma aristocracia — não de privilégios, mas de conhecimento e propósito — ou a humanidade fracassará. A solução não está no confronto direto. Podemos derrotar a democracia porque entendemos como funciona a mente humana, os campos mentais ocultos por trás da imagem com que uma pessoa se apresenta às demais. Vejo o progresso humano não como o resultado espontâneo de multidões de mentes simplórias governadas por necessidades básicas, mas como um resultado natural, mas elaborado, de intrincadas interdependências humanas.

No início do século XX, o sentimento que a elite compartilhava chamava-se "eugenia". Após o genocídio provocado pela Segunda

Guerra Mundial, ainda muito nítido na memória das pessoas, o termo passou a denominar-se "interdependência" e, mais adiante, no mesmo século, "reengenharia".

Hoje, chamamos o fenômeno de "convergência", virando a visão genocida do mundo de cabeça para baixo e do avesso. A convergência é uma área prioritária na implementação da *grande promessa de um novo dia* para o século XXI.

Nos últimos cinqüenta anos temos desvendado alguns dos maiores segredos do cosmos, conduzindo, assim, a humanidade rumo a um novo mundo e insuflando uma nova paixão e um novo espírito a nossos conhecimentos do Universo. No processo, algumas idéias deixaram de ser inspiradoras e revolucionárias em seu conteúdo para serem percebidas como parte da sabedoria convencional.

Trans-humanismo

Um grupo organizado e generosamente financiado destaca-se sobre todos os demais na trama para obter financiamento em prol da convergência: a Associação Trans-Humanista Mundial. O trans-humanismo é um sonho de ultra-alta tecnologia acalentado por cientistas da computação, filósofos, neurocientistas e muitos outros. O conceito baseia-se em avanços tecnológicos radicais para fortalecer o corpo humano, a mente e, em última análise, toda a experiência humana. É a filosofia que sustenta a idéia de que a humanidade deve aprimorar-se de maneira proativa e tomar nas mãos o curso de sua própria evolução.

Os trans-humanistas desejam converter-se no que eles mesmos chamam de "pós-humanos". *Um pós-humano é alguém que sofreu alterações, como o aumento do rendimento do corpo e do cérebro, a tal ponto que não mais possa autodenominar-se humano.* Ele se transforma em um ser totalmente novo.

Para muitos é difícil entender do que se trata o verdadeiro movimento trans-humanista e por que é tão horrível. Afinal, consiste apenas em melhorar nossa qualidade de vida, certo? Ou será que ele quer obter o controle social em uma escala gigantesca?

Na verdade, o "controle social" é exatamente como o vêem as poderosas fundações americanas como a Fundação Rockefeller, o Instituto

Carnegie Endowment e a Fundação Macy. A capacidade de fazer que máquinas ajam como seres humanos e a capacidade de tratar seres humanos como se fossem máquinas:

> a realização última do antigo objetivo fabiano de H. G. Wells, uma "ordem científica mundial", na qual tudo é tão exato quanto uma equação diferencial e onde coisas imprevisíveis, como a criatividade humana, nunca atrapalham.[19]

Para a maioria, parece o roteiro de um filme de ficção científica. Poucos estão cientes dos constantes avanços tecnológicos que transformam a perspectiva trans-humanista em uma possibilidade muito real para um futuro próximo.

Agora mesmo, por exemplo, estão sendo desenvolvidas interfaces de neurochips — chips de computador que se conectam diretamente ao cérebro. A finalidade última de um chip cerebral seria aumentar a inteligência milhares de vezes — basicamente convertendo o cérebro humano em um supercomputador.

O bem-estar emocional por toda a vida também é um conceito fundamental do trans-humanismo. Pode-se lograr esse intento através da recalibração dos centros de prazer no cérebro. Já estão sendo sugeridos fármacos modificadores do estado de ânimo que serão mais saudáveis e seguros que os psicotrópicos.

Esta é a ditadura científica do século XXI de Huxley, só que sem lágrimas. A era dos controladores do mundo. Por fim, como disse Huxley,

> parece não haver nenhuma boa razão para que uma ditadura tipicamente científica seja derrubada.

O objetivo é substituir todas as experiências adversas por um prazer que deixe para trás as dúvidas da experiência de vida normal do ser humano. A nanotecnologia, por exemplo, é uma área fundamental para os trans-humanistas. É a ciência voltada à criação de máquinas do tamanho de moléculas. Máquinas dessa natureza poderiam criar tecido orgânico com finalidades médicas.

---

19 Michael Minnicino, "Drugs, Sex, Cybernetics, and the Josiah Macy Jr. Foundation", em *EIR*, 2 de julho de 1999, vol. XXVI, n. 27.

O uso desse tipo de tecnologia poderia prolongar significativamente a expectativa de vida. O Congresso Internacional Global Future 2045 previu que, até 2045, será possível viver para sempre mediante a combinação de tecnologia e biologia em algo chamado: "A singularidade".

A singularidade ocorreria no ponto em que a inteligência artificial ultrapassasse as capacidades do cérebro humano. De ciborgues com expectativas de vida muito longas a máquinas para as quais se transferiria a consciência, os trans-humanistas dizem ser impossível prever exatamente o que um pós-humano será, *mas que será algo melhor*. Muitos adotam essa grandiosa expectativa: a de um mundo melhor para todos.

Não importa como você encara o assunto. A singularidade está sendo promovida como a grande solução para os problemas globais do século XXI. E, graças ao Projeto Genoma Humano, em breve poderemos decodificar o DNA. Graças ao uso da genética aplicada, a ciência será capaz de aperfeiçoar a raça humana. O que a maioria das pessoas não percebe é que esse conceito não é novo.

O trans-humanismo nasceu do humanismo, que é mais um disfarce inteligente do "cientificismo", especialmente criado para que se pudessem pôr em prática as operações eugênicas globais sem levantar suspeitas.

Eugenia

Ao longo da história houve aqueles que, tendo em vista objetivos políticos específicos, fizeram uso do terror ou da ameaça de terror contra populações selecionadas. O argumento científico para a tirania sempre foi atraente para as elites, pois lhes oferece uma desculpa conveniente que lhes permita dar um tratamento ao próximo pior que o concedido aos animais.

A eugenia, uma noção maluca de superioridade e inferioridade hereditárias, surgiu nas décadas de 1880 e 1890 e foi semeada por uma rede de famílias britânicas às quais pertenciam o primo de Darwin, *Sir* Francis Galton, Thomas Huxley, *Sir* Arthur Balfour, as famílias Cadbury e Wedgewood, assim como outros estrategistas do Império Britânico do fim do século XIX ligados ao movimento do Round Table de Cecil Rhodes e Lorde Alfred Milner.

Darwin e Huxley eram membros das redes criadas pela Companhia Britânica das Índias Orientais e pelo Conselho Privado do Reino Unido para remodelar, na Inglaterra, a filosofia cultural, científica e religiosa em favor do governo imperial. Como Charles Darwin praticamente nunca falou em público, Huxley tornou-se seu porta-voz, seu autoproclamado "buldogue".[20]

Francis Galton cunhou a palavra "eugenia" a partir do termo grego que significa "bem-nascido" e, já em 1869, Galton havia redigido o livro *Hereditary Genius* (O gênio hereditário), no qual defendia que as famílias aristocráticas do Império Britânico eram de fato uma raça superior; que qualidades mentais são uma herança biológica; que a raça branca é a mais bem dotada biologicamente para dominar o mundo e que os ingleses são a nata da raça branca. O fato de que, na luta pela vida, eles haviam chegado ao topo da sociedade demonstrava que eram o melhor que a humanidade tinha a oferecer.

Em seu *Enigmas of Life* [Os enigmas da vida], de 1872, W. R. Greg, considerado, com Galton, o co-fundador da eugenia, afirmava que a Grã-Bretanha:

> deve seu domínio mundial e [...] a ampla difusão de sua raça pelo planeta a uma energia audaz e persistente da qual não está dotada nenhuma outra variedade humana. Em todo caso, são [...] os mais fortes e os mais aptos que mais prevalecem, multiplicam-se e se expandem, além de se converterem, em maior medida, nos progenitores de nações futuras.[21]

Darwin atribuía sua descoberta da evolução ao reverendo Parson Thomas Malthus, um escritor contratado da Companhia Britânica das Índias Orientais, que popularizou a teoria dos "recursos naturais limitados". A lei malthusiana, parecida ao que fora proposto para a Conferência sobre População, celebrada pelas Nações Unidas, em 1994, no Cairo, é uma teoria demográfica sobre o crescimento populacional desenvolvida durante a Revolução Industrial com base nos escritos do famoso *An Essay on the Principle of Population* [Ensaio

---

20 "The Humbuggery of Charles Darwin, Ann Lawler, July 23–24 National Conference of the Citizens Electoral Council", em EIR, 25 de novembro de 2011.

21 Ibid.

sobre o princípio da população], de Malthus, publicado em 1798, que nada era além de uma versão plagiada de *Riflessioni sulla popolazione delle nazioni*, publicada, em 1790, pelo monge veneziano Giammaria Ortes. Segundo sua teoria, a população expande-se mais rapidamente que a oferta de alimentos.

Esse é o típico sofisma que o Império Britânico, ao longo de sua história, tentou usar para fazer lavagem cerebral nas populações, a fim de que acreditassem na existência de limites para o crescimento. A idéia de capacidade de sustentabilidade, no entanto, fundamenta-se em modelos animais. Daí a noção de que, para *x* quilômetros quadrados de terreno, em determinada área de superfície, existe um número limitado de indivíduos dessa espécie que pode ser sustentado ou mantido por esse território.

Malthus apresentou essas idéias afirmando que as populações humanas crescem a um ritmo exponencial ou em progressão geométrica. Sua duplicação ocorreria a cada trinta ou quarenta anos, enquanto a capacidade da terra de produzir alimento e sustentá-las cresce em progressão aritmética. Malthus fundamentou nesse cálculo sua declaração de que haveria um limite máximo de sustentabilidade para a terra em todo o planeta em termos de populações humanas e que não tardaríamos a ultrapassar esse limite.

Darwin enfatizou sua dependência de Malthus na introdução do seu livro *A origem das espécies*, publicado em 1859, cujo título completo é *Sobre a origem das espécies por meio de seleção natural: ou a preservação das raças favorecidas na luta pela vida*.

> A luta pela existência que todos os seres orgânicos que vivem no mundo travam entre si inevitavelmente decorre de sua elevada capacidade de crescimento em progressão geométrica. Esta é a doutrina de Malthus aplicada a todo o reino animal e vegetal. Como o número de nascidos de cada espécie é muito maior do que o número dos que conseguem sobreviver — fato que acarreta a luta freqüente pela existência—, segue-se que todo ser que se modifica, ainda que pouco, de maneira a beneficiar-se de tal modificação [...], terá maior chance de sobrevivência, sendo, assim, *selecionado naturalmente*.

A seleção natural é o genocídio extrapolado à sua conclusão lógica, um tema já bastante conhecido pela elite mundial. Segundo sua lógica distorcida, algumas pessoas merecem viver, mas a maioria de nós merece morrer. O próprio Darwin declarou:

> O *status* de *elite* constitui prova *prima facie* de superioridade evolucionária.

Não surpreende que a Royal Society de Londres, instituição científica dedicada ao aprimoramento do conhecimento natural, tenha adotado essas novas idéias e promovido Darwin com veemência. Era evidente que a Royal Society, enquanto criação da monarquia britânica, seria favorável à promoção da idéia de superioridade genética da família real.

A ciência se instalava com o propósito de substituir a antiga concepção religiosa do direito divino dos reis de governar as raças inferiores — nós.

Malthus e a Companhia Britânica das Índias Orientais

Malthus não era apenas um velho pároco rural, mas o economista-chefe da Companhia Britânica das Índias Orientais, o maior monopólio que o mundo já vira, com um exército que, no fim do século XVIII e início do século XIX, era maior que o do próprio governo britânico. Na verdade, a Companhia Britânica das Índias Orientais, que comercializava escravos e traficava drogas, *era* o Império Britânico. E quando, em 1805, criou seu Haileybury College visando ao treinamento de seus funcionários, a Companhia nomeou Malthus como primeiro professor de economia política da Grã-Bretanha — do mundo, na verdade. Nas décadas seguintes, os alunos de Malthus tornaram-se os administradores da Companhia, vindo a aplicar sistematicamente suas políticas de genocídio a fim de manter as populações nativas sob controle. Só na Índia, mataram dezenas de milhões de pessoas, utilizando diversos métodos como obrigá-las a cultivar ópio em vez de comida — o mesmo ópio que viria a ser usado pela Companhia para envenenar os chineses.[22]

Entre 1770 e 1771, cinco anos após a consolidação do domínio da Companhia Britânica das Índias Orientais sobre o território da

---

[22] Ibid.

Índia, 10 milhões de indianos morreram de fome e desnutrição. Àquela época, a Companhia Britânica das Índias Orientais aspirava ao Império Mundial. Não só haviam consolidado seu controle sobre a monarquia britânica, mas também sobre o Parlamento. Detinham, na época, o controle total da política britânica. Os britânicos acabavam de derrotar os franceses na Guerra dos Sete Anos, e a Companhia Britânica das Índias Orientais estava comprometida com uma política imperial que ficou evidente com a primeira fome de Bengala, em 1770.

Mas o genocídio na Índia não parou por aí. Em 1783, 11 milhões de indianos morreram em menos de dois anos na famosa Fome Chalisa. Algumas regiões da Índia foram despovoadas por completo, com 60% das aldeias e cidades sendo varridas da face da Terra.

Cinco anos depois, em 1788–1789, cerca de 11 milhões de indianos morreram na Fome da Caveira, assim batizada devido aos ossos embranquecidos das vítimas cujos corpos foram empilhados nas sarjetas. Os vivos não conseguiam enterrar tamanha quantidade de pessoas mortas.

No entanto, a Índia foi apenas um dos exemplos do "processo de seleção natural" executado por Londres.

O famoso caso da fome da batata, na Irlanda, chamada de Grande Fome, é outro exemplo de genocídio organizado. Todos sabiam perfeitamente que não havia fome na Irlanda. Fome significa escassez de alimentos. A Grande Fome foi provocada pela política imperialista britânica.

Apesar de haver muita comida, a sua exportação era sistemática durante essa fome. Em 1847, 2 milhões de irlandeses morreram de fome e cerca de outros 2 milhões emigraram. Segue-se que, entre fome e emigração, a população da Irlanda foi reduzida à metade, de 8,5 milhões de pessoas para pouco mais de 4 milhões em apenas dois anos. Isso se enquadra na definição de genocídio.

A atual situação da África deveria preocupar a todos, pois estamos falando de um despovoamento planejado. O que a política britânica conseguiu após décadas de domínio colonial? A negação da tecnologia.

Como você explica que a maior parte da África seja uma terra de ninguém, assolada pela fome, com povos vivendo nas mesmas condições que as dos séculos XVI e XVII ao mesmo tempo em que, enquanto civilização, temos acesso à energia nuclear, dessalinização e ferrovias de alta velocidade? Não se esqueça de que estamos em 2013. Doenças massivas, negação da tecnologia, esterilização compulsória das populações — é assim que a África real se parece.

Esqueça a propaganda da ONU. A situação resulta diretamente da ideologia imperial racista britânica — a idéia de que algumas raças do mundo merecem menos acesso à tecnologia moderna e aos padrões de vida modernos que outras.

Darwin e o X Club

Darwin, um hipocondríaco neurótico que raramente saía de casa,

> não era um homem, mas um projeto, um títere para a guerra cultural conduzida, com abordagem hierárquica vertical, pelo Conselho Privado da Coroa Britânica, através da Companhia Britânica das Índias Orientais e de sua rede de salões e grupos de fachada, como a Sociedade da Metafísica, os Ensaístas de Oxford, o Clube dos Coeficientes e os Apóstolos de Cambridge, que cunharam o termo "agnosticismo", e os elitistas clubes masculinos de Londres, incluindo o X Club dos supostos cientistas, fundado por Huxley, em 3 de novembro de 1864, para impor o darwinismo.
>
> Huxley era uma figura de destaque no chamado Working Men's Movement (Movimento dos Homens Trabalhadores), que, na verdade, foi fundado pela elite da Universidade de Cambridge, assim como sua sucessora, a Sociedade Fabiana, algumas décadas depois. Ele deu palestras para esses primeiros socialistas sobre o darwinismo e o "método científico moderno".[23]

Segundo uma história do clube:

> O X Club pode se considerar o gabinete de um partido liberal no âmbito científico. Suas políticas eram promover a pesquisa, reformar a imagem pública da ciência e difundir a ciência e as atitudes científicas na sociedade. No período de 1860 a 1890, o clube foi influente. Foi

[23] Ibid.

o partido hegemônico de 1870 a 1885. Sob a liderança do x Club, a ciência tornou-se fundamental para a cultura inglesa.[24]

A noção de evolução

A própria idéia de "evolução" que Darwin supostamente inventou já havia sido formulada por outros. Seu avô, Erasmus Darwin, por exemplo, havia proposto a teoria da "descendência comum" em seu livro *Zoonomia*, publicado em 1794, apesar de o famoso diagrama da árvore da vida de Darwin, que apresentava a teoria da "descendência comum", segundo a qual todas as espécies provinham de uma espécie primitiva original ou de um punhado delas, já houvesse sido publicado de forma menos elaborada no famoso livro *Vestiges of the natural history of creation* [Vestígios da história natural da criação], de Robert Chambers, publicado em 1844. Quanto à idéia de que uma espécie evolui e se transforma em outra espécie devido a pequenas alterações sofridas por seus indivíduos, o naturalista francês Jean-Baptiste Lamarck já havia proposto o conceito da "transmutação das espécies" em seu livro *Philosophie zoologique* [Filosofia zoológica], de 1809. A teoria da "seleção natural", suposto motor da evolução, havia sido apresentada à Royal Society em 1813, pelo Dr. William Charles Wells, que fugira dos Estados Unidos rumo à Inglaterra quando deflagrou-se a Revolução Americana.[25]

Eugenia na América

Nos Estados Unidos, a história da eugenia tem início em 1904, quando o proeminente eugenista Charles Davenport criou o Laboratório de Cold Spring Harbor, financiado pelos principais oligarcas americanos: os Rockefellers; Carnegies; Harrimans; J.P. Morgan Jr.; Mary Duke Biddle, da família produtora de tabaco; Cleveland Dodge; John Harvey Kellogg, criador da fortuna dos cereais matinais, e Clarence Gamble, da Proctor & Gamble.

24 Ruth Barton, *The x Club: Science, Religion, and Social Change in Victorian England*, Philadelphia: University of Pennsylvania, 1976.

25 Ann Lawler, "The Humbuggery of Charles Darwin, July 23–24 National Conference of the Citizens Electoral Council, em EIR, 25 de novembro de 2011.

Todos eles, na qualidade de membros da Sociedade Americana de Eugenia, financiavam discretamente a eugenia, assim como os experimentos de esterilização compulsória de "pessoas inferiores" e diversas formas de controle populacional até a Primeira Guerra Mundial.

> Reuniram-se milhões de fichas contendo as árvores genealógicas de norte-americanos comuns, com o objetivo de planejar a possível remoção de linhagens inteiras consideradas inferiores. A finalidade do projeto de fichamento era a de mapear as linhagens inferiores e submetê-las a uma segregação e esterilização permanente que desse cabo de sua existência.[26]

Em 1910, os britânicos haviam criado a primeira rede de assistentes sociais expressamente designados para servir de espiões e agentes do culto da eugenia racial, que estava se apoderando rapidamente da sociedade ocidental. Winston Churchill, o economista John Maynard Keynes, Arthur Lord Balfour e Julian Huxley, que veio a se tornar o primeiro diretor-geral da UNESCO após a guerra, eram todos eugenistas ortodoxos.

Evidentemente, uma das causas dos problemas mundiais, como entendia a elite da época e a atual, era:

> A persistente tendência de a espécie humana reproduzir-se e multiplicar-se. Quanto mais pessoas existirem no mundo, maior seria a probabilidade de que venham a causar problemas e a exigir uma fatia maior dos meios de sobrevivência, sobre os quais os Rockefellers e seus amigos ricos consideravam ter direito exclusivo, concedido pela graça divina.[27]

No entanto, os financiadores britânicos de Hitler não foram os únicos a patrocinar pesquisas sobre eugenia. Na década de 1920, a família Rockefeller financiava o Instituto Kaiser Wilhelm de Genealogia e Demografia,[28] que mais tarde se tornaria um dos pilares fundamentais do Terceiro Reich.

---

26 Engdahl, p. 77.

27 Engdahl, p. 75.

28 Em 1926, foram arrecadados 250 mil dólares, o equivalente a 30 milhões de dólares em 2012 — uma quantia exorbitante de dinheiro em uma Alemanha devastada pela hiperinflação e depressão econômica.

No fim da guerra, com os cadáveres ainda quentes por toda a Europa, os aliados protegeram dos tribunais os próprios cientistas nazistas, como Joseph Mengele, que haviam torturado dezenas de milhares de pessoas até a morte. A marca radical nazista da eugenia constrangera os controladores sociais anglo-americanos, tornando sujas as palavras "eugenia" e "higiene mental".

Os controladores, no entanto, não se permitiriam dissuadir. Em 1956, a Sociedade Britânica de Eugenia deliberou que "a sociedade deveria praticar a eugenia de maneira menos óbvia". O que se seguiu foram o "planejamento familiar" e o movimento ambientalista. O World Wildlife Fund (WWF) e sua divisão de atos terroristas, o Greenpeace, bem como outros grupos com idéias afins, não são apenas elementos marginais que se podem ignorar com facilidade, mas tropas de choque da oligarquia em sua luta contra a humanidade.

Simplesmente rebatizaram cada uma das políticas utilizadas para controlar a população enquanto prosseguiam com seu trabalho sob a proteção das Nações Unidas e de suas organizações associadas. As Sociedades de Eugenia, Eutanásia e Higiene Mental da Grã-Bretanha, dos Estados Unidos e do restante da Europa foram simplesmente rebatizadas com nomes mais palatáveis como Associação de Saúde Mental da Grã-Bretanha e Associação Nacional de Saúde Mental dos Estados Unidos, que mais tarde se converteriam na Federação Mundial de Saúde Mental.

A Eugenics Quarterly Magazine tornou-se a Social Biology; a American Birth Control League, a Planned Parenthood, que hoje é responsável por um intenso despovoamento na África.

Embora não seja do conhecimento geral, algumas das maiores agências de ajuda humanitária e grupos cristãos fundamentalistas norte-americanos vêm realizando secretamente, nas últimas décadas, verdadeiros massacres na África.

Seu lema é "Planejamento familiar", o qual adquire sentido totalmente distinto quando se compreende plenamente as reais implicações e objetivos de longo alcance. Essas políticas de planejamento familiar contam com a defesa enérgica e sistemática de grandes doadores bilaterais, como o governo dos EUA, por meio de sua representante, a Agência Norte-americana para o Desenvolvimento Internacional (USAID), organismos multilaterais, mais notadamente a Federação Internacional de Planejamento Familiar (IPPF), o Fundo das Nações Unidas para Atividades Populacionais (UNFPA) e o Banco Mundial na África.

A eugenia estava sendo aceita como uma forma genuína de ciência. O darwinismo social fez grandes avanços em direção a um mundo em que o cientificismo realizaria o sonho de Galton de fazer da eugenia a religião do futuro.

O proeminente eugenista Julian Huxley deu um passo à frente e ofereceu uma solução: simplesmente inventar uma nova palavra para substituir o termo "eugenia". Esse termo, "trans-humanismo", foi definido por ele como:

> [...] a necessidade de a humanidade perceber a importância de conduzir o rumo de sua própria evolução.

Sim, a eugenia foi um dos aspectos originais do trans-humanismo, não surpreendendo que Julian tenha sido presidente da Sociedade Britânica de Eugenia, encarregada da tarefa de eliminar "variantes" indesejáveis do patrimônio genético humano.

Enquanto isso, imediatamente após a guerra, *Sir* Julian Huxley mudou o nome do programa de controle de natalidade forçado, de crescimento econômico zero e da tecnologia massiva de controle mental e continuou a aplicar os princípios que geraram o genocídio da Alemanha nazista contra os "racialmente inadequados".

Em 1946, Huxley anunciava que:

> Embora seja verdade que qualquer política eugênica radical será, por muitos anos, política e psicologicamente impossível, é importante que a UNESCO veja que o problema eugênico está sendo examinado com o maior cuidado e que a opinião pública seja informada das questões que estão em jogo, de modo que muito do que agora é impensável possa tornar-se, pelo menos, concebível.

Em 1974, Henry Kissinger, o filho intelectual de Huxley, afirmava:

> O despovoamento deveria ser a maior prioridade da política externa em relação ao terceiro mundo.

Huxley foi um dos fundadores da Sociedade Britânica de Eugenia e o primeiro diretor-geral da UNESCO, organização que insistia na redução populacional e no que Huxley chamava de "uma cultura única para o mundo". Também foi membro de destaque da Federação Mundial de Saúde Mental (WFMH), diretor da Associação para a Reforma da Lei do Aborto e fundador do World Wildlife Fund (WWF), cujo primeiro presidente era o príncipe Bernard da Holanda, nazista de carteirinha. O príncipe Bernard também foi um dos organizadores das reuniões do Grupo Bilderberg desde o início, em 1954.

Poucos percebem que Huxley representava um grupo de cretinos que, desde então, jamais encontraria correspondente. Entre eles estavam seu avô, Thomas Huxley, cujo apoio declarado à teoria da evolução de Charles Darwin lhe valeu o apelido de "buldogue de Darwin"; seu mentor pessoal e satanista Aleister Crowley; o brigadeiro John Rawlings Rees; Bertrand Russell e H.G. Wells, cuja obra *A conspiração aberta* exortava à ditadura mundial imperial fascista.

> O que torna a conspiração "aberta" — talvez o melhor termo seja "franca" — não é a exposição de algum plano-piloto secreto, tampouco a revelação da lista de membros de algum refúgio sagrado dos ricos e poderosos, mas antes a compreensão de que idéias, filosofia e cultura controlam a história.

Igualmente envolvido estava o irmão de Julian, Aldous, autor do famoso livro *Admirável mundo novo*. Nele, a população é geneticamente segmentada em Alfas, Betas, até chegar à casta inferior dos Ípsilons, idiotas sinteticamente produzidos por meio de métodos eugênicos ou da imposição de leis de reprodução nazistas.

Mente-colméia

Os trans-humanistas usam com freqüência o conceito de "mente-colméia", que se refere à enorme inteligência coletiva que poderá ser criada quando pessoas em todo o mundo conectarem seus cérebros por meios tecnológicos. Em outras palavras, o termo refere-se à criação de toda uma nova inteligência através da existência simbiótica. Na realidade, trata-se da colméia de Galton Darwin, da criação de um novo homem, a respeito do qual há muitos anos se escreve.

Fala-se muito sobre a mente-colméia no relatório sobre a Convergência Tecnológica NBIC. Aqui reproduzo o excerto:

> Prevemos que o vínculo da humanidade será impulsionado graças à interconexão de um cérebro virtual das comunidades da Terra, que buscam a compreensão intelectual e a conquista da natureza.
>
> Uma sociedade conectada por uma rede de bilhões de seres humanos poderia ser tão complexa em comparação com um ser humano individual quanto um ser humano o é para uma única célula nervosa. Ao existirem grupos locais de indivíduos aprimorados, conectados a uma inteligência coletiva global, as relações decorrentes da convergência das tecnologias NBIC gerariam novos recursos fundamentais. Um sistema dessa natureza disporia de informações distribuídas, de controle e de novos padrões para a manufatura, a atividade econômica e a educação. Poderia estruturar-se para aumentar a criatividade e a independência dos indivíduos. Longe de ser antinatural, um sistema social coletivo desse tipo pode ser comparado a um enorme organismo biológico. Os próprios organismos biológicos fazem uso de muitas estruturas, como ossos e sistema circulatório. A sociedade conectada graças à convergência das NBIC poderia explorar novos caminhos nas estruturas da sociedade, em um sistema cada vez mais complexo.[29]
>
> Pode ser possível desenvolver uma ciência social preditiva e tomar ações corretivas avançadas, com base nas idéias de convergência das NBIC. A cultura e a fisiologia humanas podem experimentar uma rápida evolução, entrelaçando-se como cadeias idênticas de DNA, esperemos que guiadas pela ciência analítica e pela sabedoria tradicional. A aceleração do ritmo da mudança poderá fazer da convergência científica um divisor de águas na história, equiparável à invenção da agricultura e à Revolução Industrial.[30]

Do ponto de vista da elite, essa colméia humana é, há muito, a sociedade ideal. Esse será o modelo para a "pós-humanidade", a mais moderna e atualizada raça de escravos, pois fora cientificamente projetada para jamais se rebelar, e o total desaparecimento do ser humano e seu dom divino da razão às custas da expressão, do pensamento e da ação coletivos.

---

[29] Bar-Yam, Y. 1997. Dynamics of complex systems. Cambridge, Perseus Press.

[30] NBIC report, p. 33.

Julian Huxley não poderia tê-lo descrito melhor. No entanto, não nos esqueçamos do irmão de Julian, Aldous Huxley, autor das obras *As portas da percepção, Céu e inferno* e *Admirável mundo novo*. Em 20 de março de 1962, em uma palestra na Universidade da Califórnia, em Berkley, ele expôs claramente a visão de uma sociedade futura planejada:

> Podemos afirmar que, no passado, todas as revoluções aspiravam basicamente a mudar o entorno a fim de mudar o indivíduo. Hoje, nos deparamos com a abordagem do que pode ser chamado de revolução decisiva, a revolução final em que o homem pode agir diretamente no corpo e na mente do próximo.
>
> A natureza da revolução decisiva que agora enfrentamos é precisamente esta: toda uma série de técnicas em processo de desenvolvimento que permitirá à oligarquia dominante que sempre existiu e provavelmente sempre existirá fazer com que as pessoas realmente amem sua servidão.
>
> Em primeiro lugar, padronizar a população, eliminando as diferenças humanas inconvenientes. Criar modelos produzidos em massa de seres humanos, distribuídos em algum tipo de sistema científico de classes. As previsões que não passavam de fantasias quando as fiz, há 30 anos, tornaram-se realidade ou estão a caminho de se tornarem realidade; não através do terror, mas tornando a vida muito mais agradável do que normalmente o fazem. Agradável ao ponto em que os seres humanos passarão a amar o estado de coisas que, segundo qualquer padrão humano razoável, eles não deveriam amar. E isso, a meu ver, é perfeitamente possível. Um dos avanços mais recentes no âmbito da neurologia é a implantação de eletrodos no cérebro. Isso, obviamente, vem sendo testado, em larga escala, em ratos, a fim de estudar seu comportamento.

Voltemos ao relatório da convergência das tecnologias NBIC:

> A convergência de ciências e tecnologias, que teve início com a integração a partir da nano-escala e suas enormes implicações individuais, sociais e históricas, criou uma excelente oportunidade para o desenvolvimento humano. Por conseguinte, os colaboradores deste relatório recomendam uma "área prioritária de pesquisa e desenvolvimento de tecnologias convergentes em âmbito nacional, direcionadas ao aperfeiçoamento do desempenho humano. O avanço do conhecimento e a transforma-

> ção de ferramentas permitirão que nossas atividades passem de meras repetições a atos criativos e inovadores, e transferirão o nosso foco das máquinas para o desenvolvimento humano. A localização das tecnologias convergentes na confluência das principais disciplinas e áreas de aplicação tornam o papel do governo fundamental, pois nenhum outro participante poderá abarcar uma iniciativa coletiva dessa envergadura. Sem esforços especiais de coordenação e integração, o caminho da ciência pode não conduzir à unificação fundamental aqui prevista. A tecnologia dominará cada vez mais o mundo, à medida que cresçam a população, a exploração de recursos e a possibilidade de conflitos sociais. Portanto, o êxito dessa área prioritária de convergência das tecnologias é essencial para o futuro da humanidade.

O trans-humanismo nutre a esperança e enche a mente das pessoas com sonhos de se tornarem super-humanos, mas o fato é que o verdadeiro objetivo reside na eliminação dessa coisa incômoda conhecida como livre-arbítrio.

Não há possibilidade de descoberta de um novo princípio universal da ciência, pois os princípios reais do conhecimento humano não se limitam ao que se aprende. Como Johannes Kepler explicou exaustivamente em seu livro *A harmonia do mundo*, "a personalidade humana tem acesso pela natureza exclusiva do poder único de cognição da mente humana", único entre todas as criaturas vivas, "à geração de princípios físicos universais verificáveis e comparáveis, que até então eram desconhecidos", o que aumenta o poder de nossa espécie sobre o universo por cabeça e por metro quadrado.

Para anular essa natureza exclusiva da mente humana, o mundo paralelo do pensamento junguiano pode encontrar-se agora entrelaçado com as idéias da "Nova Era". Dos conceitos sociais disseminados por comerciais de cerveja que falam do inconsciente coletivo à série *Star Wars* e à realidade virtual comercializada em massa, esses pensamentos são conscientemente edificados sobre o imaginário e as idéias místicas de Jung. Para eles:

> Essa nova tecnologia é a chave para abrir as portas da percepção ao mundo onírico junguiano.[31]

[31] Lonnie Wolf, "Turn off your TV", *The New Federalist*, p. 87.

No entanto, esse "mundo onírico" *à la Star Wars* junguiano está mais para um pesadelo recorrente. A questão epistemológica mais importante é negligenciada com freqüência. Parecem humanas para você essas criaturas de *Star Wars*, *Doom* e *Senhor dos anéis*? A segunda questão é: como persuadir as pessoas ao misticismo junguiano? Obviamente, desumanizando a imagem do homem; aí que reside o princípio do mal que permeia a "consciência virtual".

A pós-humanidade consistirá em um novo ser humano, submetido à engenharia genética e à instalação de chips em seu cérebro, visando ao seu total controle. Ao novo homem — parte humano, parte máquina — não será mais necessária a função sexual reprodutiva. Se o plano da elite é reduzir a população mundial, ocorre a você alguma maneira melhor de colocá-la em ação?

O que diz o relatório da convergência das tecnologias NBIC? Exatamente o seguinte:

> Os indivíduos, por meio da reprodução sexual, têm servido para manter o patrimônio genético heterogêneo e saudável, mas esse processo de manipulação de dados não seria mais necessariamente vinculado aos indivíduos. Como o conhecimento não estaria mais encapsulado nos indivíduos, ficaria obscurecida a distinção entre eles e a totalidade da humanidade.

Conquanto possa parecer algo extraído de um romance de ficção científica e saibamos que não chegaremos lá da noite para o dia, esse bizarro e horrível cenário não somente é possível, mas pretendido. Quer saber como?

Realidade virtual

Primeiro, devemos adentrar o mundo da realidade virtual, onde nossa identidade como ser genuinamente humano se fundirá com a do nosso novo "eu" virtual, o que permitirá que você seja outra pessoa. Isso é possível?

Poucos estão cientes dos constantes avanços tecnológicos que fazem da perspectiva trans-humanista uma realidade nos próximos cinco anos. A inteligência artificial e a criação de robôs pensantes estão intimamente relacionadas ao conceito da fusão entre mente e máquina das interfaces de neurochips. Agora mesmo, por exemplo, estão sendo desenvolvidos chips de computador que se conectam diretamente ao cérebro. A finalidade última de um chip cerebral será aumentar a inteligência milhares de vezes — basicamente convertendo o cérebro humano em um supercomputador.

Há uma percepção crescente de que é possível implantar peças de máquinas em corpos humanos para criar ciborgues — termo inventado pelo Dr. Nathan Kline, um psiquiatra vinculado à CIA e aos experimentos de controle mental do projeto MK-ULTRA.

Junto com Manfred Clynes, Kline fora co-autor de um artigo publicado na revista *Astronautics*, em sua edição de setembro de 1960, intitulado: *Cyborgs and space* [Os ciborgues e o espaço], que primeiro introduziu o termo "cyborg" na língua inglesa.

Nele, usaram o problema das viagens no espaço sideral para comentar os "aspectos cibernéticos" dos processos homeostáticos do organismo, a fim de desenvolver métodos que mantivessem os astronautas acordados durante semanas.[32]

O bem-estar emocional permanente é um conceito fundamental do trans-humanismo. Pode-se lograr esse intento através de reajustes dos centros de prazer no cérebro, com a criação de uma utopia, por meio de modificadores do estado de ânimo, e da fusão entre *nanobots* e biologia.

> Se pudesse usar *nanobots* para controlar seu cérebro, nem precisaria de dinheiro e posses para ser feliz; Bastaria estimular experiências realistas no interior de sua mente.[33]

O objetivo consiste em substituir todas as experiências adversas por um prazer que deixe para trás as dúvidas da experiência de vida normal do ser humano.

A nanotecnologia, por exemplo, é uma área fundamental para os trans-humanistas. É a ciência voltada à criação de máquinas do ta-

---

32 Chris H. Gray ed., *The Cyborg Handbook*, New York: Routledge, 1995. Na União Soviética, grande parte do programa de treinamento de astronautas foi designada ao Conselho Soviético de Cibernética. Leia em Slava Gerovitch, "'New Soviet Man' Inside Machine: Human Engineering, Spacecraft Design, and the Construction of Communism", em Greg Eghigian, Andreas Killen e Christine Luenberger (eds.), *The Self as Project: Politics and Human Sciences*, Chicago: University of Chicago Press, 2007.

33 http://www.nanoweapons.co.uk/.

manho de moléculas. Máquinas dessa natureza poderiam criar tecido orgânico com finalidades médicas. O uso desse tipo de tecnologia poderia prolongar significativamente a expectativa de vida. Por quanto tempo? Que tal "para sempre"?

Em menos de uma geração a humanidade poderá fundir-se completamente com a tecnologia, transferindo a consciência individual para a realidade virtual. Ao submeter-se a um *upload,* uma pessoa poderia viver para sempre em uma realidade gerada por computador, deixando para trás o seu corpo físico.

Nessa máquina, o indivíduo poderia mesclar sua inteligência com a inteligência coletiva de todos os demais inseridos na realidade digital, tornando-se, de maneira efetiva, um ser super-inteligente. Já discutimos esse conceito: a "mente-colméia".

Mas tem mais! Uma das visões mais ambiciosas é a de fazer o *upload* das mentes humanas em corpos holográficos. Um holograma tridimensional que tornaria indistintas a realidade e a realidade virtual, por meio da projeção de imagens com feixe azul ou bário e estrôncio (teores de chuva radioativa), transformando nosso amado céu azul em um gigantesco televisor entorpecedor de mentes. Não acredita em mim?

Em 1998, o Laboratório de Pesquisas do Exército dos Estados Unidos registrou a patente de uma tela holográfica tridimensional que usa estrôncio e bário na holografia. Na verdade, o governo norte-americano detém a patente de nuvens holográficas (patente 5409379), registrada em 1993. Em 1994, o governo norte-americano registrou patente para o uso de nuvens holográficas em um cenário (patente US 5489211).

Pergunta-se mais uma vez: quantas pessoas percebem a semelhança com o "inconsciente coletivo" de Jung?

"Somente através do reconhecimento da dimensão do inconsciente coletivo a ciência poderá servir aos interesses do homem", afirma Jung.

Exceto pelo fato de que realidade virtual e computadores não podem replicar o processo de pensamento inteligente humano. O que a inteligência artificial pode fazer é alterar a consciência, do mesmo modo como o LSD brincava com a mente humana na década de 1960.

O mundo de Matrix

O governo e a indústria fizeram um bom trabalho inserindo-nos em uma *matrix*. Estamos sendo sugados para dentro de nossos iPhones, *videogames*, interface RD. O físico teórico Michio Kaku está convencido de que: "em 2020 haverá um universo tridimensional inteiro no ciberespaço, com países e governos virtuais, escolas e universidades virtuais, imóveis e mercados de ações virtuais, família e amigos virtuais".

Segundo o futurólogo Ray Kurzweil:

> A realidade virtual se parecerá cada vez mais com a realidade concreta, mas me dará, no entanto, a vantagem de poder compartilhar um ambiente de realidade virtual, incorporando todos os sentidos com outra pessoa, mesmo que ela esteja a centenas de quilômetros de distância. Isso tem muitas vantagens sobre a realidade real.

Há um consenso de que:

> Em dez anos, coisas como *Second Life* [Segunda vida ou Vida paralela] se tornarão tão corriqueiras como o correio eletrônico de hoje em dia, e, em minha opinião, os mundos virtuais terão uma maneira similar de reunir as pessoas ou fazê-las se comunicar.

Para conceder aos céticos o benefício da dúvida, talvez essa versão da humanidade seja pura especulação.

No entanto, a tecnologia convergente apresenta uma necessidade de mudança radical da sociedade, independentemente de sua aplicação. Essa idéia é defendida com recorrência no relatório sobre a Convergência Tecnológica NBIC de 2001 da Fundação Nacional da Ciência.

A mensagem do relatório é inequívoca: o mundo da realidade virtual é um mundo em que o ambiente é totalmente controlado.

Jaron Lanier, da VPL Research, Inc., garante:

> Se pudermos gerar estímulos suficientes fora dos órgãos dos sentidos de um indivíduo e indicarmos a existência de um determinado mundo alternativo, o sistema nervoso desse indivíduo entrará em ação e tratará o mundo estimulado como se fosse real.

Ademais, se a tecnologia da realidade virtual for administrada como ferramenta de lavagem cerebral, ela pode debilitar o que os freudianos denominam "superego", aquela parte da personalidade coerente com a consciência moral, que é, de um lado, a base para a busca da verdade e ato exclusivamente humano de descoberta fundamental e integração de novos princípios universais que melhoraram a vida das pessoas por metro quadrado contra, do outro, a natureza.

De fato, a ciência tem tentado reduzir gradualmente nossa conexão intrínseca com o universo e substituí-la pela "alucinação consensual" da realidade virtual.

Cabe destacar que o nosso entorno foi criado, feito sob encomenda pelos meios de comunicação de massa.

TV sob encomenda

Dê uma olhada em alguns dos programas de TV mais populares em nossa cultura: *American Idol, Survivor* e os concursos televisivos, todos projetados para reforçar o conceito social-darwinista de competição. Para sobreviver, devemos sobrepujar nossos concorrentes. Esse é o tema recorrente em nossa sociedade. A nossa auto-estima foi derrubada através da publicidade.

A única maneira de nos sentirmos bem conosco é tendo sucesso, o que implica em adquirirmos qualquer coisa que seja maior e melhor. Na atualidade, para termos sucesso devemos embelezar as coisas materiais que nos rodeiam, especialmente se quisermos nos tornar pessoas importantes. É humano que haja diferença entre o indivíduo e sua imagem, e espera-se que aceitemos esse fato como uma lei da natureza. Afinal, é a *sobrevivência dos mais aptos*. É assim que nos dizem de que forma evoluem as espécies. Não queremos conter o avanço da humanidade agora, queremos?

Pensemos nos meios de comunicação de massa que se aproveitam de nossas inseguranças. A propaganda, em muitos sentidos, é também um estratagema: revistas de boa forma, moda, obsessão pela fama, juventude, riqueza e beleza. Estamos obcecados por juventude e aperfeiçoamento estético.

A publicidade é um processo de fabricação de *glamour*. O *glamour* consiste em ser invejado. A publicidade, portanto, alimenta a felicidade solitária que sentimos por sermos alvos da inveja alheia, cujo lado sombrio perdeu-se, em grande parte, no pensamento do século XX.

Desde a era medieval, a inveja tem sido considerada uma das principais causas do sofrimento humano. Assim como o desespero, resulta da separação do indivíduo do seu objeto de desejo, combinada à sensação de impotência em obtê-lo. Na inveja, a compulsão em alcançar torna-se o desejo de destruir.

A publicidade é a versão mitológica da cultura do consumidor. Nenhuma sociedade existe sem alguma forma de mito. Não surpreende, portanto, que uma sociedade baseada na economia da produção em massa e do consumo de massa elabore seu próprio mito com o mesmo formato de um comercial. Como qualquer mito, a publicidade toca todos os aspectos da vida e, também como mito, faz uso do "fabuloso" em sua imposição ao mundano.

Não importa o que achamos disso, as pessoas não precisam trocar de automóvel a cada três anos; televisores de plasma enriquecem pouco a experiência humana e a altura de uma bainha não expande a consciência e nem aumenta a capacidade de amar.

Como os produtos não proporcionam o tipo de recompensa psíquica que as imagens publicitárias prometem, ficamos na dúvida de que algo possa fazê-lo. Se formos atrás dessa dúvida, acabaremos contemplando um estado mental no qual um buraco negro envolve quase todos os produtos, como um negativo fantasmagórico do seu resplendor: o buraco negro da promessa não cumprida.

Esse buraco negro, para o qual a publicidade contribui com a exploração de tantas imagens ideais, é terreno fértil para qualquer religião que prometa interromper o ciclo de idolatria e nos conectar com o grande "Ideal" que transcende todos os demais: Deus, imortalidade, consciência cósmica, iluminação, o mundo espiritual, o eu-profundo ou como quer que o chamem.

Entremos no mundo da realidade virtual, onde todos os nossos sonhos — aquele "Ideal" — podem se tornar realidade.

A realidade virtual, segundo dizem, cria um mundo artificial no qual somos livres para fazer o que quisermos, sem sermos responsáveis por nossos atos. Se você quiser fazer sexo com uma imagem gerada por computador do cachorro do seu vizinho, tudo bem! Vá em frente e aproveite o mundo virtual.

Com a liberação de nossas "fantasias reprimidas", caso alguém creia no discurso freudiano: a realidade virtual gera uma nova consciência que redefine o bem e o mal. Nas palavras de outro famoso psicopata, Friedrich Nietzsche, é um universo: "além do bem e do mal". Somos, dessa forma, liberados para fazer o mal, "sem sofrer suas conseqüências e, portanto, nos purificarmos de nosso desejo inato de 'sermos' malvados".[34]

O ápice fantasioso do mundo trans-humanista nos proporciona a mais nítida visão de seus propósitos funestos, através de olhos desprovidos da verdade universal e da sagrada responsabilidade de agir em prol do bem, atribuída ao indivíduo soberano.

> E sem verdade universal, não pode haver razão. Se a verdade for aniquilada, nossa civilização morre com ela.[35]

Nos últimos cinqüenta anos, a única mudança foi o aumento da circunspecção na mesma proporção que a sofisticação técnica. Não deveríamos, portanto, surpreender-nos que o meio publicitário tenha reformulado até mesmo o nosso conceito de verdade.

Em *Admirável mundo novo*, Aldous Huxley postulava a administração universal de um fármaco chamado *Soma* para a manipulação do populacho. Temos agora, ao nosso alcance, o máximo em termos de aperfeiçoamento oferecido pelo *Soma:* o trans-humanismo.

O trans-humanismo oferece-nos a melhor forma de nos aprimorarmos. Deseja ser jovem? Que tal lhe parece a vida eterna? Quer ser forte? Que tal acrescentar algumas peças de máquinas ao seu corpo? Quer ser inteligente? Sem problemas! Coloque este chip em sua cabeça. Você poderia se tornar onipotente e, se puder pagar, imortal.

Tratamentos genéticos para prevenir os efeitos do desenvolvimento

> [...] permitirão tratar os sintomas do envelhecimento, resultando no aumento da expectativa de vida para aqueles que pudessem pagar. A divisão entre os que podem se dar ao luxo de "comprar a longevidade"

[34] Lonnie Wolf, "Turn off your TV", *The New Federalist*, p. 84.

[35] Ibid.

> e os que não podem poderia agravar a percepção da desigualdade global percebida.[36]

Aos ditadores ou déspotas também seria possível "comprar a longevidade" e, assim, prolongar seus regimes de governo e tornar mais críticos os riscos à segurança internacional.

Se acreditamos que a introdução do trans-humanismo em um mundo mergulhado nessa competitividade feroz é pura casualidade, é melhor reconsiderarmos. Como cães pavlovianos, todos fomos treinados com bombardeios publicitários ininterruptos. Se não admitirmos essa realidade, nossos superiores — essa gente que sempre acreditou ser o ápice da grandeza humana — nos dominará a todos.

E é exatamente isso que o relatório sobre a Convergência Tecnológica NBIC, da Fundação Nacional da Ciência, postula:

> O aperfeiçoamento do desempenho humano exigiria a fusão da biologia humana com a tecnologia.

As interfaces cérebro-máquina permitiriam o controle de máquinas com o próprio cérebro. Chips implantados no cérebro também teriam a capacidade de armazenar informações e melhorar a função cognitiva.

A melhor simbiose entre homem e máquina poderia consistir em fazer o *upload* da cópia do cérebro de um indivíduo em um supercomputador.

Insisto: isso permitiria que um indivíduo vivesse efetivamente para sempre em uma simulação virtual gerada por computador. E, é claro, as implicações militares da convergência são bastante óbvias. É inevitável a sujeição do desempenho humano ao aprimoramento cibernético. Concretizar esses sonhos requer a decodificação e a compreensão de sistemas complexos, sendo o de maior importância o cérebro humano, afinal, ele é a força motriz por trás do nosso desempenho.

MK-ULTRA: *de volta para o futuro*

Em 1952, o diretor da Central de Inteligência recebeu uma proposta que detalhava o método de financiamento para um projeto confidencial de pesquisa e desenvolvimento, organizado pela CIA, que estudaria o

[36] http://davidrothscum.blogspot.com/2009/03/autism-eugenics-and-split-within.html.

uso de materiais biológicos e químicos, como o LSD, na alteração do comportamento humano.

Em 13 de abril de 1953, o MK-ULTRA foi instituído com o propósito expresso de pesquisar e desenvolver materiais químicos, biológicos e radiológicos que pudessem ser utilizados em operações clandestinas e fossem capazes de controlar ou modificar o comportamento humano.

Ao todo, havia 149 subprojetos MK-ULTRA, muitos deles relacionados a pesquisas sobre modificação de comportamento, hipnose, efeitos de drogas, psicoterapia, soros da verdade, patógenos e toxinas em tecidos humanos.

Para fins de inteligência, o que se exigia do MK-ULTRA era a capacidade de manipular a memória. Assim, teriam que contornar o que os freudianos denominam "superego" para conceder ao controlador acesso direto ao conteúdo da mente do inimigo. Esse foi o primeiro passo. O segundo passo consistiria em apagar partes específicas de informação da memória do agente inimigo e substituí-las por novos fragmentos de memória, o que permitiria à agência reenviá-lo ao campo sem que se soubesse que o agente inimigo havia sido interrogado e revelara informações confidenciais. O terceiro passo seria um bônus em potencial: poderia aquele agente inimigo "ser programado" para atuar em favor da agência, sem saber quem deu o comando ou por quê?

Essa é a essência do filme *Sob o domínio do mal*. Constitui também a essência do que conhecemos hoje pelos nomes de hipnoterapia e psicanálise "profunda", pois o psiquiatra procura acessar as camadas inconscientes do paciente para extrair informações importantes, como traumas de infância, e neutralizar seus efeitos, substituindo, em alguns casos, determinados padrões de comportamento por outros aprovados.

Porém, ao explorar a mente e desenvolver técnicas para desvendar seus segredos, a CIA explora inconscientemente áreas que têm estado restritas ao âmbito da religião e do misticismo há milhares de anos.

Investigam-se registros de ocultistas, mágicos, bruxas, sacerdotes vodus e xamãs siberianos, visando isolar as técnicas empregadas desde tempos imemoriais para suplantar a consciência cotidiana, confortável e normal do indivíduo e substituí-la por outra personalidade, forte, onisciente, às vezes violenta, mas sempre enganosa. Em seguida, usam essas outras personalidades para descobrir a ação da memória profunda, pois o MK-ULTRA era, basicamente, um ataque à Terra da Memória; a criação de novas memórias falsas e a erradicação de outras antigas e perigosas.

Enquanto essas idéias monstruosas de engenharia social de massa eram apresentadas como alternativa "humanista" à Guerra Mundial da era das bombas atômica e de hidrogênio, as agências de inteligência e governos já trabalhavam duro em projetos importantes, que uma ou duas gerações depois moldariam a implementação de um "admirável mundo novo" que nos conduziria à força ao seu novo universo de governança planetária.

Neurociência

Neurociência é o estudo do sistema nervoso. Graças aos avanços nas disciplinas de química, ciência da computação, engenharia, medicina, entre outras, a neurociência também abrange atualmente o estudo do sistema nervoso em seus aspectos molecular, celular, estrutural, funcional, evolutivo, computacional, médico e de desenvolvimento. Dos estudos moleculares e celulares de células nervosas individuais à imagiologia das funções sensoriais e motoras do cérebro, a neurociência tem cruzado o limiar da ciência, tornando-se um elemento fundamental do aparato de segurança nacional em todo o mundo.

À medida que se acelera a capacidade de decodificação do cérebro, as mudanças se estenderão rapidamente por todas as sociedades, apresentando ligeiras variações.

Milhões de dólares têm sido gastos por agências de inteligência com pesquisas em neurociência, na esperança de que não tardem a fornecer-lhes ferramentas extremamente avançadas, destinadas à proteção da segurança nacional. O alcance da tecnologia é algo estonteante e sua amplitude é muito maior do que os governos admitem.

> O presidente Obama acaba de autorizar um "Projeto Manhattan" de dez anos, elaborado para mapear o cérebro humano. A nova iniciativa multimilionária chama-se BAM, sigla para *Brain Activity Map* [Mapa da atividade cerebral]. O fato de a DARPA ser uma das

> agências envolvidas no projeto é revelador. É o sonho erótico dos tecnocratas: podemos agora acionar um cérebro artificial dotado de capacidade e inteligência suficientes para que tome, a partir de um centro de planejamento, todas as decisões fundamentais para a raça humana.
>
> O projeto BAM será usado para criar uma sociedade aos moldes da retratada no filme *Minority report*.
>
> Eis a mensagem implícita do BAM: "Cidadãos, nós protegeremos a todos. Teremos acesso ao cérebro para redirecioná-lo para longe da violência. Vocês estarão a salvo". O objetivo declarado é o mapeamento de toda atividade neuronal dos seres humanos. A Associação Americana de Psiquiatria e a indústria farmacêutica estão babando ante a expectativa; isso é tudo com o que sempre sonharam: inúmeras opções de tratamento, mais diagnósticos, mais fármacos, mais controle. O projeto BAM é a etapa anterior à de reconfiguração do cérebro, que, por sua vez, é o objetivo subjacente de longo prazo.[37]

O desenvolvimento de sofisticadas armas neurológicas gerará um estado permanente de incerteza ante a perspectiva e o perigo da guerra neurológica e suas conseqüências. Sistemas de detecção emocional invadirão a seara pública, uma vez que as redes de vigilância global realizariam buscas por terroristas e criminosos.

A pesquisa predominante e que atualmente cria a nossa neuro-sociedade emergente está sendo financiada com o orçamento do departamento de defesa dos Estados Unidos. Segundo a Associação das Universidades Americanas, cerca de 350 instituições acadêmicas mantêm contratos de pesquisa com o Pentágono, entre as quais o Instituto de Tecnologia da Califórnia, a Universidade da Califórnia, de Cornell, o MIT, Harvard, Yale, Princeton, as Universidades de Indiana, de Wisconsin e do Michigan, a Universidade Estadual da Pensilvânia, a Universidade de Minnesota, de Stanford e as Universidades do Texas e de Washington, que respondem por 60% do financiamento básico em pesquisas.

O pedido de orçamento do presidente Obama para o ano fiscal de 2013 inclui o montante de US$ 140.820 bilhões para pesquisa e

[37] Jon Rappoport, "The hideous BAM in Obama: map your brain for your own good", 18 de fevereiro de 2013, www.nomorefakenews.com.

desenvolvimento (P&D). Sete agências federais receberão 95,8% de todo o financiamento federal em P&D e praticamente três quartos do financiamento total em P&D será destinado ao Departamento de Defesa (50,6%) e ao Departamento de Saúde e Serviços Humanos (22,3%, principalmente aos Institutos Nacionais de Saúde).[38]

Em artigo publicado há uma década pela U.S. Army War College, o analista militar Timothy Thomas usou o título *The mind has no firewall* [A mente não tem *firewall*]. O artigo analisava armas energéticas, armas psicotrópicas e outras novidades projetadas para alterar a capacidade do corpo humano de processar estímulos.

A humanidade está à beira da guerra psicotrônica, centrada na mente e no corpo. Armas psicotrônicas são aquelas que podem eliminar e substituir as memórias do cérebro humano. Em fevereiro de 1997, um ex-comandante do exército russo informava em um periódico militar que o mundo inteiro estava desenvolvendo armas que se enquadravam na definição de "psicotrônicas".

Investigações revelam que antes mesmo da publicação do artigo "A mente não tem *firewall*" era possível ter havido a implantação da guerra psicotrônica entre União Soviética e Estados Unidos. Com o inquietante título Projeto Pandora, a pesquisa foi conduzida pela divisão de psicologia da seção de pesquisa em psiquiatria do Instituto Walter Reed de Pesquisa do Exército. O Pandora teve início depois que os Estados Unidos souberam que o governo soviético havia submetido a embaixada dos Estados Unidos em Moscou à radiação de microondas, entre os anos de 1953 e 1976.

DARPA

A edição de janeiro de 2008 da *Aviation Week* publicou um artigo de Amy Kruse, supervisora de algumas das mais provocativas pesquisas da DARPA — como a que envolve a análise computacional de ondas cerebrais detectadas via satélite, à revelia do objeto. Espera-se que isso ajude os analistas de inteligência a identificar e localizar alvos com precisão, com base nos pensamentos hostis das forças inimigas.

---

[38] John F. Sargent Jr., Federal Research and Development Funding: FY2013, 1 de outubro de 2012.

Além disso,

> a Agência de Projetos de Pesquisa Avançada de Defesa do Pentágono recorreu à Northrop Grumman para o desenvolvimento de binóculos que "grampearão" o subconsciente. O programa *Cognitive Technology Threat Warning System* [Sistema de detecção de ameaças baseado em tecnologia cognitiva], informalmente chamado de "Binóculos de Luke", combina óptica avançada com eletrodos eletroencefalográficos que podem, segundo a DARPA, ser usados para alertar o usuário sobre uma ameaça antes que a mente consciente processe a informação.[39]

Além disso, o agregador de blogues americano *Huffington Post* informa:

> A Agência de Projetos de Pesquisa Avançada de Defesa amaldiçoou o planeta com sistemas de mísseis não-tripulados, robôs e máquinas todo-terreno que se fartam de carne humana e a utilizam como combustível. O grupo, que trabalha diretamente para o Departamento de Defesa dos Estados Unidos, agora espera transformar seres humanos em ciborgues controláveis, irracionais e assassinos.
>
> A organização decidiu seguir adiante com o movimento de desumanização ao financiar um ambíguo — ou pior, monstruoso — projeto de "ultra-som pulsado transcraniano". Segundo a revista *Popular Science*, a tecnologia envolve implantes que manipulam as mentes dos soldados para estimular processos neurais, aliviar o estresse, aumentar o estado de alerta e a acuidade mental e até reduzir os efeitos de uma lesão cerebral traumática. Guerreiros invulneráveis e hipersensíveis, com poderes para semear a morte e a destruição, apesar dos danos cerebrais irreversíveis, não parecem nada apavorantes ou terríveis.[40]

Ao combinar ciências interdisciplinares com o foco em nosso cérebro ocorrem experimentos nos quais as ondas cerebrais dos soldados podem ser vistas por seus comandantes através de computadores sem fio.[41] Quando percebe que o soldado teve a amplitude da visão periférica reduzida, com base na sobrecarga de informações, o comandante

---

39 Sharon Weinberger, "Northrop To Develop Mind-Reading Binoculars", 6 de setembro de 2008.

40 Warren Riddle, "DARPA's 'Pulsed Ultrasound' Helmets Could Control Soldiers' Minds", 11 de setembro de 2010.

41 "Can a satellite read your thoughts?", por Deep Ought, em 24 de outubro de 2012.

saberá que deve contar com um terceiro para cumprir as ordens e levar a cabo ações fundamentais durante um ataque.

Um projeto anterior, chamado Augmented Cognition [Cognição aumentada], deu origem à 1ª, 2ª e 3ª fases de um projeto ultra-secreto para pesquisa conduzido pela DARPA: o NIA, sigla para *Neurotechnology for Intelligence Analysts* [Neurotecnologia para Analistas de Inteligência]. Segundo a DARPA:

> Os combatentes do Sistema de Detecção de Ameaças Baseado em Tecnologia Cognitiva (CT2WS) precisam ser capazes de ver e identificar ameaças à maior distância possível. Os binóculos ainda não integraram a tecnologia ou a biologia que lhes permitissem maximizar essa capacidade. O programa CT2WS fará uso dessas tecnologias no desenvolvimento de dispositivos portáteis de detecção visual de ameaças. Esses sistemas fornecerão mais informações visuais sobre o entorno do combatente, disponibilizando ferramentas que iniciam uma pronta reação quando surgirem ameaças. Esse programa incorporará áreas da tecnologia, como ópticas de grande angular e de campo plano, imagem digital com grande quantidade de pixels e algoritmos para processamento da informação visual. Outros recursos são o processamento de sinais híbridos (analógico-digitais) de potência ultrabaixa, o processamento da detecção da assinatura neural do operador e os sistemas de interface do operador. O êxito dessa iniciativa resultará em um sistema misto de software com HITL (sigla para *human-in-the-loop,* que se refere à capacidade de intervenção humana em cada ciclo de decisão do sistema), capaz de uma detecção de alta fidelidade com índices extremamente baixos de falsos alarmes, sem aumentar as já pesadas cargas de combate dos soldados.[42]

A segunda fase do projeto NIA gira em torno de um ambicioso programa Neovision2, que:

> Desenvolverá um sistema autônomo, sem supervisão, capaz de reconhecer objetos militares relevantes em uma ampla gama de ambientes e de condições ambientais, por meio da fusão entre a neurociência e

[42] http://www.darpa.mil/Our_Work/DSO/Programs/Cognitive_Technology_Threat_Warning_System_%28CT2WS%29.aspx.

> a engenharia. A integração de avanços recentes que permite a compreensão da via visual dos mamíferos, assim como os avanços da microeletrônica, conduzirá à produção de recursos inéditos e revolucionários que proporcionarão aos combatentes um novo nível de consciência situacional.[43]

O ponto principal é que a tecnologia está anos-luz à frente de qualquer coisa que a maioria de nós possa entender.

Uma das principais empresas que trabalham na tecnologia dessa nova era é a Honeywell, em cuja folha de pagamento figurava Egidio Giuliani. Agente terrorista em tempo integral nos anos de 1970 e 1980, Giuliani forneceu armas e passaportes tanto às Brigadas Vermelhas que assassinaram Aldo Moro quanto aos fascistas "negros" que bombardearam a estação de trem de Bolonha.

O trabalho da Honeywell conta com a participação da Teledyne Scientific & Imaging e da Universidade de Columbia.

A Teledyne não é uma típica empresa de alta tecnologia que trabalha em máquinas de lavar de nova geração. Seus principais projetos consistem em coisas como:

> o design, o desenvolvimento e a produção de subsistemas de sensores de luz infravermelha e visível de alto desempenho, usados em missões espaciais, em aplicações de astronomia e *targeting*, e de vigilância terrestre de longo alcance e em tecnologias de captura de energia, acondicionamento de dispositivos eletrônicos, biomateriais e dispositivos ópticos de cristal líquido.[44]

Quão longe está tudo isso?

> Em *Minority report*, John Anderton, personagem interpretado por Tom Cruise, faz uma cirurgia radical para substituir os olhos e poder enganar os sistemas de segurança que escaneiam sua retina para identificá-lo. Quando ele se recupera do procedimento legal, deitado em uma banheira, robôs diminutos adentram no recinto e examinam seus olhos, na tentativa de localizar o policial dos crimes futuros. A capacidade de escanear retinas para identificar pessoas é algo extraído diretamente de um filme de ficção científica, mas, à exceção do uso de

43 http://www.darpa.mil/Our_Work/DSO/Programs/Neovision2.aspx.

44 http://www.teledyne-si.com/.

> drones aracnóides, trata-se de uma possibilidade tanto do presente quanto do futuro próximo. Com efeito, não tardará para que nossos olhos nem precisem estar perto de um *scanner* para serem identificados.
>
> Uma equipe de engenheiros da Southern Methodist University (SMU) está trabalhando em estreita colaboração com a DARPA no desenvolvimento de um novo tipo de *scanner* ocular que poderia identificar uma sala repleta de pessoas sem que estas percebam. Os novos sensores de imagem, chamados *Panoptes*, poderiam localizar e escanear a íris de uma pessoa, independentemente da distância em que se encontra, mesmo que não estivesse olhando diretamente para a câmera. O sistema, apelidado de *Smart-Iris*, é imune a problemas como má-iluminação, claridade, cílios ou movimento, além de funcionar apenas com uma varredura parcial, graças ao auxílio de um novo algoritmo.[45]

Essas tecnologias não estão sendo criadas para deter terroristas, mas para nos deter! As leis que as justificam não são redigidas sem mais nem menos; destinam-se antes a dar ao governo carta branca para passar por cima do povo durante o caos e a confusão da era das transições — *transição para uma civilização planetária.*

Futuros Bin Ladens e Kadafis não são o inimigo. Na verdade, nunca foram. *Você é o inimigo*. Seja nos aeroportos, na fronteira ou na esquina, de agora em diante, sondarão nossas mentes com a nova e assombrosa tecnologia desenvolvida pela Divisão de Fatores Humanos da diretoria de Ciência e Tecnologia do Departamento de Seguridade Nacional (DHS) dos Estados Unidos.

> Os próprios membros do DHS mostram-se muito reservados ao explicar como exatamente funcionaria seu leitor da mente ou detector de mentiras. Ao que parece, a idéia consiste em empregar uma série de tecnologias. Câmeras tirariam fotos ou filmariam rostos, que, em seguida, seriam submetidos à busca por expressões ou *memes* suspeitos — talvez um olhar atravessado, de soslaio, ou uma conversa vaga e sem sentido diante da perspectiva de finalmente atacar o odiado Grande Satã.[46]

---

[45] "DARPA's Smart-Iris Can Detect Eyes in a Moving Crowd", Terrence O'Brien, em 1º de junho de 2010, no *Huff Post Tech*.

[46] "Project Hostile Intent plans 'non-invasive' DHS brain scan", 9 de agosto de 2007.

A memética permitiria compreender melhor os processos cognitivos em toda a sociedade. Suas aplicações, naturalmente, são orientadas para o "Darwinismo Universal". E, como o relatório da Fundação Nacional da Ciência afirma com franqueza: "Determinadas idéias podem ter a força de um vírus social".[47] Não surpreende que o relatório também ofereça uma solução visionária para a guerra contra o terrorismo:

> A sociotecnologia pode nos ajudar a vencer a guerra contra o terrorismo. Ela pode nos ajudar a entender as motivações dos terroristas e, assim, eliminá-los.

Espera-se que a terceira fase produza um protótipo que passará pelos testes das agências de inteligência em 2014. Segundo a Honeywell, a tecnologia está quase pronta para uso operacional.

Juntas, as pesquisas voltadas à cognição aumentada e ao NIA conectaram diversas equipes corporativas e acadêmicas às quatro forças militares dos Estados Unidos: a Daimler Chrysler com o Corpo de Fuzileiros Navais; a Lockheed Martin com a Marinha; a Boeing com a Força Aérea e a Honeywell, acompanhada de uma equipe de onze parceiros industriais e universitários, com o Exército.

Uma das áreas de pesquisa mais comentadas é algo denominado ADS, sigla para *Active Denial System* [Sistema de Negação Ativa]. O ADS é o subproduto de uma pesquisa mais ampla em andamento sobre a tecnologia que poderia excluir e, em seguida, substituir as memórias de uma pessoa com o auxílio de radiação eletromagnética.

Se pensou em *MIB — Homens de preto,* você acertou em cheio. Exceto pela tecnologia, chamada "Raio de Amnésia", que já existe e está para ser usada a qualquer momento. Ademais, uma equipe de neurocientistas desenvolveu, de fato, um exame cerebral que encontra indícios sobre o que um indivíduo pretende fazer. Esta é uma versão atemorizante de *Minority report* que se tornou realidade.

Cientistas afirmam que:

> As sementes do comportamento criminoso e anti-social podem ser encontradas em crianças com apenas três anos de idade. Mais pesquisadores acreditam que tendências à violência têm fundamento

[47] NSF 2001 report.

biológico e que os exames e imageamento cerebrais podem detectá-las em crianças.

Ao prever quais crianças podem se tornar problemáticas, poderíamos submetê-las a tratamentos que as mantivessem na linha. Se os exames forem precisos o suficiente, alguma forma de triagem, como as usadas para detectar certas doenças, poderia ser introduzida. Essas teorias foram apresentadas por dois destacados criminologistas da Associação Americana para o Avanço da Ciência, em Washington.[48]

Cabe destacar que não se trata de projetos financiados pelo Estado com o objetivo de melhorar as condições da humanidade; são antes, em sua maioria, experimentos secretos sancionados em nome da defesa, que, se examinados com cuidado, revelarão seu propósito de prevenção do crime e, se levados adiante, constituem um método elaborado sob medida para sufocar qualquer rebelião praticada por 99% da população mundial, destinada a viver na mais absoluta miséria das megalópoles do futuro, infestadas de crimes.

Quanto custa tudo isso? Embora não haja números concretos, estima-se que o orçamento destinado às operações secretas do Pentágono seja de aproximadamente 6 bilhões de dólares anuais.

O que cada um de nós deveria entender é que o futuro nada tem a ver com armas nucleares. Atualmente, vivemos em uma corrida armamentista para a criação da próxima geração de armas inimaginavelmente potentes e aterrorizantes.

Um desses projetos é o *Advanced Image Triage System* [Sistema Avançado de Análise de Imagens] da Honeywell, que compreende um software de análise comportamental de grupo e algoritmos de reconhecimento de emoções individuais que interpretam os tiques emocionais diminutos que todos nós manifestamos. Os analistas de inteligência vasculharão o material de vigilância enviado em tempo real por satélites, drones *Predator* não-tripulados, insetos robóticos e outros engenhosos sistemas de vigilância na tentativa de buscar e destruir combatentes inimigos.

Estamos diante da ascensão das armas neurológicas, destinadas

[48] "Child brain scans to pick out future criminals", Richard Alleyne, *London Telegraph*, 22 de fevereiro de 2011.

a mudar a capacidade emocional e cognitiva dos indivíduos. Pode ser que bombas de memória que provocam amnésia de curto prazo ou armas eletrônicas indutoras do sono pareçam ficção científica, porém, antes do advento das armas atômicas, ninguém imaginaria que uma bomba pudesse matar instantaneamente 140 mil habitantes em Hiroshima.

Domínio total do espectro

À medida que um número crescente de laboratórios biológicos e químicos se concentram no desenvolvimento da próxima geração de fármacos para o cérebro, pesquisadores que se dedicam a outro aspecto da revolução neurotecnológica projetam dispositivos médicos implantáveis que interagem com o cérebro por meio de diminutos impulsos elétricos.

Nos próximos vinte anos, o impacto dos neurodispositivos em escala nanométrica será enorme. O motivo de haver muito mais em jogo é que:

> as ferramentas mais recentes nos permitirão nada mais, nada menos que uma crescente precisão no controle sobre o elemento mais poderoso de nossas vidas: nossas próprias mentes.[49]

De todos os meios de armazenamento que utilizamos para guardar as informações que nos são mais importantes nosso cérebro é, de longe, o mais complexo. Graças aos recentes avanços em imageamento do cérebro, memória temporal hierárquica e teoria das redes complexas cerebrais, bem como em neuro-robótica, o acesso não autorizado ao cérebro humano é cada vez mais provável.

Este é um dos projetos de engenharia reversa de ponta da DARPA:

> Com 50 milhões de neurônios (elementos processadores) e centenas de quilômetros de axônios (cabos) que terminam em quase 1 trilhão de sinapses (conexões) por centímetro cúbico, e cujo córtex consome apenas cerca de 12 watts de energia, o cérebro é, sem dúvida, um dos sistemas de processamento de informações mais complexos e densamente compactados de que se tem conhecimento e, ainda assim, altamente eficiente. É também a sede da percepção sensorial, da co-

[49] http://www.youtube.com/watch?v=Qu-1zO29IxE.

> ordenação motora, da memória e da criatividade; em suma, é o que nos torna seres humanos para os seres humanos.[50]

Por enquanto, o projeto está sendo vendido como a excelência em autonomia do ser humano. Nossa mente no controle do ambiente que nos rodeia, assim como do fluxo geral de informações, enquanto os sensores de nossas casas inteligentes lêem os desejos secretos de nossas mentes subconscientes. Estamos em constante contato mental com nossos entes queridos através de implantes.

> Tudo e todos estão inseridos na Grande Nuvem, onde homem, máquina e tudo o mais no cosmos formam uma grande família, harmoniosa e feliz, sem a presença do terrorismo irracional, da violência sem sentido e de outras incertezas. O céu na Terra tornou-se realidade graças à tecnologia.
>
> O perigo é que a nova tecnologia permite o controle total dos cidadãos, não apenas quanto ao local onde se encontram ou o que fazem, mas o que pensam e o que pretendem fazer, tão logo o pensamento lhes ocorra pela primeira vez. Não nos será possível ocultar segredos, fantasias eróticas, senhas e o que quer que imaginemos do indivíduo sentado do outro lado da linha do equipamento que lê nossas mentes. O conceito do "grande irmão que nos observa" avança para outro nível.[51]

A União Européia está profundamente envolvida nessa pesquisa. Uma de suas principais iniciativas é o Projeto Quasar, cujo objetivo:

> consiste em reunir todos os conhecimentos existentes a respeito do cérebro humano e reconstruí-lo, peça por peça, com o auxílio de modelos e simulações realizados por supercomputadores.[52]

O Projeto Quasar faz parte do HBP, sigla para Human Brain Project [Projeto Cérebro Humano], uma das duas iniciativas FET Flagship [Tecnologias Futuras e Emergentes] da União Européia.

> O projeto visa a combinar informações sobre usuários para construir modelos de negócios que viabilizem o uso mais eficiente do espectro de freqüências disponível.[53]

---

50 http://brain.kaist.ac.kr/about_us.html.

51 http://nanobrainimplant.wordpress.com/2013/02/11/are-people-superfluous/.

52 "The Human Brain Project Wins Top European Science Funding", *News MediaCom*, 28 de janeiro de 2013.

53 http://nanobrainimplant.wordpress.com/2013/02/11/are-people-superfluous/.

A UE quer conectar os pontos que unem genes, moléculas e células à cognição e comportamento humanos. Oculto no relatório e jamais levado a público encontra-se um sistema que aborda o problema de como realizar a fusão entre humanos e máquinas.

Em 2011, uma equipe de cientistas criou um chip que controla o cérebro e pode ser usado como dispositivo para armazenamento de memórias de longo prazo.

> Conduziram-se estudos nos quais os cientistas conseguiram gravar, descarregar e transferir memórias para outros hospedeiros com o mesmo chip implantado.[54]

Pode parecer um avanço surpreendente, mas poucos se dão conta de que esse avanço tecnológico aproxima o mundo de um estado policial global e do controle mental absoluto.

> Mais aterradora é a possibilidade de implementar o que não passava de fantasia de ficção científica: a "Polícia do Pensamento", por meio da qual o governo lê as memórias e os pensamentos dos indivíduos, podendo reabilitá-los através de tortura antes mesmo de haverem cometido qualquer crime, com base em uma análise estatística computacional que indica a probabilidade de pessoas com determinados tipos de pensamentos cometerem determinados tipos de crimes no futuro.[55]

Parece muito exagerado para você? Se já estamos nos apressando em invadir nações e torturar supostos suspeitos de terrorismo sem o devido processo legal, a idéia da tortura preventiva de inocentes é apenas mais um passo em direção à destruição de nossas liberdades civis.

> Talvez um exemplo menos sensacionalista seja o que retratam os filmes *Matrix* modernos, nos quais se carregam programas de computador em cérebros humanos, permitindo que aprendam instantaneamente como realizar uma infinidade de tarefas.[56]

---

54 "Scientists Successfully Implant Chip That Controls the Brain", *Activist Post*, 19 de junho de 2011.

55 Ibid.

56 Ibid.

Os laços que unem

O que tem ocorrido sem chamar atenção é a longa e estreita parceria entre as forças armadas norte-americanas e a indústria farmacêutica para descobrir novos métodos farmacológicos e de treinamento que maximizarão o desempenho cognitivo dos combatentes.

Em 1999, poderia ser considerado desqualificado para o alistamento militar o norte-americano que apresentasse histórico de uso de psicotrópicos, como o cloridrato de metilfenidato (nome genérico da Ritalina). Agora, apenas catorze anos depois, soldados recebem caixas e mais caixas desses fármacos, inclusive antidepressivos, para que se automediquem nos campos de batalha.

É cada vez mais comum o uso de fármacos para o aumento cognitivo, como o modafinil, que aumenta o estado de alerta mesmo após longas horas de vigília. Essa mudança enorme de paradigma tem relação com algum acordo a que chegaram as forças armadas dos Estados Unidos e a indústria farmacêutica.

No entanto, a automedicação implica na tomada de decisões pelos próprios soldados. Uma delas é tomar ou não os remédios. As forças armadas norte-americanas eliminariam esse incômodo livre-arbítrio e o elemento do desconhecido. Como?

Que tal com o implante de microchips em seu cérebro?

> Embora por enquanto possa parecer não muito convidativo, o plano das grandes empresas farmacêuticas, como a GlaxoSmithKline, e das grandes empresas de tecnologia para o nosso futuro é exatamente esse.[57]

Mais uma vez, a palavra-chave é controle, em todas as modalidades possíveis. O relatório sobre a Convergência Tecnológica NBIC de 2001, da Fundação Nacional da Ciência, dedica uma enorme fatia do seu tempo analisando o comportamento humano e suas formas de controle. Aqui reproduzo excerto:

> Há muito que se conhecem os diversos motivadores da conduta humana. Agora, é possível obtermos uma sociedade totalmente previsível e controlada por meio da decodificação de sistemas complexos. Podemos

[57] Michael Snyder, "They Really Do Want To Implant Microchips into Your Brain", *American Dream*, 2 de agosto de 2012.

> fazer uso da enorme capacidade computacional da qual usufruímos atualmente para integrarmos dados dessas áreas a fim de criarmos novos modelos e, com eles, conhecermos melhor o comportamento dos indivíduos. A meta é adquirirmos a capacidade de prever o comportamento de um indivíduo e, por extensão, do grupo, usando ferramentas e métodos que a ciência e a tecnologia nos disponibilizam, o que aumentará nossa capacidade de prever o comportamento. Isso nos permitirá evitar comportamentos indesejáveis antes que causem graves danos aos outros, além de respaldar e encorajar comportamentos que abram mais espaço ao bem comum.[58]

Milhões de dólares estão sendo investidos em pesquisas de tecnologias de ponta que permitirão o implante de microchips que melhoram sobremaneira nossa saúde e nossas vidas. É claro que ninguém nos obrigará a fazer o implante quando os microchips nos forem apresentados pela primeira vez.

Segundo informa o *Financial Times*:

> Enfermidades, como o diabetes e a epilepsia, e condições de saúde, como a obesidade e a depressão, não serão mais tratadas com pílulas, injeções ou cirurgias, mas com implantes eletrônicos no cérebro, que enviarão sinais elétricos às células defeituosas.[59]

O *Financial Times* ainda pergunta:

> Se um implante no cérebro pudesse curar uma doença da qual você sofreu durante toda a sua vida, você o colocaria?

Rumo à conversão do "normal" ao obsoleto

Uma das maneiras de manipular a atividade cerebral é através da optogenética, uma nova e revolucionária forma de comunicação sem fio na qual as células nervosas do cérebro são programadas geneticamente, o que permitiria controlar a atividade cerebral à distância, com o auxílio da luz.

---

58 NSF 2001 report.

59 Clive Cookson, "Healthcare: Into the cortex", 31 de julho de 2012, *Financial Times*.

> A técnica envolve a modificação genética de neurônios para que produzam opsinas (proteínas sensíveis à luz que normalmente são produzidas em células foto-receptoras do olho e de alguns micro-organismos). Dessa forma, pode-se ligar e desligar esses neurônios ontogenéticos por meio de sinais luminosos distintos, de modo que seja possível controlar a atividade cerebral.

Segundo informa o *Financial Times:*

> A optogenética humana exigirá duas operações. A primeira será a introdução dos genes sensíveis à luz nos neurônios do paciente; provavelmente serão transportados por um vírus inofensivo, como ocorre com outras aplicações da terapia genética. Em seguida, a inserção de um cabo de fibra óptica através de um pequeno orifício perfurado no crânio para iluminar a área pretendida do cérebro.[60]

A demonstração ao público dos "benefícios" oferecidos por uma tecnologia desse tipo não tardará a despertar, na maioria, o desejo de se tornar "supercapacitada". Não haverá mais a necessidade de tomarmos os prejudiciais esteróides anabolizantes para corrermos mais rápido, pularmos mais alto e resistirmos por mais tempo. O que um dia foi ficção científica está se tornando realidade rapidamente e mudará o mundo para sempre.

Bom demais para ser verdade, certo? Segundo artigo publicado no *Wall Street Journal,* o procedimento é muito rápido e costuma exigir não mais que um pernoite no hospital:

> Os implantes neurais, também chamados de implantes cerebrais, são dispositivos médicos projetados para serem colocados entre o crânio e a superfície do cérebro. Os implantes, não raro do tamanho de uma aspirina, usam delgados eletrodos metálicos para "escutar" a atividade cerebral e, em alguns casos, estimulá-la. Se essa perspectiva o deixa inquieto, você pode se surpreender ao saber que a instalação de um implante neural é relativamente simples e rápida. É feita uma incisão no couro cabeludo do paciente anestesiado, perfura-se o seu crânio e, em seguida, coloca-se o dispositivo na superfície do cérebro.[61]

60 Ibid.

61 Daniel H. Wilson, "Bionic Brains and Beyond", *Wall Street Journal*, 1 de junho de 2012.

Assim, os meios de comunicação de massa são, mais uma vez, o principal incitador e modificador da percepção que o público em geral tem da realidade. Logo de cara, a grande mídia nos diz como interpretar os implantes neurais. A abordagem lembra um "manual básico de alta tecnologia para iniciantes".

Estão determinando o que devemos pensar e de que forma interpretar a informação. É claro que, para interpretá-la "corretamente", o nosso modo de pensar deve ser adequado. Mas, para conseguir que o modo de pensar do incauto público seja adequado aos sinistros planos do governo, será preciso a bênção oficial da grande mídia convencional. Como?

O *Wall Street Journal*, por exemplo, informa:

> Essas ferramentas não são sinistras; servem para resolver problemas reais. Em suma, os membros protéticos nos ajudam a nos movimentarmos e os implantes neurais nos ajudam a pensar. A tecnologia pode nos dar inteligência e força muscular. Tudo o que temos a fazer é deixar que instalem os dispositivos sob nossa pele.

Um dos garotos-propaganda do movimento trans-humanista — atualmente um anjo caído — é o atleta sul-africano Oscar Pistorius, que por acaso teve as pernas amputadas abaixo do joelho. Os controladores de mentes e planejadores de mudanças de paradigmas aproveitaram os Jogos Olímpicos de Londres, o mais importante evento esportivo do mundo, para exibir sua grande idéia. Pistorius tornou-se um dos atletas mais reconhecidos no mundo ao correr usando próteses de fibra de carbono, com o formato de um "J", chamadas de lâminas Cheetah. Isso não aconteceu por acaso.

Nas entrelinhas do artigo do *Wall Street Journal* está a definição clássica de eugenia e a seleção dos mais aptos e ricos em detrimento das massas oprimidas do populacho.

> É provável que a difusão da tecnologia avançada dos implantes seja tão democrática quanto as dores que ela se destina a tratar. Segue-se que, em breve, pode ser que exista uma nova classe de pessoas muito inteligentes, muito rápidas, formadas pelos incapacitados e idosos de outrora. Isso mesmo! Deficientes e idosos de outrora, pois todos eles terão sido eliminados, dado que os custos exorbitantes ou o

> direito natural de receber os implantes impedirão que esses pobres coitados tenham acesso a essa tecnologia.[62]

Pense naqueles que desejam se atualizar como fazem com o modelo mais recente de celular. Os que não quiserem ou não puderem serão irremediavelmente deixados para trás.

Há muito dinheiro para ser ganho por meios lícitos e no mercado negro. A propósito, o mesmo aparato político-financeiro controlará ambos os canais, do mesmo modo como o sistema bancário e o cartel militar-industrial controlam o tráfico e a distribuição internacional de drogas.

O controle será exercido através da tecnologia. A princípio, integrar a tecnologia à evolução humana parece ser uma boa idéia. "Você está criando uma versão melhorada de si mesmo." O que move as pessoas é o medo do que acontecerá se elas não melhorarem.

O aprimoramento humano pode ser um grande negócio para essas corporações.

> Levamos décadas nos integrado à tecnologia, substituindo membros danificados por mecânicos, implantando em nossos corpos chips de dados que distribuem enormes quantidades de informações a governos e corporações de todo o mundo. Chegamos ao ponto em que, sem nenhum embaraço, seremos encorajados a trocar partes do nosso corpo que funcionam perfeitamente por aplicativos atualizados?
>
> Trata-se de uma questão de ética? De moralidade? Mais uma vez, estamos brincando de Deus com a raça humana? E a que preço? Como será o planeta Terra daqui a uma geração?[63]

Quando se combina o aprimoramento do ser humano com a obtenção do controle sobre ele, ganhamos um soldado aperfeiçoado. Os ciborgues serão o futuro do nosso planeta?

> Tudo isso, todavia, tem um preço. Você terá de tomar esses medicamentos perigosos, viciantes e caros para o resto da sua vida para se certificar de que o aprimoramento funciona, do contrário seu corpo o rejeitará. A elite terá instalado sua tecnologia em você. Eles podem desligar seus membros e seus olhos; enviar mensagens

62 Ibid.

63 Sarif industries.

> ao seu cérebro e controlar seus pensamentos como se tivessem o poder de Deus.[64]

Trata-se de um sistema hierárquico vertical criado pela elite para beneficiar um pequeno grupo. O restante de nós está em sua base. A menos que todos despertemos e percebamos que esse sistema não nos pertence, ele jamais será mudado.

Experimentos humanos? O que é imortalidade? O que significa ser imortal? Onde isso termina? Com o fim da espécie humana?

Mas a tecnologia não encerra aí:

> A Intel está se dedicando à criação de sensores que serão implantados no cérebro, com a função de controlar diretamente computadores e telefones celulares. *Até 2020, não serão mais necessários um teclado e um mouse para controlar um computador. Os usuários abrirão documentos e navegarão na web usando nada além de suas ondas cerebrais.* As pessoas teriam suas ondas cerebrais canalizadas por sensores desenvolvidos pela Intel e implantados em seus cérebros.[65]

Os possíveis "benefícios" de tamanha tecnologia são quase inimagináveis. Um artigo publicado no *site* do *Science Channel* expõe o assunto da seguinte forma:

> Se pudesse bombear dados diretamente em sua massa cinzenta a, digamos, 50 mbps — a velocidade máxima oferecida por um grande provedor norte-americano de serviços de Internet —, você poderia ler um livro de quinhentas páginas em menos de dois décimos de segundo.[66]

Como seria a mudança do mundo se pudéssemos baixar uma vida inteira de aprendizado diretamente em nossos cérebros em questão de semanas?

Homem Digital 2.0

As possibilidades são infinitas, assim como os possíveis abusos. Graças à interação, os microchips implantados podem "falar" diretamente ao

---

64 Ibid.

65 Sharon Gaudin, "Intel: Chips in brains will control computers by 2020", 19 de novembro de 2009, *Computerworld*.

66 http://blogs.discovery.com/good_idea/2009/06/downloading-data-directly-into-your-brain.html.

cérebro, prescindindo dos receptores sensoriais. Para qualquer governo tirânico seria a circunstância oportuna para obter o controle definitivo.

> Se pudesse descarregar pensamentos e sentimentos diretamente nos cérebros de seus cidadãos, você os teria sob total controle e nunca mais se preocuparia com o risco de se rebelarem.[67]

Mas nós sequer arranhamos a superfície. Chamada de RNM, sigla para o termo *Remote Neural Monitoring* [Monitoramento Neural Remoto], a tecnologia, já em uso nos Estados Unidos, Reino Unido, Espanha, Suécia, Alemanha e França permite que vejam através de nossos olhos, ouçam nossos pensamentos e carreguem em nosso cérebro fotos e aromas tão reais quanto se víssemos ou sentíssemos em nosso ambiente.

Desnecessário dizer que os perpetradores podem ouvir o que ouvimos, uma vez que nos convertemos em uma unidade do computador central. Eles podem mudar nosso comportamento, afetar funções da nossa memória e nossas emoções. Não estamos falando do enredo de um romance distópico, mas sobre algo real que está sendo colocado em prática hoje, todos os dias, por governos que alegam nos proteger do mal.

Na prática, seria possível programar esses chips para que cidadãos se sentissem bem o tempo todo — a ambiciosa meta da ditadura científica sem lágrimas de Huxley, o *Soma* personificado. O futuro já chegou.

Drogas como a cocaína e a maconha, que induzem estados eufóricos ou alucinações, dariam lugar a microchips, que produziriam um "barato" natural e permanente. A narcodependência seria substituída pela dependência de microchips, totalmente sancionada pelo Estado. *O estilo do futuro.*

> O RNM é composto de programas que funcionam em níveis distintos, como o sistema de inteligência de sinais, que utiliza freqüências eletromagnéticas (EMF) para estimular a receptividade do cérebro ao RNM, e a conexão cerebral eletrônica (*Electronic Brain Link*, ou EBL). O sistema de Estimulação Cerebral por EMF foi projetado como inteligência de radiação, o que significa receber informações de ondas eletromagnéticas emanadas involuntariamente no ambiente,

---

67 Michael Snyder, "They Really Do Want To Implant Microchips into Your Brain", *American Dream*, 2 de agosto de 2012.

excluindo-se, no entanto, fontes radioativas ou detonações nucleares. As máquinas de gravação do sistema de inteligência de sinais dispõem de um equipamento eletrônico que investiga a atividade elétrica de seres humanos à distância. Esse mapeamento cerebral gerado por computador permite o monitoramento freqüente de toda a atividade elétrica do cérebro. Para fins de segurança, o sistema auxiliar de gravação decodifica mapas cerebrais individuais.

Para fins de avaliação eletrônica, a atividade elétrica da área do cérebro associada à produção da fala pode ser traduzida para os pensamentos verbais do indivíduo. O RNM envia sinais codificados diretamente ao córtex auditivo do cérebro, sem ser necessário que passem pelos ouvidos. Essa codificação auxilia na detecção de comunicações por áudio. O sistema também mapeia eletricamente a atividade cerebral a partir do centro visual do cérebro, o que se faz ignorando os olhos e os nervos ópticos e projetando, dessa forma, as imagens do cérebro do indivíduo em um monitor de vídeo. Graças a essas memórias visual e auditiva, ambas podem ser visualizadas e analisadas. Esse sistema detecta informações à distância e de forma não invasiva, por meio da decodificação digital dos potenciais evocados em emissões eletromagnéticas do cérebro de 5 mil watts, à freqüência de 30 a 50Hz. Os nervos produzem um padrão elétrico mutante, com um fluxo magnético variável que, em seguida, gera uma quantidade constante de ondas eletromagnéticas. Existem picos e padrões denominados potenciais evocados das emissões eletromagnéticas do cérebro. O interessante em todo esse exercício é a sua realização sem ser necessário qualquer contato físico com o indivíduo.

As freqüências eletromagnéticas emanadas do cérebro podem ser decodificadas em pensamentos, imagens e sons do cérebro do indivíduo. Códigos complicados e sinais de pulsos eletromagnéticos são enviados e ativam potenciais evocados no interior do cérebro, gerando sons e imagens visuais nos circuitos neurais. Com seus sistemas de comunicação de fala, auditiva e visual, o RNM permite o total enlace audiovisual entre cérebros ou entre cérebro e computador.

Naturalmente, o mecanismo precisa decodificar a freqüência de ressonância de cada área específica para modular a inserção de informações nesse local específico do cérebro. Além da detecção da audição através de microondas eletromagnéticas, outro recurso do RNM consiste na transmissão de comandos específicos ao subconsciente, gerando distúrbios e alucinações visuais, e na injeção de palavras e números no cérebro através de ondas de radiação eletromagnética. Além disso, a tecnologia manipula emoções e pensamentos e lê pensamentos à distância; provoca dor em qualquer nervo do corpo; permite a manipulação à distância do comportamento e controla os padrões do sono, o que facilita o controle da comunicação.[68]

Algo do que falamos aqui já está sendo colocado em prática? É evidente que sim.

Polícia para crimes de pensamento

John St. Clair Akwei, ex-funcionário da Agência de Segurança dos Estados Unidos (NSA), denunciou o uso do monitoramento neural para espionar as pessoas.[69] Trata-se de um tema fundamental que guarda relação com tecnologias que invadem a mente a fim de desvendar e punir os "crimes de pensamento".

A NSA é a maior e mais poderosa organização dos Estados Unidos.

> A missão da NSA voltada à inteligência de sinais evoluiu para um programa de decodificação de ondas de freqüência eletromagnética do ambiente, dedicado à exploração de computadores e à localização de pessoas por meio das correntes elétricas emanadas de seus organismos.
>
> Como isso está sendo feito? Através de ondas de freqüência eletromagnética (EMF) ou de ondas de rádio com freqüência extremamente baixa (ELF), e de uma tecnologia conhecida por "Monitoramento Neural Remoto". A Inteligência de Sinais baseia-se no fato de que tudo o que existe no ambiente e tenha corrente elétrica está rodeado de um fluxo magnético que emite ondas EMF. A Agência de Segurança e o Departamento de Defesa dos Estados Unidos desenvolveram avançados equipamentos digitais que analisam remotamente todos os objetos que tenham atividade elétrica, sejam artificiais ou orgânicos.
>
> A Missão de Inteligência de Sinais da NSA utiliza freqüências eletromagnéticas (EMF) para estimular a receptividade do cérebro ao

68 http://www.mindcontrol.se/?page_id=38.

69 *Akwei v.* NSA 92–0449, http://www.iahf.com/nsa/20010214.html.

RNM e a conexão cerebral eletrônica (EBL). A estimulação cerebral por freqüência eletromagnética está em desenvolvimento desde a criação, no início da década de 1950, do programa MK-ULTRA, que viria a incluir a pesquisa neurológica da radiação (EMF não ionizante) e a pesquisa e desenvolvimento em bioelétrica. A tecnologia sigilosa resultante encontra-se classificada nos Arquivos de Segurança Nacional como "Inteligência de Radiação", que se define como "informações de ondas eletromagnéticas emanadas involuntariamente no ambiente, excluindo-se a radioatividade ou a detonação nuclear".

Os mapas cerebrais gerados por computador da NSA permitem o monitoramento contínuo de toda a atividade elétrica do cérebro. Para efeitos de segurança nacional, a NSA registra e decodifica mapas cerebrais individuais (de centenas de milhares de pessoas). As forças armadas também utilizam, em sigilo, a estimulação cerebral por freqüência eletromagnética para conectar o cérebro ao computador — em aviões de combate, por exemplo. Para efeitos de vigilância eletrônica, pode-se traduzir a atividade elétrica da área do cérebro associada à produção da fala para os pensamentos verbais do indivíduo. O RNM envia sinais codificados ao córtex auditivo do cérebro, permitindo a comunicação do áudio diretamente com o cérebro sem ser necessária a sua passagem pelos ouvidos. Os agentes da NSA podem fazer uso desse recurso para secretamente debilitar as pessoas, simulando alucinações auditivas próprias da esquizofrenia paranóide. Sem nenhum contato com o indivíduo, o Monitoramento Neural Remoto mapeia a atividade elétrica que emana do córtex visual do seu cérebro e exibe em um monitor as imagens geradas. Os agentes da NSA vêem o que os olhos do indivíduo monitorado estão vendo. A memória visual também pode ser vista. O RNM envia imagens ao córtex visual, sem que passem pelos olhos e nervos ópticos. Para efeitos de programação cerebral, os agentes da NSA podem fazer uso desse recurso para introduzir secretamente imagens no cérebro de um indivíduo enquanto este se encontra na fase REM do sono.[70]

---

[70] Magnus Olsson, "Thought Police — Total Surveillance Society", *MindTech* Suécia, 14 de fevereiro de 2009.

Armas psicotrópicas

As conquistas da ciência, engenharia, medicina, genética, informação digital e tecnologias de comunicação possibilitaram as aterradoras armas psicofísicas, ou CPF, de nossos dias. As CPF equivalem para o século XXI ao que as armas atômicas foram para o século XX. O efeito desses sistemas de armas, embora invisível a olho nu, é muito mais mortal: o controle mental através de armas não-letais.

Mais diabólicas do que nunca, as armas psicotrópicas são sistemas de energia dirigida instalados no espaço sideral, com o poder de influenciar o cérebro e o sistema nervoso central alterando as funções mentais, emocionais e comportamentais de um indivíduo.

> A maioria opera em faixas de ondas cerebrais e modifica a consciência e os estados físico e mental. Por meio das armas psicotrópicas pode-se controlar, com precisão e de forma deliberada, o comportamento de toda a população mundial ou de regiões específicas do planeta.
>
> Os neurofísicos descobriram que podem reproduzir os padrões vibratórios de substâncias químicas psicotrópicas, como o LSD. Ao projetarem essas vibrações sonoras meticulosamente modeladas no cérebro humano, os cientistas conseguem provocar estados mentais alterados, exatamente como se injetassem alguma droga no indivíduo. Ocorre um desequilíbrio, uma mudança fundamental na psique da pessoa, que perde o autocontrole e torna-se facilmente dirigida, enquanto sua mente passa do mundo real para um mundo de alucinações.
>
> O poderoso efeito hipodérmico dessa sonoquímica tem algumas aplicações aterradoras. Armas de feixes eletromagnéticos podem ser usadas para “drogar” as pessoas contra a sua vontade, além de ser possível utilizá-las à distância. Combinadas a sistemas de satélites espaciais, essas armas de feixes poderiam drogar populações inteiras, em massa.[71]

Como isso acontece?

Vamos começar dizendo que cada objeto deste planeta tem uma freqüência elétrica chamada Hertz (HZ). Nosso cérebro, por exemplo, funciona à corrente elétrica. Nosso organismo é uma máquina radiante

[71] http://moscomeco.narod.ru/2e.htm.

"na qual se produzem complexos processos bioquímicos a freqüências que variam de 0 a 100 GHz. Assim, nosso corpo funciona na zona de baixa freqüência (entre 0 Hz e 50 Hz); grupos de células formam tecidos a mil hertz por intervalo e a comunicação entre as células ocorre a uma faixa de onda milimétrica (entre 40 GHz e 70 GHz). O programa genético DNO e o sistema nervoso encarregam-se da informação energética, do intercâmbio químico e biológico e das características ondulatórias no interior do organismo e com o ambiente.

> O objetivo mais universal das armas psicofísicas é o cérebro do indivíduo, que regula o funcionamento de todos os sistemas do organismo, executa os processos mentais e define comportamentos. O cérebro funciona com quatro tipos de "ondas cerebrais".
>
> Na maior parte do dia, funciona com ondas beta de 14 Hz a 20 Hz. Existem outros três tipos de "ondas cerebrais": as ondas alfa (entre 8 Hz e 13 Hz) — quando estamos relaxados; as ondas teta (entre 4 Hz e 7 Hz) — associadas às idéias, à projeção de imagens, à programação do subconsciente, ao relaxamento e meditação profundos; e as ondas delta (entre 0 Hz e 3 Hz) — associadas aos sonhos, acionam o sistema imunológico. As faixas de flutuações próprias de um cérebro, e também as de órgãos, substâncias e células foram levadas em conta no desenvolvimento de armas psicofísicas.

A arma psicofísica compreende:

> As armas psicotrópicas — os meios farmacológicos químicos e biológicos — têm uma variedade de flutuações próprias, equivalentes aos ritmos do cérebro e do sistema nervoso central, o que lhes permite influenciar o funcionamento do cérebro.[72]

Anatoliy Ptushenko, membro do Conselho Técnico e Científico para Exploração Espacial da Federação Russa, afirma categoricamente que armas psicotrópicas:

> não permitem controlar a mente humana de um indivíduo de maneira precisa e deliberada. Simplesmente "dificultam" a ocorrência de conexões internas responsáveis pelo autocontrole de um indivíduo, o que facilita controlá-lo "segundo a lei das ruas", de acordo com

[72] Ibid.

os comandos emanados de uma estação espacial. O indivíduo pode ser controlado da Terra ou de uma central de comando perdida no espaço.

Como devem ser usadas?

Cito um artigo científico sobre o assunto, extraído da edição de outubro de 1996 da revista *Armeiskii Sbornik*, de Moscou:

> O avançado sistema de satélites de comunicação global à baixa altitude — a rede Teledesic — é especialmente interessante. Contará com quinze vezes mais satélites que o próprio Projeto Iridium. Em condições normais, aeronaves leves sub-orbitais (com alcance máximo de 700 km) permitem aumentar 2.500 vezes ou mais suas emissões de rádio na superfície da Terra e executar uma variedade de missões militares. Trata-se de um feito sem precedentes: a quantidade de satélites da constelação orbital Iridium torna possível, no mínimo, a irradiação simultânea de qualquer ponto da Terra por duas espaçonaves. Isso confere dupla redundância e maior fiabilidade às comunicações, as mesmas exigências impostas aos sistemas militares. A mesma banda de emissões de radiofreqüências (20–30 GHz) jamais foi utilizada em comunicações comerciais.
>
> Uma análise das características relacionadas indica que o sistema Teledesic pode ser usado para irradiar estações terrestres, marítimas e aéreas com emissões moduladas de alta potência, que em diversos sistemas de controle automatizados servem para a inicialização de vírus de computador, como os chamados "dormentes", que são acionados por um sinal especial. Isso pode se tornar uma autêntica ameaça à segurança dos países cujos sistemas de comando e controle baseiam-se em equipamentos estrangeiros.
>
> É igualmente possível que as pessoas sofram um efeito psicofísico, a fim de alterar seu comportamento e até controlar as aspirações sociais de uma sociedade local ou mesmo global. Fantasias? O fato é que atualmente os Estados Unidos investem, por meio de *matchfunding*, tanto na criação de armas psicotrópicas quanto de programas espaciais mais complexos, e semelhante correlação não pode ser por acaso. Os norte-americanos começaram esta pesquisa no período anterior à guerra, dando-lhe prosseguimento após o conflito, como parte integrante de programas conhecidos como MK-ULTRA (dedicado

ao controle mental), MK-DELTA (dedicado à alteração remota do comportamento humano), e de projetos, como o Bluebird e o Artichoke.

Os novos sistemas espaciais constituem, portanto, um perigo do ponto de vista da possível deflagração de uma "guerra de informação" em grande escala e da criação de sistemas globais de controle do comportamento de pessoas de qualquer região, cidade ou localidade, incluindo daquela na qual vivemos. A nação que possui esses sistemas terá uma enorme vantagem.[73]

O futuro

Muitos dos trans-humanistas e controladores da mente acreditam fervorosamente que nas próximas décadas teremos computadores nos quais você poderá carregar a sua consciência — aquela coisa misteriosa que faz de você a pessoa que você é.

Glenn Zorpette, editor da revista *Spectrum*, escreve:

> O cérebro é nada mais, nada menos que um computador muito poderoso e muito estranho. A evolução o aperfeiçoou ao longo de milhões de anos para que executasse determinados trabalhos de forma fantástica, como o reconhecimento de padrões e o controle de músculos. O cérebro é determinista, o que significa que o que determina suas reações e respostas, inclusive as sensações e o comportamento do seu "proprietário", é o modo como o estimulam suas próprias biofísica e bioquímica internas. Com base nesses fatos, a maioria dos filósofos matemáticos conclui que todas as funções do cérebro, incluindo a consciência, podem ser recriadas em uma máquina. É apenas questão de tempo.[74]

Rodney Brooks, fundador do Grupo de Robótica Humanóide do MIT, concorda:

> Eu, você, nossa família, amigos e cachorros... todos somos máquinas. Somos máquinas realmente sofisticadas, compostas de bilhões e bilhões de biomoléculas que interagem segundo regras bem-definidas, embora não completamente conhecidas, com base na física e na química. As

[73] Major General Valeriy Menshikov, Coronel Boris Rodionov, *Moscow Armeyskiy Sbornik*, outubro de 1996, n. 10, pp. 88–90.

[74] Glenn Zorpette, "Waiting for the Rapture", *Spectrum Magazine*, junho de 2008.

> interações biomoleculares que ocorrem no interior de nossas cabeças dão origem ao nosso intelecto, nossos sentimentos e nosso senso de identidade. Aceitar essa hipótese abre uma extraordinária possibilidade. Se realmente somos máquinas, e se — isso é uma tremenda suposição — aprendemos as normas que regem nossos cérebros, concluímos que, em princípio, não há razão para não replicarmos essas normas em, digamos, silício e aço. Creio que nossa criação realmente exibiria inteligência, emoções e até mesmo a consciência próprias de um ser humano.

Rebaixar a sociedade ao patamar de animais é fundamental do ponto de vista da elite, especialmente se o objetivo for controlar o planeta Terra.

> Como a única fonte de aumento do poder dos homens, enquanto espécie, sobre e dentro do universo, é a multiplicidade de descobertas já corroboradas de princípios físicos, segue-se que a única forma de ação humana que distingue o homem dos outros animais é a identificada como cognição, por meio da qual gera-se o ato da descoberta dos princípios físicos universais acumulados que podem ser corroborados. É o acúmulo desse conhecimento em razão da prática, portanto, de geração em geração, que estabelece a prova incontestável da absoluta distinção entre homem e animal.[75]

E, por falar nisso, entre homem e máquina também.

Depois de tudo o que foi exposto até aqui, reflitamos: quantas vezes já perseguimos o sonho do progresso somente para vê-lo corrompido no final? Não é verdade que, na maioria dos casos, as máquinas que construímos para melhorar a vida são as mesmas que exterminaram a vida de milhões, destruíram nossa capacidade de amar, sonhar ou tomar decisões com base na moral — as mesmas coisas que nos tornam humanos? Com o progresso, também nos arriscamos a dar a alguns homens o poder de fazer dos demais o que bem entenderem, não importa a que preço para a dignidade humana.

Aumento da expectativa de vida, a singularidade e a promessa da era dourada. Devemos acreditar em tais promessas? Ou será que estão nos conduzindo rumo ao Inferno? Pós-humano: palavra que não devemos assimilar de forma irrefletida, pois implica o fim da raça humana.

---

75 Lyndon LaRouche, "Star Wars and Littleton", em *EIR*, 11 de junho de 1999.

Quem tem autoridade para tomar semelhante decisão? Somente um deus, ou um poder que se arroga o direito de um deus, pode tomar uma decisão dessa natureza.

Epílogo

Enquanto escrevo estas linhas já estamos em meados de 2013. Olho ao redor e pergunto-me vezes sem conta: o que significa ser humano? "A proximidade de uma montanha majestosa é uma benção mista", observou Edward Said, "somos ao mesmo tempo agraciados pela magnanimidade de suas pastagens e pela generosidade de suas encostas", e, ainda assim, nunca podemos ver em que lugar estamos, qual grandiosidade nos dá sombra ou qual segurança nos dá conforto.

Estaremos nós, a raça humana, em risco de extinção? Em caso positivo, quem a provoca? Tendo como pano de fundo um avanço tecnológico de tirar o fôlego, a compulsão de mudar a si mesmo, de aperfeiçoar-se, de se transformar em algo melhor, superior, duradouro, imortal... tudo em meio à inigualável fragilidade humana.

Passamos das generalizações sem sentido, das banalidades e deduções simplistas dos primeiros romances de ficção científica, com monstros que surgiam das profundezas dos oceanos; dos submarinos elétricos; do canhão espacial e do pouso na Lua, à nanotecnologia, robótica, cibernética, inteligência artificial, aumento da expectativa de vida, aprimoramento cerebral, interação "cérebro a cérebro", realidade virtual, engenharia genética, teletransporte, interfaces homem-máquina e à engenharia neuromórfica.

Não tardará até competirmos com Deus, em pé de igualdade, pela imortalidade.

Grande parte do que escrevi neste livro não tem uma conclusão, tampouco um final feliz ou de qualquer outro tipo, porque, evidentemente, o futuro ainda não aconteceu. O que está além de qualquer dúvida é que, quando fazemos inferências com base no que sabemos a respeito desse mundo, da tecnologia e do progresso tecnológico, podemos prever com bastante precisão o que esperar.

Apesar de as pessoas tenderem a enfrentar os desafios do futuro como lhes convém, sem o contexto da história e da experiência humana, não pretendo fazer tal coisa neste livro.

John Gray já dizia: "as pessoas que se preocupam com problemas com os quais os demais não estão preocupados são irritantes e são menosprezadas após o evento; ainda mais irritantes são os que tinham razão quando os demais estavam errados".

Estou convencido de que o futuro será a conseqüência de temas recorrentes em longos ciclos históricos e seus desdobramentos, que unem o passado, o presente e o futuro. No entanto, uma constante indiscutível em nossa história — o poder dos imprevistos — seguirá dominando nosso futuro, que será influenciado e pontuado por eventos inesperados, surpresas assombrosas, grandes descontinuidades e a atuação generalizada do acaso. E em meio a tudo isso, nós, o povo, continuaremos sendo os protagonistas da História.

Deixe-me colocar de outra forma: é pouco provável que partes da paisagem projetada sobrevivam ao primeiro contato com o futuro, principalmente devido à inconveniente tendência dos seres humanos de interferir no cenário e de agir e reagir de modo imprevisível, sem seguir regras. Uma vez mais, nós, os irritantes humanos, vamos atrapalhar. Deus nos abençoe por isso!

Creio que o conjunto dessa obra oferece uma trama complexa, mas prontamente discernível, de possíveis resultados; um mapa confiável para ajudá-lo a navegar pelas águas traiçoeiras da incerteza que nos espera em um futuro muito próximo.

Estamos no limiar de um novo renascimento em termos de ciência e tecnologia, baseado em uma compreensão abrangente da estrutura e do comportamento da matéria, desde a nano-escala até o sistema mais complexo já descoberto: o cérebro humano.

Nossa busca pela imortalidade sobrepujará os valores que nos tornam humanos? Nosso desejo de ser livre suplantará o desejo das elites pelo controle total? Não sei, mas não tardaremos a descobrir.

Daniel Estulin
6 de maio de 2013

Posfácio

Por trás do trono há algo maior do que o próprio rei.
— William Pitt

O poder e a riqueza sempre despertam o interesse da mídia. Em busca da audiência sedenta de curiosidade para conhecer o cotidiano dos poderosos, órgãos de imprensa costumam dedicar espaços e horários nobres para exibir o fascinante mundo dos endinheirados, normalmente fortalecendo estereótipos e reforçando o encanto. Este ciclo vicioso, que se retroalimenta das notícias que geram notícias, cria uma corrida atrás de informações exclusivas sobre o comportamento dos ricos. Nessa disparada, vasculham seus gostos, seus hábitos de consumo e até mesmo a intimidade mais banal de seus alvos, na esperança de saciar a sede do público curioso e viciado.

Parece absolutamente compreensível que a mídia, que vive da audiência, procure oferecer o que seja relevante para o seu público. O que parece muito estranho é que esse interesse e empenho ocorram com uma seletividade bem característica.

O Clube Bilderberg faz parte do grupo de assuntos que são seletivamente descartados pela grande mídia. Suas reuniões anuais nunca atraíram as luzes da imprensa, da mesma forma que ocorreu e ocorre com o Foro de São Paulo, o Diálogo Interamericano, a Comissão Trilateral, o Clube de Roma, o Council on Foreign Relations, a Chatham House e outros organismos internacionalistas que influenciam decisivamente a geopolítica.

Desde a sua primeira conferência, em 1954, o Clube Bilderberg recebeu centenas de celebridades do Poder: monarcas e nobres, banqueiros internacionais, chefes de Estado, gigantes da indústria, da mídia e das finanças, lideranças das maiores corporações, intelectuais e políticos dos mais variados cargos e espectros políticos. Durante as reuniões, 120 ou 150 pessoas de inegável poder e liderança nas suas áreas de atuação passam três ou quatro dias instaladas em um hotel caríssimo, com um aparato de segurança intimidador, que reúne policiamento local, nacional e agentes das forças armadas e dos serviços de inteligência. Mesmo assim, mesmo contando com todos os ingredientes para uma grande reportagem, o Clube Bilderberg permanece na penumbra. Não é estranho que essa cegueira coincidentemente atinja jornalistas do mundo inteiro?

No Brasil, onde a escassez de informações geopolíticas é ainda maior, quase nada se publicou sobre o grupo na grande imprensa. Suas características, pautas e membros são completamente desconhecidos para quem usa apenas a mídia *mainstream* como fonte de informação.

Todo ano sua reunião é cuidadosamente esquecida, relegada a um segundo plano ou noticiada como algo irrelevante. Alguns veículos chegam a usar o seu desconhecimento como fonte de autoridade: “Se eu não conheço, não existe”, ou “se a mídia não disse nada, só pode ser teoria da conspiração ou fake news”.

Parece razoável, portanto, estranhar que um evento que reúne a verdadeira elite mundial nunca receba a atenção proporcional à sua importância. Não há como achar normal o silêncio da imprensa diante da existência e atuação de grupos como Bilderberg ou similares.

Todo esse estranhamento pode ser elucidado por um discurso que David Rockefeller pronunciou em um jantar para embaixadores e membros de organizações globalistas:

> Quero agradecer ao *Washington Post*, ao *New York Times*, à *Time Magazine* e a outras publicações cujos diretores participaram de nossas reuniões e respeitaram suas promessas de discrição por quase quarenta anos. Teria sido impossível desenvolver nosso plano para o mundo se estivéssemos sujeitos às luzes brilhantes da publicidade durante esses anos. Mas o mundo está agora mais sofisticado e preparado para marchar em direção a um governo mundial.

Por ser um dos homens mais poderosos das últimas décadas, profundamente empenhado na causa globalista, fundador de dezenas de entidades com o mesmo fim, a fala de David Rockefeller explica o *blackout* de informações não apenas sobre o Clube Bilderberg, mas sobre diversas outras iniciativas do mesmo teor ou com os mesmos objetivos e que foram silenciadas ou mantidas à sombra. O próprio David, que não é um fundador do clube, mas participou desde a sua primeira reunião, a convite do Príncipe Bernardo, da Holanda, admite em sua autobiografia que o principal atrativo dos encontros era a sua discrição.

A explicação contida no discurso, que inegavelmente mostra a cooptação da mídia, seja por concordância ideológica ou por persuasão pecuniária, só alcança a cúpula dos veículos de comunicação. David Rockefeller estava falando para os donos dos veículos, acionistas, executivos e editores. Para o andar de baixo, para os subordinados, a causa do silêncio pode ser explicada de forma mais simples e menos perversa: ignorância.

Para a maioria dos jornalistas, comentaristas e acadêmicos, não existe essa coisa que chamamos de globalismo. Alguns confundem com a globalização comercial e, portanto, não conseguem enxergar a ameaça às soberanias nacionais e às liberdades individuais que denunciamos; outros não percebem o panorama geral e não identificam as conexões entre os fenômenos políticos porque seu universo de informações, por preguiça ou incapacidade intelectual, restringe sua atenção ao trabalho cotidiano de colegas que sabem tanto ou menos do que eles, formando um círculo de ignorâncias que se refletem e se justificam, como se estivessem conversando em uma sala de espelhos. Este é o retrato da maioria. A minoria, instalada no topo das empresas de comunicação e das universidades, conhece bem o seu papel e o executa com perfeição, conforme o planejado.

Sem poder contar com o trabalho da grande imprensa ou dos pesquisadores universitários, o pouco que se sabe sobre as reuniões do Clube Bilderberg vieram de *outsiders* como Jim Tucker, Jim Marrs, Alex Jones, Cristina Martín Jiménez, Andreas von Rétyi e alguns outros, mas não há dúvida que Daniel Estulin foi o que mais contribuiu para tornar o assunto ligeiramente mais conhecido.

Estulin teve em sua origem todas as razões para temer um governo totalitário. Sua infância foi marcada por perseguições políticas na antiga União Soviética e após a prisão de seu pai, fugiram para o Canadá. Tenho certeza que esse *background* influenciou seu interesse, potencializou sua sensibilidade, alimentou seu empenho em revelar a política das sombras e combater o totalitarismo embutido nos planos de construir um governo mundial.

Seus escritos sobre o Clube Bilderberg são fundamentais para a compreensão do grupo, tornaram mais límpido o ambiente de quem pretende entender a verdadeira geopolítica. As deduções de Daniel Estulin, geralmente bem amparadas em evidências facilmente verificáveis, permitem vislumbrar o que ocorre atrás das paredes imponentes que cercam de segredos as suas reuniões.

Os fatos são narrados de forma orgânica, misturando elementos históricos com geopolítica contemporânea, e costurando séria pesquisa documental com a sua experiência pessoal, obtida *in loco*, seja em "vigílias" diante dos encontros, seja em perigosos diálogos com membros do clube ou seus emissários.

Por assimilar e expandir as informações de Jim Tucker ou publicadas por *The Spotlight* e *American Free Press*, Daniel Estulin coloca em seus livros não apenas a essência do que vem a ser o Clube Bilderberg, seus membros mais célebres e os rituais de discrição e segurança que protegem as conversas cujas pautas conhecemos, quando muito, apenas o título ou o cabeçalho. Ele traz também os dados e correlações que permitem deduções sobre o conteúdo das reuniões e os seus reais objetivos. Mais que isso, nesta obra de Estulin o leitor vai encontrar também algumas prováveis consequências de iniciativas dos Bilderberg. São indicações de eventos políticos de grande porte, como guerras e golpes de Estado, que podem ter sofrido forte influência das confabulações ocorridas nas reuniões do clube.

Vale registrar o mérito de Daniel Estulin, que quando começou sua pesquisa sobre o assunto, ainda não dispunha de tantas informações em circulação. O autor descobriu muitas coisas por meio da investigação de fontes primárias, conversando com pessoas de periférica relação com o clube, como garçons, seguranças, motoristas e outros funcionários dos hotéis que hospedavam os encontros. Um verdadeiro trabalho de repórter investigativo independente. Se hoje o próprio clube exibe em seu site oficial a data, o local, os membros, os convidados e os assuntos de cada reunião, antes era tudo muito mais difícil.

Hoje sabemos, devido ao trabalho destes pioneiros, que o Clube Bilderberg surgiu como um desdobramento da Chatham House (originalmente chamada Royal Institute of International Affairs). A idéia surgiu em uma de suas reuniões e foi um dos seus membros, Józef Retinger, que convenceu o Príncipe Bernardo a criar um grupo para discutir e promover um bloco europeu, além de fortalecer as relações entre a América do Norte e a Europa Ocidental. Mais tarde o grupo passou a ter uma pauta mais ampla, que começou com as preocupações com o descontrole sobre os soviéticos e chegou ao combate aberto ao nacionalismo, um dos seus maiores inimigos.

Após o escândalo da Lockheed, que na década de 1970 revelou uma negociação espúria entre o príncipe holandês e a gigante do armamento, ocorrida em uma reunião Bilderberg, o grupo passou a convidar pessoas de outras áreas e a abordar temas mais genéricos e não exclusivos à Europa. Desde 2010, quando o grupo passou a divulgar publicamente as pautas, podemos verificar que as reuniões foram ampliando seu escopo temático de acordo com uma estratégia que visa influenciar não apenas as questões políticas e econômicas, mas também os aspectos sociais e culturais que estruturam a sociedade. Uma Nova Ordem Mundial precisa de novos valores, de uma nova cultura, de um novo homem, por isso o foco foi bastante ampliado, abarcando temas como inteligência artificial, linguagem, alimentação, migração, censura, multiculturalismo, superpopulação e muitos outros.

Sem a existência de livros como este, teríamos apenas as informações disponibilizadas pelos canais oficiais, sempre limitadas às "Regras de Chatham House", que regem quase todos os grupos que se definem discretos, e não secretos — inclusive estas normas, elementares para a compreensão do *modus operandi* destes grupos, são bem explicadas no livro.

Apesar de algumas vezes receber o rótulo de teórico da conspiração, como costuma acontecer com todos que defendam teses incômodas ao *establishment*, Daniel Estulin na verdade colaborou para a desmistificação do Clube Bilderberg. Ao ampliar a observação sobre outros grupos globalistas e relacionar causas e consequências, mostrou a verossimilhança nas conexões entre várias iniciativas. Suas revelações ajudaram a retirar o véu que repousava há décadas sobre a atuação e as consequências da influência de organismos como o Clube Bilderberg.

Creio que posso dizer com segurança que a maioria dos brasileiros ainda desconhece a atuação do Clube Bilderberg, e devido à importância do tema, o lançamento deste livro é motivo de comemoração e esperança.

Boa leitura!

Alexandre Costa[1]

1 Autor de *Introdução à Nova Ordem Mundial*, *Bem-vindo ao hospício*, *O novato* e *O Brasil e a Nova Ordem Mundial*. www.escritoralexandrecosta.com.br

Índice remissivo

Este livro foi impresso pela Daiko Gráfica.
O miolo foi feito com papel *chambrill avena*
80g, e a capa com cartão triplex 250g.